365 이벤트

이기적 홈페이지 & 스터디 카페

❶ 기출문제 복원 이벤트

이기적 수험서로 열심히 공부하고
시험에 응시하신 독자님들,
기억나는 문제를 공유해 주세요.

응시일로부터
7일 이내의
복원 제보만
인정됩니다

세부 내용

🎁 참여 혜택

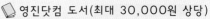

📖 영진닷컴 도서(최대 30,000원 상당)
🎁 이벤트 선물(영진닷컴 쇼핑몰 포인트, N페이
포인트 등 다양한 혜택 제공)

❷ 리뷰 참여 이벤트

온라인 서점 또는 개인 SNS에
도서리뷰와 합격 후기를 작성해 주세요.

 세부 내용   당첨자 확인

세부 내용

❸ 정오표 이벤트

⚠️ 이기적 수험서의 오타 및 오류를 영진닷컴에
제보해 주세요.

book2@youngjin.com으로 [도서명], [페이지],
[수정사항], [이름], [연락처]를 보내주세요.

이기적 스터디 카페

1:1 질문답변

집에서도, 카페에서도, 도서관에서도!
전문가 선생님의 1대1 맞춤 과외!

온라인 스터디

서로 당겨주고, 밀어주고, 합격을 함께 할
스터디 파트너를 구해 보세요!

구매자 한정 혜택

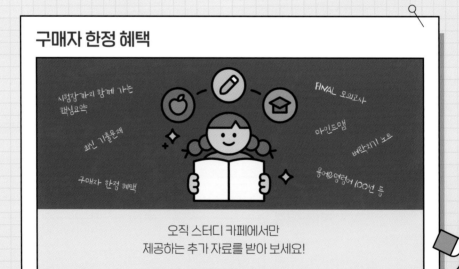

오직 스터디 카페에서만
제공하는 추가 자료를 받아 보세요!

* 제공되는 혜택은 도서별로 상이합니다. 각 도서의 혜택을 확인해 주세요.

NAVER 이기적 스터디 카페

나만의 합격 키트

PDF 다운로드 후
태블릿 PC에서
사용 가능합니다.

캘린더

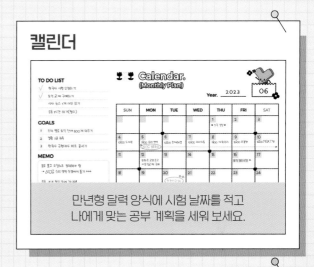

만년형 달력 양식에 시험 날짜를 적고
나에게 맞는 공부 계획을 세워 보세요.

스터디 플래너

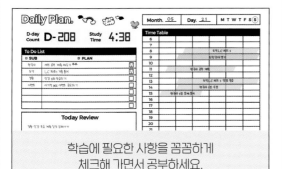

학습에 필요한 사항을 꼼꼼하게
체크해 가면서 공부하세요.

오답노트

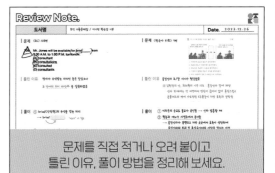

문제를 직접 적거나 오려 붙이고
틀린 이유, 풀이 방법을 정리해 보세요.

다꾸 스티커 패키지

추 가 　 증 정
이 벤 트

스티커1　　스티커2　　스티커3

이기적 영진닷컴 유튜브

< 이기적

이기적 도서로 독학하려고 하는데

혼자 개념 잡기가 어렵네.
도움 받을 수 있는 강의나 자료가 없을까?

이기적

유튜브에서 '이기적 영진닷컴'을 검색해봐!

출판계 채널 중 강의 수가 제일 많고,
벌써 10만 명 이상이 구독하고 있어.

그만큼 과목별 강의뿐만 아니라 출판사에서
벌어지는 일들도 구경할 수 있고
시험 관련 꿀팁도 알차게 제공해 준대.

www.youtube.com/@ydot0789

+   Send

다채로운 영상

공부하기기 싫을 때도 볼거리가 넘쳐난다!

과목별/도서별 골라보는 강의

이기적에서 자랑하는
IT자격증부터 실용 분야까지!

컴활 1·2급 필기 기본서

– 컴퓨터 일반 –
Windows의 기초 01

▶ 무료

시험 꿀팁까지 가득

단순 이론을 넘어서
합격 이론까지 파고드는 이기적 채널!

* 과목 및 필기/실기에 따라 동영상 자료가 상이합니다.

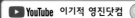 YouTube 이기적 영진닷컴

이렇게
기막힌
적중률

양식조리기능사
필기 기본서

구매자 혜택 BIG 3

이기적 독자에게 모두 드리는 자료!

CBT 온라인 문제집

실제 시험장처럼 PC로 시험에 응시해 보세요(모바일로도 응시 가능합니다!).
하나하나 풀다 보면 실력이 쑥쑥 올라가는 것을 확인할 수 있습니다.

이기적 스터디 카페

이기적 스터디 카페에서 함께 자격증을 준비하세요.
다양한 시험 정보와 이벤트, 1:1 질문답변까지 해결해 드립니다.

* 이기적 스터디 카페 : cafe.naver.com/yjbooks

정오표

이미 출간된 도서에는 오류가 있을 수 있습니다.
출간 후 발견되는 오류는 정오표를 확인해 주세요.

* 도서의 오류는 교환, 환불의 사유에 해당하지 않습니다.

이기적 200% 활용 가이드

완벽 합격을 위한 사용 설명서

STEP 1

핵심이론, 합격을 다지는 예상문제

시험에 나오는 내용만 쏙쏙 골라서 이해하기 쉽게 이론을 구성했습니다. 각 섹션별 난이도와 빈출 태그 등에 집중하여 공부한 후, 합격을 다지는 예상문제도 꼭 풀어보세요.

① **빈출 태그**

자주 출제되는 중요 단어를 정리했습니다. 해당 단어가 나오는 부분은 집중해서 보세요.

② 기적의 3회독 ☐ 1회 ☐ 2회 ☐ 3회

이론 내용을 몇 번 확인했는지 체크하면서 공부할 수 있습니다.

③ 기적의 Tip

출제 경향이나 학습 노하우를 알려주는 기막히게 잘 맞는 내용을 제시하였습니다.

STEP 2

해설과 따로 보는 기출문제

해설과 따로 보는 기출문제 01회

01 양식에 사용되는 스톡(Stock)의 재료에 속하지 않는 것은?
① 송아지뼈
② 미르포아
③ 부케가르니
④ 퓌레

02 양식의 전채요리의 특징과 거리가 먼 것은?
① 단맛이 있어야 한다.
② 신맛이 있어야 한다.
③ 짠맛이 있어야 한다.
④ 예술성이 뛰어나야 한다.

03 식품을 조리 또는 가공할 때 생성되는 유해물질과 그 생성 원인을 잘못 짝지은 것은?
① 엔–니트로소아민(N–nitrosoamine) : 육가공품의 발색제로 사용으로 인한 아질산과 아민과의 반응 생성물
② 방향족탄화수소(Polycyclicaromatic hydrocarbon) : 유기물질을 고온으로 가열할 때 생성되는 단체 분해 생성물
③ 아크릴아마이드(Acrylamide) : 전분식품 가열 시 아미노산과 당의 열에 의한 결합반응 생성물
④ 헤테로고리아민(Heterocyclic amine) : 주로 제조 시 에탄올과 카바밀기의 반응에 의한 생성물

04 복어 중독을 일으키는 독성분은?
① 테트로도톡신(Tetrodotoxin)
② 솔라닌(Solanine)
③ 베네루핀(Venerupin)
④ 무스카린(Muscarine)

05 과일 통조림으로부터 용출되어 구토, 설사, 복통 등의 중독 증상을 유발할 가능성이 있는 물질로 옳은 것은?
① 아티몬
② 수석
③ 크롬
④ 구리

06 화학성 식중독의 원인이 아닌 것은?
① 설사성 패류 중독
② 환경오염에 기인하는 식품 유독 성분 중독
③ 중금속에 의한 중독
④ 유해성 식품첨가물에 의한 중독

07 안식향산(Benzoic acid)의 사용 목적은?
① 식품의 산미를 내기 위해
② 식품의 부패를 방지하기 위해
③ 유지의 산화를 방지하기 위해
④ 식품의 향을 내기 위해

문제를 풀어 보면서 이론을 다시 한 번 복습해 보고, 합격 점수를 넘을 수 있도록 마지막으로 정리해 보세요. 이기적 홈페이지에서 제공하는 CBT 온라인 문제집 서비스도 잊지 말고 챙겨가세요.

① **해설과 따로 보는 기출문제 01회**

해설과 따로 보는 기출문제를 총 10회 제공합니다.

② **오답 피하기**

정답을 제외한 다른 보기들이 왜 오답인지 자세하게 알려드립니다.

차례

CBT 시험 가이드

CBT 시험 체험하기

CBT란 Computer Based Test의 약자로, 종이 시험 대신 컴퓨터로 문제를 푸는 시험 방식을 말합니다. 직접 체험을 원하는 수험생은 한국산업인력공단 홈페이지 큐넷(Q-net)을 방문하거나, 본 도서의 QR코드를 통해 자격검정 CBT 웹 체험 프로그램을 이용하실 수 있습니다.

* CBT 온라인 문제집 체험(cbt.youngjin.com)

01 좌석 번호 확인

수험자 접속 대기 화면에서 본인의 좌석 번호를 확인합니다.

02 수험자 정보 확인

시험 감독관이 수험자의 신분을 확인하는 단계입니다. 신분 확인이 끝나면 시험이 시작됩니다.

03 안내사항

시험 안내사항을 확인하고, 다음을 클릭합니다.

04 유의사항

시험과 관련된 유의사항을 확인합니다.

05 문제풀이 메뉴 설명

시험을 볼 때 필요한 메뉴에 대한 설명입니다. 메뉴를 이용해 글자 크기와 화면 배치를 조정할 수 있습니다. 남은 시간을 확인하며 답을 표기하고, 필요한 경우 아래의 계산기를 이용할 수 있습니다.

06 문제풀이 연습

시험 보기 전, 연습을 해 보는 단계입니다. 직접 시험 메뉴 화면을 클릭하며, CBT가 어떻게 진행되는지 확인합니다.

07 시험 준비 완료

문제풀이 연습을 모두 마친 후 [시험 준비 완료] 버튼을 클릭하면 시험 감독관의 지시에 따라 시험이 시작됩니다.

08 시험 시작

시험이 시작되었습니다. 수험자분들은 제한 시간에 맞추어 문제풀이를 시작합니다.

09 답안 제출

시험을 완료하면 [답안 제출] 버튼을 클릭합니다. 답안을 수정하기 위해 시험화면으로 돌아가고 싶으면 [아니오] 버튼을 클릭합니다.

10 답안 제출 최종 확인

답안 제출 메뉴에서 [예] 버튼을 클릭하면, 수험자의 실수를 방지하기 위해 한 번 더 주의 문구가 나타납니다. 완벽히 시험 문제 풀이가 끝났다면 [예] 버튼을 클릭하여 최종 제출합니다.

11 합격 발표

CBT 시험이 모두 종료되면, 바로 합격/불합격 여부를 확인할 수 있습니다.

시험 출제 경향

시험은 이렇게 출제된다!

조리기능사 시험은 매년 새로운 유형의 문제가 추가됩니다. 기존의 기출문제에서 똑같은 문제만 나오는 것이 아니기 때문에 내용을 충분히 공부하고 이해해야 문제를 풀 수 있습니다. 문제의 보기와 답이 직관적으로 나오기보다는 꼬아서 나오는 경우가 많으므로 문제와 보기를 잘 읽고 정답을 체크해야 합니다. 도서의 내용을 잘 이해하고 문제를 반복해서 풀어본다면 반드시 합격할 수 있습니다.

PART 01	위생관리 및 안전관리 암기가 많은 파트, 나무보다 숲을 보자!	20문항

빈출 태그

1. 위생관리	88%	미생물, HACCP, 식중독, 식품위생법, 감염병
2. 안전관리	12%	안전사고, 조리도구, 작업환경

PART 02	재료관리 및 구매관리 비슷한 유형의 문제가 매회 반복 출제!	15문항

빈출 태그

1. 재료관리	80%	물, 탄수화물, 단백질, 지방, 유독성분, 효소
2. 구매관리	20%	재고관리, 검수, 원가 계산

PART 03	음식조리 이론을 실제 요리와 접목시켜 공부하면 이해 쏙쏙!	25문항

빈출 태그

1. 기초 조리실무	75%	기본 조리 방법, 계량, 조리원리, 저장, 살균
2. 양식 조리	25%	조리 방법, 실기 공개 과제와 함께 이해하기

시험의 모든 것

01 필기 응시 자격 조건

- 남녀노소 누구나 응시 가능

02 필기 원서 접수하기

- 큐넷(www.q-net.or.kr)에서 원서 접수 가능
- 원하는 장소 및 시간 등 선착순 접수
- 자세한 사항은 시행처(큐넷) 사이트 확인

03 필기 시험

- CBT(Computer Based Test) 시험
- 객관식 4지 택일형, 60문항(60분)
- 양식 재료관리, 음식조리 및 위생관리

04 필기 합격자 발표

- 큐넷(www.q-net.or.kr)에서 합격자 확인 가능
- 필기시험 합격예정자 및 최종합격자 발표시간은 해당 발표일 09:00임

1. 실시기관 명칭 및 홈페이지

한국산업인력공단(http://q-net.or.kr)

2. 검정 방법 및 합격 기준

- 객관식 4지 택일형, 60문항(60분)
- 100점 만점에 60점 이상

3. 출제기준

출제 기준 상세 보기

- 음식 위생관리

세부항목	세세항목	세부항목	세세항목
1. 개인 위생관리	1. 위생관리기준 2. 식품위생에 관련된 질병	4. 식중독 관리	1. 세균성 및 바이러스성 식중독 2. 자연독 식중독 3. 화학적 식중독 4. 곰팡이 독소
2. 식품 위생관리	1. 미생물의 종류와 특성 2. 식품과 기생충병 3. 살균 및 소독의 종류와 방법 4. 식품의 위생적 취급기준 5. 식품첨가물과 유해물질	5. 식품위생 관계 법규	1. 식품위생법령 및 관계법규 2. 농수산물 원산지 표시에 관한 법령 3. 식품 등의 표시·광고에 관한 법령
3. 작업장 위생관리	1. 작업장 위생 위해요소 2. 식품안전관리인증기준(HACCP) 3. 작업장 교차오염발생요소	6. 공중 보건	1. 공중보건의 개념 2. 환경위생 및 환경오염 관리 3. 역학 및 질병 관리 4. 산업보건관리

- 음식 안전관리

세부항목	세세항목	세부항목	세세항목
1. 개인안전 관리	1. 개인 안전사고 예방 및 사후 조치 2. 작업 안전관리	3. 작업환경 안전관리	1. 작업장 환경관리 2. 작업장 안전관리 3. 화재예방 및 조치방법 4. 산업안전보건법 및 관련지침
2. 장비·도구 안전작업	1. 조리장비·도구 안전관리 지침		

- 음식 재료관리

세부항목	세세항목		세부항목	세세항목
1. 식품재료의 성분	1. 수분 3. 지질 5. 무기질 7. 식품의 색 9. 식품의 맛과 냄새 11. 식품의 유독성분	2. 탄수화물 4. 단백질 6. 비타민 8. 식품의 갈변 10. 식품의 물성	2. 효소	1. 식품과 효소
			3. 식품과 영양	1. 영양소의 기능 및 영양소 섭취기준

- 음식 구매관리

세부항목	세세항목	세부항목	세세항목
1. 시장조사 및 구매관리	1. 시장조사 2. 식품구매관리 3. 식품재고관리	2. 검수 관리	1. 식재료의 품질 확인 및 선별 2. 조리기구 및 설비 특성과 품질 확인 3. 검수를 위한 설비 및 장비 활용 방법
		3. 원가	1. 원가의 의의 및 종류 2. 원가분석 및 계산

- 양식 기초 조리실무

세부항목	세세항목	세부항목	세세항목
1. 조리 준비	1. 조리의 정의 및 기본 조리조작 2. 기본조리법 및 대량 조리기술 3. 기본 칼 기술 습득 4. 조리기구의 종류와 용도 5. 식재료 계량방법 6. 조리장의 시설 및 설비 관리	2. 식품의 조리원리	1. 농산물의 조리 및 가공·저장 2. 축산물의 조리 및 가공·저장 3. 수산물의 조리 및 가공·저장 4. 유지 및 유지 가공품 5. 냉동식품의 조리 6. 조미료와 향신료
		3. 식생활문화	1. 서양 음식의 문화와 배경 2. 서양 음식의 분류 3. 서양 음식의 특징 및 용어

- 양식 조리

세부항목	세세항목		세부항목	세세항목	
1. 스톡 조리	1. 스톡 재료 준비 3. 스톡 완성	2. 스톡 조리	5. 수프 조리	1. 수프 재료 준비 3. 수프 요리 완성	2. 수프 조리
2.전채·샐러드 조리	1. 전채·샐러드 준비 3. 전채·샐러드 요리 완성	2. 전채·샐러드 조리	6. 육류 조리	1. 육류 재료 준비 3. 육류 요리 완성	2. 육류 조리
3. 샌드위치 조리	1. 샌드위치 재료 준비 3. 샌드위치 완성	2. 샌드위치 조리	7. 파스타 조리	1. 파스타 재료 준비 3. 파스타 요리 완성	2. 파스타 조리
4. 조식 조리	1. 달걀 요리 준비 3. 시리얼류 조리	2. 조찬용 빵류 조리	8. 소스 조리	1. 소스 재료 준비 3. 소스 완성	2. 소스 조리

PART 01

위생관리 및 안전관리

1과목 소개

위생관리 및 안전관리는 건강 그리고 생명과 연관되어 있으며,
조리인이라면 가장 중요시 다뤄야 하는 과목입니다.

/ CHAPTER /
01

위생관리

학습 방향

위생은 조리에서 가장 중요한 요소이며, 식품의 모든 단계에 걸친 안전성을 확보하기 위한 위생의 필요요건 및 수단을 공부합니다.

난이도

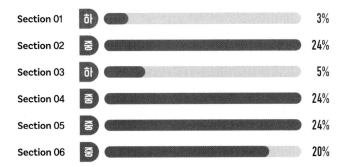

Section 01	하	3%
Section 02	중	24%
Section 03	하	5%
Section 04	중	24%
Section 05	중	24%
Section 06	중	20%

개인 위생관리

01 위생관리기준

1) 개인 위생관리의 중요성

① 식중독 예방 및 안정성 유지
② 위생상 위해 방지
③ 고객 신뢰 및 만족
④ 안전한 먹거리 조성

2) 식품 취급을 금해야 할 사람

① 손에 상처, 종기 등을 가진 자의 조리 및 식재료 취급을 금한다.
② 감염질환자 및 관련 보균자의 식재료 취급을 금한다.
③ 피부질환, 심한 외상, 염증 등을 보유하고 있는 자의 조리 및 식재료 취급을 금한다.

3) 개인 위생관리의 방법

① 조리 작업자는 정기적인 건강진단과 위생교육을 받는다.
② 조리 작업 전후로는 손세척 및 샤워를 한다.
③ 위생모, 조리복, 앞치마, 위생화, 위생 마스크를 착용한다.
④ 손톱, 머리카락 등을 단정히 한다.
⑤ 반지, 목걸이, 귀걸이, 손목시계 등을 착용하지 않는다.
⑥ 조리 세탁실에서 개인 세탁을 하지 않는다.

4) 조리 작업자의 복장 위생

① 머리카락이 위생모 밖으로 나오지 않도록 한다.
② 위생모, 조리복, 앞치마는 흰색으로 착용하여 이물질 분별이 용이하도록 한다.
③ 손톱은 짧게 하고 매니큐어 및 광택제, 장식 등을 하지 않는다.
④ 조리화는 작업 시에만 착용하며 작업자의 발에 딱 맞는 것으로 구비한다.
⑤ 위생장갑은 조리, 설거지, 청소 등 용도별로 구분하여 착용한다.

5) 조리 작업자의 손 세척 방법

① 손은 따뜻한 온수와 손 세정제를 이용하여 세척한다.

② 소매를 걷어 팔 윗부분까지 세척한다.

③ 손가락 사이, 손톱 사이를 거품 내어 닦은 후 흐르는 물로 비눗물이 남지 않도록 씻는다.

④ 손세척 후 핸드크림을 바르지 않는다.

⑤ 손세척 후 남아 있는 물기를 앞치마나 조리복에 닦지 않는다.

02 식품위생법상 영업에 종사하지 못하는 질병

제1군 감염병	• 주로 식수를 통해 전염되는 병으로 전파속도가 빨라 집단 발생의 우려가 있음 • 세균성이질, 콜레라, 장티푸스, 파라티푸스, 장출혈성 대장균 감염증, A형 간염
결핵	비감염성인 경우 제외
후천성 면역결핍증	성병에 관한 건강진단을 받아야 하는 영업에 종사하는 자에 한함
피부병 또는 그 외 화농성 질환	–

식품 위생관리

빈출 태그 미생물 • 살균 • 소독 • 식품첨가물

01 미생물의 종류와 특성

1) 미생물

① 식품에 영향을 미치는 생물군으로서 육안으로는 식별이 불가능하며 현미경으로만 관찰할 수 있다.

② 토양, 물, 대기, 공기, 동물, 식물 등에 서식하다가 제조, 가공, 조리, 포장 등의 과정 중 유입되어 식품을 오염시킨다.

2) 미생물의 특성

<table>
<tr><th>종류</th><th colspan="2">특성</th></tr>
<tr><td rowspan="4">곰팡이
(Mold)</td><td rowspan="4">• 진균류 중 균사체를 발육하는 균류
• 식품 내 변패, 독소, 알레르기 등을 유발
• 최적 온도 : 0~25℃
• 누룩, 메주 등의 식품에는 유익</td><td>누룩곰팡이 : 약주, 간장, 된장 등</td></tr>
<tr><td>푸른곰팡이 : 황변미</td></tr>
<tr><td>털곰팡이 : 식품 변질</td></tr>
<tr><td>거미줄곰팡이 : 빵</td></tr>
<tr><td>효모
(Yeast)</td><td colspan="2">• 구형, 타원형, 달걀형, 소시지형, 레몬형
• 출아법 증식
• 최적 온도 : 25~30℃
• 발효 식품(빵, 과실주, 포도주, 맥주 등)에 유익하게 활용</td></tr>
<tr><td>스피로헤타
(Spirochaeta)</td><td colspan="2">매독균, 와일씨병, 황달, 열성 질병 등</td></tr>
<tr><td>세균
(Bacteria)</td><td colspan="2">• 엽록소가 없어 광합성 작용을 하지 않음
• 구균, 간균, 나선균, 대장균(분변 오염의 지표 균) 등</td></tr>
<tr><td>리케차
(Rickettsia)</td><td colspan="2">• 살아 있는 세포에서만 번식
• 발진티푸스, 발진열, Q열 등</td></tr>
<tr><td>바이러스
(Virus)</td><td colspan="2">• 미생물 중 가장 작은 크기
• 천연두, 인플루엔자, 광견병, 폴리오, 소아마비, 유행성 감염 등</td></tr>
</table>

🎓 **기적의 Tip**

유행성 감염 : 노로 바이러스, 유행성 출혈열 등

🎓 **기적의 Tip**

• **미생물 크기순** : 곰팡이 〉 효모 〉 스피로헤타 〉 세균 〉 리케차 〉 바이러스
• 바이러스는 세균여과기를 통과할 정도로 가장 작은 여과성 미생물이다.

3) 미생물에 의한 식품 변질

종류	특성
부패	• 단백질 식품이 혐기성 미생물의 작용으로 변질되는 현상 • 초기부패 판정 기준 − 세균 수 1g당 $10^7 \sim 10^8$ − TMA 3~4mg − 휘발성 염기질소 30~40mg
변패	탄수화물 및 지방이 미생물의 작용으로 변질되는 현상
산패	• 지방이 산화되어 불쾌취와 변색, 좋지 않은 맛과 향으로 변질되는 현상 • 지방의 산패는 가수분해형, 효소형, 자동 산패형으로 분류 • 가수분해 산패는 유리지방산이 생성되면서 발생한 지방의 가수분해 후 일어남
발효	미생물의 분해로 알코올 및 유기산 등의 유익한 물질로 변하는 현상
후란	단백질이 호기성 미생물에 의해 분해되는 현상

🎓 기적의 Tip

초기부패 판정 기준 : 세균수 식품 1g당 $10^7 \sim 10^8$

4) 미생물의 생육조건

① 온도
• 저온균 : 15~20℃, 저온에서 증식하는 세균으로서 수중 및 음료 세균이 이에 속한다.
• 중온균 : 25~37℃, 대부분의 일반 세균이 이에 속한다.
• 고온균 : 55~60℃, 온천수에서 증식한다.
② 영양소 : 질소원, 탄소원, 무기염류, 발육소 등의 영양소가 필요하다.
③ pH : 수소이온농도
• pH 4.0~6.0(약산성) : 곰팡이, 효모, 결핵 증식이 활발하다.
• pH 6.5~8.0(중성 및 약 알칼리성) : 세균 증식이 활발하다.
④ 수분 : 보통 40%의 수분 함량이 필요하며, 세균 〉 효모 〉 곰팡이의 순으로 수분을 필요로 한다.
⑤ 산소
• 호기성 세균 : 산소를 필요로 하는 균으로 곰팡이, 효모, 바실러스 등이 있다.
• 통성 혐기성 세균 : 산소의 유무와 관련이 없는 균으로 젖산균, 효모 등이 있다.
• 편성 혐기성 세균 : 산소를 절대 필요로 하지 않는 균으로 웰치균, 보툴리누스균 등이 있다.

✓ 개념 체크

1 미생물 종에 가장 큰 것은 곰 팡이이고, 바이러스가 가장 작 다. (O, X)

2 리케차는 살아 있는 세포에서 만 번식한다. (O, X)

3 미생물 중 고온균의 경우, 100℃ 이상의 온도에서도 살 수 있다. (O, X)

1 O 2 O 3 X

02 식품과 기생충병

1) 중간숙주가 없는 것(채소류 매개 기생충)

질병	주요 증상	감염 경로	예방법
회충	권태감, 소화 장애 및 식욕 저하	분변에 오염된 채소	청정채소 관리
요충	항문 주위의 소양 증상	손이나 음식물	청정채소 관리
편충	구토, 빈혈, 혈변	생야채	위생적인 분변 처리 및 손세척
구충 (십이지장충)	구토, 빈혈, 소화 장애	분변	위생적인 분변 처리
동양모양선충 (절인 채소 부착)	구토, 빈혈, 소화 장애	기생충	위생적인 분변 처리

2) 중간숙주가 하나인 것(육류 매개 기생충)

질병	감염 경로	예방법
무구조충	소 → 사람	소고기 생식 금지
유구조충	돼지 → 사람	돼지고기 생식 금지
선모충	돼지, 개 → 사람	돼지고기, 야생 고기 생식 금지
만소니열 두조충	닭 → 사람	닭고기 생식 금지

3) 중간숙주가 두 개인 것

질병	제1중간숙주	제2중간숙주
간흡충(간디스토마)	왜우렁이	민물고기(붕어, 잉어)
폐흡충(폐디스토마)	다슬기	가재, 게
횡천흡충(요꼬가와)	다슬기	송어, 은어
광열두조충(긴촌충)	물벼룩	연어, 송어
아나사키스충	플랑크톤	조기, 오징어

4) 중간숙주가 인간인 것

말라리아

> 🎓 **기적의 Tip**
>
> **아나사키스충** : 돌고래에 기생하는 회충의 일종으로 이것에 감염된 어류의 섭취가 원인이다.

03 살균 및 소독의 종류와 방법

1) 살균 및 소독의 종류

종류	특징
멸균	병원미생물 사멸(아포 멸균까지 기대할 수 있음)
살균	모든 미생물 사멸
소독	병원미생물 사멸 및 병원성 약화, 증식 억제(아포 멸균은 기대할 수 없음)
방부	부패, 발효 방지 목적으로 미생물 증식을 억제 및 방지

기적의 Tip

살균력의 강도 순서 : 멸균 〉
살균 〉소독 〉방부

2) 무가열에 의한 소독법

① 자외선 조사 : 실외소독(일광), 실내소독(자외선)
② 방사선 조사 : 목적 식품에 방사선을 방출하는 것으로, 코발트 60(Co^{60})의 물질을 조사하는 방법이다.
③ 여과법 : 세균여과기를 이용하여 균을 거르는 방법으로, 바이러스는 걸러지지 않는다.

3) 가열에 의한 소독법

가열 소독법	방법	용도
화염멸균법	불 속에서 20초	도자기
건열멸균법	150℃에서 30분	유리, 금속, 초자 기구
고압증기멸균법	121℃에서 15~20분 3회	고무, 통조림
간헐멸균법	100℃에서 30~60분 3일	유리 기구
자비소독(열탕 소독)	100℃에서 30분	식기, 행주
유통증기소독법	100℃에서 30분 증기 이용	유리 기구
저온살균법	61~65℃에서 30분	우유
고온 단시간 살균법	70~75℃에서 15~20초	우유
초고온 순간 살균법	130℃에서 2초	우유(영양 손실 없이 완전 멸균)

4) 화학적 소독법

① 구비 조건 : 강한 살균력, 높은 용해성, 경제성, 강한 침투력, 표백성이 없을 것, 금속 부식성이 없을 것

소독약	용도	사용 허용액
염소	수돗물	0.2ppm
	과일, 식기	50-100ppm
표백분	우물, 수영장, 과일, 식기	50-200ppm
역성(양성)비누	식품	0.01~0.1%
	손소독	10% 수용액
석탄산	용기, 하수, 오물, 분뇨	3~5%
포름알데히드	병원, 도서관	40%

포르말린	분뇨, 하수도, 진개(먼지, 쓰레기)	포름알데히드를 물에 녹임
생석회	분뇨, 하수도, 진개(먼지, 쓰레기)	5%
크레졸	분뇨, 하수도, 진개(먼지, 쓰레기)	3%
과산화수소	피부, 상처 소독	3%
승홍수	피부 소독	0.1% 수용액
	수은 용액, 비금속기구(금속 부식성 있음)	
알코올	손 소독	70% 에틸알코올

5) 소독대상에 적합한 소독액

① 음료수 : 염소, 표백분
② 손 소독 : 역성(양성) 비누, 70% 에틸알코올
③ 과일, 야채, 식기 소독 : 염소, 역성(양성) 비누, 표백분
④ 오물 소독 : 생석회, 석탄산, 크레졸
⑤ 승홍수 : 비금속 기구(금속 부식성 있음)

04 식품의 위생적 취급기준

1) 식품위생의 정의

세계보건기구(WHO : World Health Organization)에서는 식품위생을 식품원료의 재배, 생산, 제조 및 최종적으로 인간에게 섭취되는 모든 과정에서의 식품의 안전성, 보존성, 위해 방지 등을 완전히 확보하기 위한 수단으로 정의하였다.

2) 식품위생의 대상

식품, 식품첨가물, 기구, 용기 및 포장 등의 모든 음식과 관련된 모든 대상을 말한다.

3) 올바른 식품 보관법

① 육류 : 냉장 보관(5℃), 장기간 저장 시 냉동 보관(-20℃)한다.
② 생선류 : 내장 제거 후 흐르는 물에 세척하고 물기를 없애 냉장 보관(5℃)하며 장기간 저장 시 냉동 보관(-20℃)한다.
③ 채소류 : 물기를 제거한 후 포장지로 감싸 냉장 보관하며 세척 채소와 미세척 채소를 구분하여 보관한다.
③ 과일류 : 열대과일(바나나, 파인애플, 키위, 아보카도 등)은 상온 보관, 일반 과일류는 눌리지 않게 하여 냉장 보관한다.
⑤ 달걀류 : 씻지 않은 상태로 냉장 보관한다.
⑥ 가공캔류 : 뚜껑을 오픈한 후에는 별도의 용기에 옮겨 냉장 보관한다.
⑦ 건어물류 : 낱개로 포장하여 냉동 보관한다.
⑧ 소스 및 양념류 : 별도의 용기에 소분 시 유통기한을 표기하여 기한을 넘기지 않도록 한다.

05 식품첨가물과 유해물질

1) 정의 및 특징

① 식품첨가물이란 식품의 제조, 가공, 보존에 있어서 식품에 첨가, 혼합, 침윤 및 기타의 방법으로 사용되는 물질을 말한다.
② 식품첨가물은 보건복지부장관이 지정한다.
③ 식품첨가물은 미량으로 첨가되는 비영양 물질이다.

2) 식품첨가물의 목적

① 식품의 맛, 색, 향, 질감 등의 관능을 만족시킨다.
② 보존성, 저장성을 높인다.
③ 식품의 제조, 가공에 사용된다.
④ 품질 개선에 도움을 준다.

3) 식품첨가물의 조건

① 인체에 무해해야 한다.
② 경제적이어야 한다.
③ 물리적 및 화학적으로 안정해야 한다.
④ 사용 방법이 간단해야 한다.
⑤ 소량으로도 효과는 충분해야 한다.
⑥ 화학적 검사로 첨가물을 확인할 수 있어야 한다.
⑦ 식품의 외관을 좋게 해야 한다.

4) 식품첨가물의 종류

① 방부제(보존제)
• 목적 : 세균류의 증식을 방지하기 위해 식품에 첨가하는 물질이다.
• 종류 : 소르빈산 칼륨(식육 및 어육 제품, 땅콩버터), 데히드로 초산(DHA : 치즈, 버터, 마가린, 된장), 안식향산(청량음료, 간장, 식초), 프로피온산(생과자, 빵)
② 살균제(소독제)
• 목적 : 식품 내 미생물을 사멸한다.
• 종류 : 차아염소산나트륨(음료수 소독, 식품 소독), 표백분(식기류, 식품 소독), 에틸렌옥사이드
③ 산화방지제(항산화제)
• 목적 : 지방의 산패, 산화 등으로 인한 식품의 품질 저하를 방지하기 위해 첨가하는 물질이다.
• 종류 : BHA(안정성이 높음), BHT(유지, 버터), 몰식자산프로필, 토코페롤(영양 강화 목적), 천연 항산화제, 에리소르빈산(식육 제품, 맥주)
④ 산미료
• 목적 : 소량 첨가만으로도 산미를 내는 물질이다.
• 종류 : 빙초산(피클), 구연산(음료), 주석산, 젖산

⑤ 착색제
- 목적 : 제조 과정 중 상실되는 색을 복원하거나 향상시키기 위해 첨가하는 물질이다.
- 종류 : 타르계(식용황색 4호 : 단무지, 식빵), 비타르계(β카로틴 : 치즈, 버터)

⑥ 발색제
- 목적 : 본연의 색은 없지만 다른 식품에 첨가 시 발현되거나 식품의 색을 안정화시키는 물질이다.
- 종류 : 육류발색제(아질산나트륨, 질산나트륨, 질산칼륨), 식품 발색제(황산제1철, 황산제2철)

⑦ 착향료
- 목적 : 식품에 첨가하여 향을 변화시키거나 강화하는 물질이다.
- 종류 : 계피알데히드, 바닐린, 멘톨, 에스테르

⑧ 감미료
- 목적 : 소량 첨가만으로도 수십 배, 수백 배의 감미를 주는 물질이다.
- 종류 : 사카린나트륨(설탕 300배 감미, 식빵, 포도당, 물엿, 벌꿀 등), 아스파탐(설탕 200배 감미), 스테비오사이드(설탕 200배 감미), D-소르비톨(습윤제), 둘신(설탕의 250배, 사용 금지 대상)

⑨ 조미료
- 목적 : MSG라고 하며, 식품에 존재하지 않는 맛을 주거나 기존의 맛을 강화하는 물질이다.
- 종류 : L-글루타민산나트륨

⑩ 표백제
- 목적 : 식품의 색을 없애거나 변색을 방지하기 위해 첨가하는 물질이다.
- 종류 : 과산화수소(산화표백제), 차아황산나트륨(환원표백제)

⑪ 유화제
- 목적 : 혼합이 어려운 물질을 혼합이 용이하게 하여 품질을 향상시키는 물질이다.
- 종류 : 레시틴, 지방산에스테르

⑫ 소포제
- 목적 : 식품 제조 시 생기는 거품을 억제하거나 감소하는 물질이다.
- 종류 : 규소수지(단, 1kg당 50mg 이하로 사용)

⑬ 응고제
- 목적 : 과채류의 조직을 견고하게 유지되도록 겔을 형성하거나 강화하는 물질이다.
- 종류 : 젤라틴, 펙틴

⑭ 소맥분 계량제
- 목적 : 소맥을 표백 및 숙성하여 품질을 높이는 물질이다.
- 종류 : 과산화벤조일, 이산화염소, 브롬산칼륨

⑮ 피막제
- 목적 : 과채류 수확 후 선도를 유지하기 위해 표면막을 만들어 호흡을 억제하는 물질이다.
- 종류 : 초산비닐수지, 몰포린지방산염

⑯ 호료(증점제)
- 목적 : 식품의 점착성 증가와 형태 보존의 목적으로 사용하는 물질이다.
- 종류 : 젤라틴, 카제인, 알긴산나트륨
⑰ 팽창제
- 목적 : 가스를 유발시켜 외관상 조직을 부풀려 형체를 좋게 하는 물질이다.
- 종류 : 탄산수소나트륨, 효모(Yeast), 명반
⑱ 이형제
- 목적 : 빵 등이 기구에 눌러붙지 않도록 첨가하는 물질이다.
- 종류 : 유동파라핀
⑲ 껌기초제
- 목적 : 점성과 탄성을 유지하도록 첨가하는 물질이다.
- 종류 : 초산비닐수지, 에스테르껌
⑳ 훈증제
- 목적 : 훈증 식품을 살균하기 위한 첨가물로 사용하는 물질이다.
- 종류 : 에틸렌옥사이드(천연조미료)
㉑ 용제
- 목적 : 식품첨가물을 식품에 균일하게 혼합하기 위한 첨가물이다.
- 종류 : 글리세린

5) 유해물질에 의한 중독
① 유해 식품첨가물
- 유해 방부제 : 붕산, 포름알데히드, 승홍수
- 유해 표백제 : 롱갈리트, 형광표백제
- 유해 감미료 : 둘신, 사이클라메이트
- 유해 착색제 : 아우라민, 로다민B
② 유해 농약
- 유기인제 : 파라티온, 알라티온, TEPP
- 비소화합물 : 비산칼슘
- 유기염소제 : DDT(잔류성 높음), BHC
③ 그 외 유해물질 중독
- 니트로소아민(Nnitrosoamine) : 니트로소아민은 아질산염이 체내에서 2급 아민과 결합하여 발암물질로서 생성되며 고단백질 식품에 들어 있다.
- 벤조피렌(Benzopyrene) : 석탄타르와 담배 연기에 들어 있는 발암물질로 신체 내에서 활성화되어 DNA와 결합하고 발암성을 일으킨다. 육류 가열 및 훈제처리 과정에서 다량 생성된다.
- 다이옥신(Dioxine) : 배기가스, 폐수 등에 의한 환경오염 물질이다.

 개념 체크

1 세균류의 증식을 방지하기 위해 식품에 첨가하는 물질을 방부제라고 한다. (O, X)

2 산화방지제 중 BHA는 안정성이 낮으므로 사용을 자제해야 한다. (O, X)

3 과산화수소, 레시틴, 지방산에스테르 등은 유화제이다. (O, X)

4 빵 등이 기구에 눌러붙지 않도록 하기 위해서는 이형제를 사용해야 한다. (O, X)

5 벤조피렌은 피막제의 한 종류로 과채류 등의 신선도 유지를 위해 사용한다. (O, X)

1 O 2 X 3 X 4 O 5 X

작업장 위생관리

빈출 태그 HACCP · 교차오염

01 주방위생 위해 요소

1) 칼

① 업무가 종료되면 칼을 무뎌지지 않도록 갈고 전용 마른행주로 닦아 녹슬지 않게 보관한다.

② 칼은 칼 전용 보관장소에 보관한다.

2) 도마

업무가 종료되면 살균 소독하여 보관하며 여름철에는 열탕 소독을 수시로 한다.

3) 식기

중성세제를 이용해 세척 후 건조시켜 보관한다.

4) 행주

삶은 후 건조하여 보관한다.

5) 환기 팬

기름때나 이물질이 없도록 잘 세척하거나 교체한다.

6) 바닥

① 물, 기름 등으로 인한 미끄러짐이 없어야 하고 흡습성이 좋아야 한다.

② 틈새가 갈라져 있거나 굴곡이 있으면 안 된다.

7) 벽, 천장

① 청소가 용이해야 하며 색상이 어둡지 않도록 한다.

② 화구와 가까운 곳은 내열성이 있어야 한다.

8) 출입구

방충, 방서 시설과 소독조, 수세 시설이 잘 갖춰져 있어야 한다.

9) 하수

배수량이 좋아야 하고 거름망은 제 역할을 제대로 할 수 있어야 하며 이물질은 수시로 제거한다.

10) 환기

후드 필터를 설치하여 조리장에서 발생하는 연기, 습기, 먼지, 가스 등을 잘 배출할 수 있도록 해야 한다.

02 식품안전관리인증기준(HACCP)

1) HACCP의 정의

제품을 만드는 과정에서 발생할 수 있는 상황을 과학적으로 분석하고 위험한 요인을 차단하여 안전하고 위생적인 제품을 공급하기 위한 과학적인 규정을 말한다.

2) 위해요소분석(Hazard Analysis)

원재료와 공정 과정 중 발생할 수 있는 미생물을 분석한다.

3) 중요관리점(Critical Control Point)

위해요소를 예방, 제거 및 허용수준 이하로 감소시킬 수 있는 공정을 중점관리한다.

4) HACCP 12절차와 7원칙

HACCP 12절차	
1	HACCP팀 구성
2	제품 설명서 작성
3	용도 확인
4	공정 흐름도 작성
5	공정 흐름도 현장 확인
6	위해요소분석
7	중요관리점(CCP) 결정
8	CCP 한계기준 설정
9	CCP 모니터링 체계 확립
10	개선조치 방법 수립
11	검증 절차 및 방법 수립
12	문서화, 기록유지 방법 설정

HACCP 7원칙	
1	위해요소분석
2	중요관리점(CCP) 결정
3	CCP 한계기준 설정
4	CCP 모니터링 체계 확립
5	개선조치 방법 수립
6	검증 절차 및 방법 수립
7	문서화, 기록유지 방법 설정

> **기적의 Tip**
>
> HACCP의 12절차와 7원칙을 잘 구분하여 알아두세요. 특히 각 단계의 첫 번째 순서가 무엇인지 알고 있어야 합니다.

5) HACCP 의무관리 해당 식품

① 어육 가공품 중 어묵류
② 냉동 어류 · 연체류 · 조미 가공품
③ 냉동식품 : 피자류, 만두류, 면류
④ 빙과류
⑤ 비가열 음료
⑥ 레토르트 식품 등
⑦ 음료류(다류, 커피류 제외)

03 작업장 교차오염

1) 작업장 교차오염 발생 요소

교차오염이란 오염된 식재료, 조리기구, 용수, 종사자 간의 접촉으로 의해 오염되지 않은 식재료까지 영향을 받는 것을 말한다.

2) 교차오염의 원인

교차오염은 식자재 보관 및 관리 미흡과 부주의 등이 원인이며 체계적인 시스템이 갖춰지지 않은 업체에서 많이 발생한다.

3) 교차오염 방지 방법

① 식재료의 유통기한과 구매 일자, 소분 일자를 표기하여 작업자들과 정보를 공유한다.
② 조리된 식재료와 조리되지 않은 식재료를 분류하여 보관한다.
③ 사용한 조리도구는 반드시 적합한 세정법으로 세정한 후 보관한다.
④ 작업자의 손세척을 철저히 한다.
⑤ 작업대는 바닥으로부터 60cm 이상 올라와 있어야 한다.
⑥ 도마, 칼, 위생장갑은 용도별(가열 전후), 식재료별(채소, 육류, 해물)로 구분하여 사용한다.
⑦ 화장실은 조리복, 조리화 등을 탈의한 후 이용한다.

✓ 개념 체크

1 식품안전관리인증기준을 줄여서 HACCP이라고 한다.
   (O, X)

2 원재료와 공정 과정 중 발생할 수 있는 미생물을 분석하는 단계는 위해요소분석 단계이다. (O, X)

3 HACCP 7원칙의 첫 번째는 HACCP팀 구성이다. (O, X)

4 교차오염을 방지하기 위해서는 조리된 식재료와 조리되지 않은 식재료를 분리하여야 한다. (O, X)

5 작업대는 바닥으로부터 1m 이상 올라와 있어야 한다.
   (O, X)

1 O 2 O 3 X 4 O 5 X

식중독관리

빈출 태그 식중독의 종류와 구분

01 식중독

① 식중독이란 유독 및 유해한 물질이 음식물과 함께 인체에 섭취되어 발열, 구토, 설사 등의 이상 현상을 일으키는 것을 말하며 세균, 곰팡이, 동물, 식물 등이 원인 물질이다.

② 식중독 분류

대분류	소분류		종류
세균성 식중독	병원성	감염형 식중독	살모넬라, 장염비브리오, 웰치균, 병원성 대장균
		독소형 식중독	(황색)포도상구균, (클로스트리디움)보툴리누스균
	비병원성		부패세균
화학적 식중독	유해성 금속 원인		납, 카드뮴, 수은, 비소, 구리, 아연 등
	농약 원인		유기인제, 유기염소제 등
	불량 착색제		아우라민, 로다민 B 등
	불량 감미료		사이클라메이트, 둘신, 니트로아닐린 등
	불량 표백제		롱가리트, 형광표백제 등
	불량 보존료		포름알데히드, 승홍수, 불소화합물, 붕산 등
자연독 식중독	동물성 식중독		복어, 섭조개, 대합, 모시조개, 바지락, 굴 등
	식물성 식중독		감자, 독버섯, 목화씨, 독미나리, 독보리, 청매실 등
곰팡이 식중독			아플라톡신 중독(아플라톡신), 맥각 중독(에르고톡신, 에르고타민), 황변미 중독(시트리닌, 시트레온 비리딘) 등

02 세균성 식중독

1) 감염형 식중독

식중독		증상 및 특징
살모넬라 식중독	원인균	살모넬라속균, 그람음성간균, 통성혐기성균
	잠복기	12~24시간
	원인 식품	육류, 알류
	증상	구토, 복통, 설사, 두통, 발열 등
	예방법	육류 등의 가열조리(돼지고기 77℃ 이상 가열 후 섭취)

장염비브리오 식중독	원인균	호염성세균, 그람음성간균
	잠복기	10∼18시간
	원인 식품	어패류 및 오염된 칼, 도마 등
	증상	발열, 급성 위장염, 설사 등
	예방법	어패류 저온 보관, 가열섭취, 2차 오염 방지
(클로스트리디움)웰치균	원인균	내열성균
	잠복기	8∼22시간
	원인 식품	육류 및 가공품, 튀김 식품, 통조림 등
	증상	복통, 심한 설사
	예방법	저온 보관 및 가열 처리
병원성 대장균	원인균	병원성 대장균, 그람음성균
	잠복기	12∼24시간
	원인 식품	햄, 소시지, 도시락, 치즈 등
	증상	복통, 설사, 발열, 두통 등
	예방법	분변 오염 방지

🎓 기적의 Tip

구분	세균성 식중독	소화기계 감염병
면역성	없음	있음
전염성	거의 없음	있음
잠복기	짧음	세균성에 비해 긺
균량	다량	소량

2) 독소형 식중독

식중독		증상 및 특징
(황색)포도상구균 식중독	원인균	황색포도상구균(황색포도상구균은 열에 강하지만 포도상구균은 열에 쉽게 파괴됨)
	원인 독소	엔테로톡신(장독소)
	잠복기	2∼4시간
	원인 식품	우유, 유제품, 김밥, 도시락
	증상	급성 위장염, 복통, 설사 등
	예방법	화농성 질환자(상처 부위를 지닌 자)의 조리 금지
(클로스트리디움) 보툴리누스 식중독	원인균	보툴리누스균, 내열성 아포균 등(독소 A, B 및 E형)
	원인 독소	뉴로톡신
	잠복기	8∼30시간
	원인 식품	통조림, 병조림 등 밀폐된 포장 식품
	증상	시력장애, 동공확대, 언어장애, 신경마비, 치사율 40% 이상
	예방법	• 통조림, 병조림 식품위생적 보관 • 철저한 가열 처리

✅ 개념 체크

1 화학적 식중독은 감염형 식중독과 독소형 식중독으로 나눌 수 있다. (O, X)

2 세균성 식중독은 소화기계 감염병에 비해 잠복기가 짧다. (O, X)

3 보툴리누스 식중독은 통조림이나 병조림 등의 밀폐된 포장 식품에 의해 발생된다. (O, X)

1 X 2 O 3 O

03 자연독 식중독

1) 동물성 식중독

종류	독소	증상
복어	테트로도톡신(Tetrodotoxin)	• 근육 마비, 구토, 호흡곤란, 의식불명 등 • 사망률 : 50~60%
섭조개, 대합조개	삭시톡신(Saxitoxin)	• 신체 마비, 호흡곤란 등 • 사망률 : 10%
모시조개, 굴, 바지락	베네루핀(Venerupin)	• 구토, 황달, 복통 등 • 사망률 : 45~50%

기적의 Tip

복어의 독소 함량
난소 〉 간 〉 내장 〉 피부

2) 식물성 식중독

종류		독소	증상
감자	싹이 난 부분	솔라닌(Solanine)	혀의 마비, 구토, 설사, 두통, 발열 등
	부패한 부분	셉신(Sapsine)	혀의 마비, 구토, 설사, 두통, 발열 등
독미나리		시큐톡신(Cicutoxin)	입술 수포, 안면 창백 등
독보리		테무린(Temuline)	구토, 설사, 현기증 등
피마자		리신(Ricin)	두통, 위장염 등
청매실		아미그달린(Amygdalin)	청색증, 호흡곤란 등
목화씨		고시폴(Gossypol)	출혈성 신장염
미치광이풀		아트로핀(Atropine)	발작 증세
강낭콩		렉틴(Lectin)	두통, 구토, 설사 등
독버섯		무스카린, 뉴린, 아마니타톡신, 콜린, 팔린 등	위장장애, 경련, 혈색소뇨, 혼수상태, 중추신경 이상 등

기적의 Tip

독버섯 감별법
• 줄기가 세로로 쪼개지지 않는다.
• 색이 화려하고 선명하다.
• 냄새가 독하다.
• 표면이 거칠다.
• 은수저가 검게 변한다.
• 쓴맛과 신맛을 가진다(위험하므로 맛으로 감별하지 않는다).

04 화학적 식중독

1) 유해 중금속 중독

종류	원인 경로	증상
카드뮴(Ca)	카드뮴이 다량 함유된 폐수	골연화증, 신장 장애, 단백뇨
수은(Hg)	오염된 해산물	언어장애, 지각이상
비소(As)	비소 농약의 잔류	구토, 설사, 출혈
미강유(PCB)	PCB	흑피증, 식욕부진
메틸알코올	과실주, 증류주	두통, 현기증, 구토 및 시신경 염증에 의한 실명
납(P)	도자기, 법랑, 유리 기구	피로, 체중 감소, 지각 손실
구리(Cu)	식기	구토, 설사, 복통
아연(Zn)	식기, 용기	구토, 설사, 복통
주석(Sn)	통조림	구토, 설사, 복통

2) 유해 식품첨가물 중독

① 유해 방부제 : 붕산, 포름알데히드, 승홍수
② 유해 표백제 : 롱갈리트, 형광표백제
③ 유해 감미료 : 둘신, 사이클라메이트
④ 유해 착색제 : 아우라민, 로다민B

3) 유해 농약 중독

① 유기인제 : 파라티온, 알라티온, TEPP
② 비소화합물 : 비산칼슘
③ 유기염소제 : DDT(잔류성이 높음), BHC

4) 기타 유해물질 중독

① 니트로소아민(Nnitrosoamine) : 아질산염이 체내에서 어육류 등의 고단백질 식품에 들어 있는 2급 아민과 결합하여 발암물질 니트로소아민을 생성한다.
② 벤조피렌(Benzopyrene) : 석탄타르와 담배 연기에 들어있는 발암물질로 신체 내에서 활성화되어 DNA와 결합하고 발암성을 일으킨다. 육류 가열 및 훈제처리 과정에서 다량 생성된다.
③ 다이옥신(Dioxine) : 배기가스, 폐수 등에 의한 환경오염 물질이다.

기적의 Tip

• 미나마타병 : 일본 미나마타 지역의 '수은'에 오염된 어패류를 섭취한 사람들에게서 발생한 병으로 언어장애와 지각이상이 나타난다.
• 이타이이타이병 : 일본의 금속 공장에서 유출된 '카드뮴'이 상수와 농지를 오염시켜 중독 증상으로 나타난 병이며 뼈가 약해지고 통증이 유발된다.

05 곰팡이 독소

종류	독소	증상	원인 식품
아플라톡신 중독	아스퍼질러스 플라버스 (Aspergilius flavre)	간장독 등	재래식 된장, 곶감, 견과류
황변미 중독	시트리닌(Citrinin), 시트레오비리딘 (Citreoviridin)	신장독, 간장독, 신경독 등	저장미 (푸른곰팡이가 저장미에 번식)
맥각 중독	에르고톡신(Ergotoxin : 간장독), 에르고타민(Ergotamine)	간장독, 신경 증상 등	밀, 보리, 호밀

✓ 개념 체크

1 모시조개와 굴 섭취 시 식중
독을 일으키는 독소는 삭시톡
신이다. (O, X)

2 청매실의 아미그달린(Amy-
gdalin)은 청색증과 호흡곤란
을 일으킨다. (O, X)

3 독버섯에서는 쓴맛과 짠맛이
나는데, 살짝 맛을 보는 것은
괜찮다. (O, X)

4 통조림에서는 주석(Sn)이 용
출될 수 있으므로 주의해야
한다. (O, X)

5 맥각 중독은 저장미에서 발생
하므로 푸른곰팡이가 생기지
않도록 주의한다. (O, X)

1 X 2 O 3 X 4 O 5 X

식품위생관계법규

01 식품위생법 및 관계법규

1) 식품위생의 목적

① 위생상의 위해 방지
② 안정성 유지
③ 영양성 보전
④ 국민보건 향상 및 증진

2) 식품위생법의 용어 정리

① 식품 : 인간이 섭취하는 모든 음식물을 말한다(단, 의약품은 제외).
② 식품첨가물 : 식품의 제조, 가공 및 보존에 있어서 효과를 더 좋게 하거나 기호 가치, 영양 가치를 높일 목적으로 식품에 섞는 물질을 말한다.
③ 화학적 합성품 : 화학적 수단을 이용하여 원소, 화합물의 반응을 일으켜 얻는 물질을 말한다.
④ 기구 : 식품이나 첨가물에 직접 닿는 기계, 기구 및 그 밖의 물건을 말한다(단, 농업과 수산업에서 식품을 채취하는 데에 쓰이는 기계, 기구는 제외).
⑤ 용기, 포장 : 식품 및 첨가물을 담거나 포장하는 물품이다.
⑥ 표시 : 용기, 기구, 포장에 기재하는 문자, 숫자, 도형이다.
⑦ 영업 : 식품, 첨가물을 채취, 제조, 가공, 수입, 조리, 저장 및 운반, 판매하고 기구, 용기, 포장을 제조, 수입, 운반, 판매하는 업종을 말한다(단, 농수산업에 속하는 식품의 채취업은 제외).
⑧ 식품위생 : 식품, 첨가물, 기구, 용기 및 포장 등이 대상으로 음식에 관한 위생을 말한다.
⑨ 식품이력추적관리 : 식품의 제조 → 수입 → 가공 → 판매까지 각 단계별로 정보를 기록하고 관리하여 안전성에 문제가 있을 경우 문제의 식품을 추적하여 원인을 규명하고 조치를 신속하게 취할 수 있도록 관리하는 것을 말한다.
⑩ 식중독 : 식품을 섭취한 후 미생물 및 유해물질로 인해 신체에 이상 현상이 발생한 것으로 판단되는 질환을 말한다.
⑪ 단체(집단)급식소 : 비영리 목적으로 1회 50인 이상의 특정 다수에게 음식물을 공급하는 시설을 말한다.
    예 기숙사, 학교, 병원, 산업체, 국가 및 지방자치단체 등의 공공기관 등
⑫ 단체(집단)급식소 식단 : 대상 집단의 영양섭취기준에 따라 음식명, 재료명, 영양성분, 조리법 등을 고려하여 작성한 급식계획서를 말한다.

 개념 체크

1 단체급식소의 식단은 대상 집단의 취향이 우선적으로 고려되어야 한다. (O, X)

1 X

3) 식품과 식품첨가물

① 위해 식품 등의 판매 등 금지

- 식품이 썩었거나 상했거나 설익어서 인체에 유해한 것을 말한다.
- 유독, 유해물질이 첨가되었거나 묻어 있거나 그럴 우려가 있는 것을 말한다(단, 식품의약품안전처장이 건강에 이상이 없다고 인정하는 것은 제외).
- 미생물에 오염되었거나 우려가 있는 것을 말한다.
- 불결한 물질이 섞인 것 혹은 비슷한 이유로 인체의 건강을 해칠 우려가 있는 것을 말한다.
- 농산, 축산, 수산물 가운데 안전성에 대한 평가를 받지 않거나 식용 부적합 판정을 받은 것을 말한다.
- 수입이 금지된 것이나 수입신고를 하지 아니하고 수입한 것을 말한다.
- 영업자 아닌 자가 제조, 가공 및 소분한 것을 말한다.

② 병든 동물 고기 등의 판매 등 금지 : 도축이 금지되는 가축감염병(리스테리아, 살모넬라, 선모충증 등)에 걸렸거나 걸릴 염려가 있는 동물 또는 이런 동물의 살, 뼈, 장기, 젓, 혈액을 식품으로 사용하거나 채취, 수입, 제조, 판매, 진열, 소분, 운반해서는 안 된다.

③ 기구, 용기, 포장에 관한 기준 및 규격 : 식품의약품안전처장은 국민건강을 위해 필요한 경우 식품 및 첨가물에 관한 사항을 고시한다(단, 식품첨가물 중 간접적으로 식품에 접촉될 수 있는 물질은 성분만을 고시).

4) 표시

① 총리령으로 정하는 식품 대상 : 장기보존 식품(레토르트 식품만 해당), 과자류 중 과자, 캔디류, 빙과류, 빵류, 만두류, 초콜릿류, 잼류, 식용 유지류, 면류, 음료류, 특수용도 식품, 어육 가공품 중 어육소시지, 김밥, 햄버거, 샌드위치 등

② 쌀, 김치 및 육류의 원산지 표시

- 집단급식소 운영자는 육류를 대통령령으로 정하는 조리법에 의하여 제공 및 원산지를 표시하여야 한다.
- 휴게음식점, 일반음식점, 위탁급식, 집단급식소에서는 쌀, 김치류를 조리하여 제공할 경우 원산지를 표시하여야 한다.
- 쌀 : 원형을 유지하여 조리 및 판매하는 경우이며 대통령령으로 정한 것
- 육류 : 소, 돼지, 닭고기이며 대통령령으로 정한 것
- 김치류 : 배추김치이며 대통령령으로 정한 것

③ 원산지의 표시 방법은 보건복지부령에 따름

- 원산지 표시 대상 : 대통령령으로 정하는 조리 방법(구이, 탕, 찜, 튀김, 육회), 밥으로 제공하는 것(죽, 식혜, 떡 등), 반찬으로 제공하는 것(절임, 양념배합)
- 허위표시, 과대광고 대상 : 질병 예방 및 치료에 효능이 있거나 의약품 및 건강기능식품으로 오인할 염려가 있는 광고를 표시한 것
- 사실과 전혀 다르거나 심하게 과장된 용어로 광고를 표시한 것
- 소비자의 기만 및 혼동의 우려가 있는 광고를 표시한 것
- 타 업체 및 해당 제품을 비방하는 광고를 표시한 것

5) 식품 등의 공전

식품의약품안전처장은 기준 등을 표기한 공전을 작성 · 보급하여야 한다.

6) 검사

① 위해평가
- 식품의약품안전처장은 위해의 우려가 제기되는 식품에 속한다고 의심되는 경우 그 식품 등의 위해요소를 신속히 평가하여 결정하여야 하며, 의심 우려가 있는 식품은 판매, 채취, 제조, 수입, 가공, 사용, 조리, 저장, 소분, 운반, 진열하는 것을 일시적으로 금지한다.
- 식품의약품안전처장은 금지조치를 위해 심의위원회의 심의를 거쳐야 하며 경우에 따라서는 지체 없이 심의위원회의 심의 · 의결을 거칠 수 있다.
- 위해평가의 대상, 방법, 절차, 필요사항은 대통령령으로 정한다.

② 수입, 식품 신고
- 판매 목적으로 식품을 수입하는 자는 총리령으로 정하는 바에 따라 식품의약품안전처장에게 신고하여야 한다.
- 식품의약품안전처장은 신고된 식품에 관하여 통관 절차가 끝나기 전에 관계 공무원으로 하여금 검사를 하게 한다.

7) 영업

① 시설기준 적용대상 : 식품 및 첨가물의 제조업, 가공업, 운반업, 판매업, 보존업 기구 또는 용기 · 포장의 제조업, 식품접객업(휴게음식점, 일반음식점, 단란주점, 유흥주점)

② 영업 허가
- 식품의약품안전처장 : 식품첨가물제조업 및 식품조사처리업
- 시, 군, 구청장 : 단란주점업, 유흥주점업

③ 영업 신고
- 식품의약품안전처장 : 식품 등 수입판매업
- 시, 군, 구청장 : 식품 제조 및 가공업, 즉석판매 제조업, 식품운반업, 식품 소분, 판매업, 냉동냉장업, 용기 및 포장 제조업, 휴게음식점, 일반음식점, 위탁급식업, 제과점

④ 영업에 종사하지 못하는 질병
- 제1군 감염병 : 콜레라, 페스트, 장티푸스, 파라티푸스, 세균성이질, 장출혈성 대장균감염
- 제3군 감염병 : 결핵(단, 비감염성인 경우는 제외), 피부병 및 화농성 질환, 후천성 면역결핍증(성병)

⑤ 우수업소 지정 : 식품의약품안전처장, 특별자치 도사, 시 · 군 · 구청장
- 모범업소 지정 : 시장 · 군수 · 구청장
- 조리사를 두어야 할 영업 : 식품접객업소, 집단급식소, 복어조리업소
- 영양사를 두어야 할 급식소 : 1회 50인 이상에게 식사를 제공하는 집단급식소

- 조리사와 영양사 자격 금지 : 정신질환자, 전염병 환자(B형 감염 제외), 약물중독자, 면허취소 처분 후 1년이 지나지 아니한 자
- 면허취소 : 보건복지부장관 또는 시 · 군 · 구청장은 조리사 및 영양사의 특정 사유에 의해서 면허를 취소하거나 6월 이내의 기간 동안 업무정지를 명한다.

8) 조리사 및 영양사

① 조리사 면허
- 조리사가 되려는 자는 국가기술자격법에 의한 기술자격시험에 합격한 후 시도지사의 면허를 받아야 한다.
- 조리사를 두어야 할 영업
  - 집단급식소
  - 식품접객업 중 복어를 조리 및 판매하는 영업
  - 식품접객업 중 허가면적이 120㎡ 이상 업소
- 위반 시
  - 1차 위반할 경우 시정명령
  - 2차 위반할 경우 영업정지 7일
  - 3차 위반할 경우 영업정지 15일
- 조리사의 결격사유
  - 정신질환자
  - 감염병 환자(비활성 B형간염 제외)
  - 약물 중독자
  - 조리사 면허취소 처분을 받고 취소된 날부터 2년이 지나지 아니한 자
② 영양사 면허
- 영양사가 되려는 자는 국가기술자격법에 의한 영양사 자격시험에 합격한 후 보건복지가족부장관의 면허를 받아야 한다.
- 영양사를 두어야 할 영업
  - 국가, 지방자치단체, 학교, 병원, 사회복지시설
  - 공기업 중 보건복지부장관이 지정, 고시하는 기관
  - 지방공사 및 지방공단
  - 특별법에 의해 설립된 법인
- 영양사의 결격사유
  - 정신질환자
  - 전염병 환자(비활성 B형간염 제외)
  - 약물 중독자
  - 영양사 면허취소 처분을 받고 취소된 날부터 2년이 지나지 아니한 자

9) 식품위생 행정 기구

① 중앙기구 : 식품의약품안전청(주관), 농림부(농 · 축산물), 해양수산부(수산물), 재정경제부(주류), 질병관리본부, 국립검역소, 식품위생심의위원회 등이 있다.
② 지방기구 : 보건과(종사자 건강진단 및 위생교육), 보건환경연구원(식품위생검사), 지방식품의약품안전청 등이 있다.

✔ 개념 체크

1 비활성 B형간염의 경우, 조리사의 결격사유에 해당하지 않는다. (O, X)

2 비활성 B형간염의 경우, 영양사의 결격사유에 해당한다. (O, X)

3 영양사 면허취소 처분을 받은 후 1년이 지나지 않은 자는 영양사가 될 수 없다. (O, X)

1 O 2 X 3 X

10) 식품위생감시원의 직무

① 행정처분 이행 여부 확인
② 표시기준 및 과대광고 금지 위반 단속
③ 시설기준 적합 여부 확인 및 검사
④ 출입 및 검사에 관한 식품 수거
⑤ 영업자 및 종업원 건강진단과 위생교육 이행 여부 확인
⑥ 식품 등의 압류 및 폐기
⑦ 영업소의 폐쇄를 위한 간판 제거 등의 조치

11) 벌칙

① 7년 이하의 징역 또는 1억 원 이하의 벌금
• 썩었거나 상하거나 설익은 것으로서 인체의 건강을 해할 우려가 있는 것
• 유독, 유해물질이 포함되었거나 그 염려가 있는 것(단, 인체 건강을 해할 우려가 없음을 식품의약품안전처장이 인정하는 것은 예외)
• 병원미생물에 의하여 오염되었거나 그 염려가 있어 인체의 건강을 해할 우려가 있는 것
• 유해물질의 혼입, 첨가, 기타 사유로 인체의 건강을 해할 우려가 있는 것
• 영업 허가, 신고를 하여야 하는 경우 허가받지 아니하거나 신고하지 아니한 자가 제조, 가공한 것
• 안전성 평가대상에 해당하는 농 · 축 · 수산물 등이 안전성 미평가 및 안전성 평가 결과 식용으로 부적합하다고 인정된 것
• 수입이 금지된 것 및 수입신고를 하여야 하는 경우 신고하지 아니하고 수입한 것
• 보건복지부령이 정하는 질병에 걸렸거나 그 염려가 있는 동물의 고기, 뼈, 젖, 장기, 혈액을 식품으로 판매하거나 판매할 목적으로 채취, 수입, 가공, 사용, 조리, 저장, 운반, 진열하지 못함
• 기준, 규격이 고시되지 아니한 화학적 합성품 등의 판매 등 금지
• 유독 기구 등의 판매, 사용금지
• 영업의 허가를 받지 않고 영업했을 때
② 5년 이하의 징역 또는 5천만 원 이하의 벌금
• 기준과 규격이 정해진 식품 또는 식품첨가물은 그 기준에 의하여 제조, 가공, 사용, 조리, 보존하여야 하며 그 기준과 규격에 맞지 아니하는 식품 또는 식품첨가물을 판매하거나 판매의 목적으로 제조, 수입, 가공, 사용, 조리, 저장, 운반, 보존, 진열한 경우
• 판매를 목적으로 하거나 영업상 사용하는 식품 등을 수입하고자 하는 자는 보건복지부령이 정하는 바에 의하여 보건복지부장관 · 식품의약품안전처장에게 신고하지 않은 경우

- 폐기 처분 위반 시
- 영업시간, 정지 명령 위반 시
- 위해 사고 방지를 위한 식품 등의 압류 및 폐기 조치 위반 시
- 기준, 규격에 맞지 않는 기구, 용기, 판매하는 행위

③ 3년 이하의 징역 또는 3천만 원 이하의 벌금
- 식품, 첨가물, 기구, 용기, 포장에 관한 기준에 맞는 표시 없이 식품, 첨가물, 기구, 용기, 포장을 판매
- 폐업 사실을 신고하지 않음
- 영업자의 지위를 승계하고도 허가, 신고관청에 승계 신고를 하지 않음
- 관계 공무원의 검사, 출입, 수거, 압류를 거부하거나 방해
- 식품접객업의 시설기준에 위반
- 영업 허가조건에 위반
- 식품접객업자가 지켜야 할 준수사항을 지키지 않음
- 위해요소 중점 관리기준을 지키지 아니함
- 영업 신고대상 업소 중 영업정지 명령에 위반하여 영업 유지
- 영업소의 폐쇄 명령에 위반하여 영업 유지
- 관계 공무원이 부착한 적법하지 못한 업소 공지 게시문을 함부로 제거

12) 과태료

① 1천만 원 이하의 과태료
- 영양표시기준 위반
- 쌀, 육류 원산지 위반

② 500만 원 이하의 과태료
- 비위생적인 식품 취급
- 종업원이 건강진단을 받지 않은 경우
- 위생교육을 받지 않은 경우
- 식중독 신고위반
- 위해 식품 회수 위반
- 허가기관시설 개수 명령 위반
- 신고를 하지 않거나 허위신고를 한 집단급식소 설치 및 운영

③ 300만 원 이하의 과태료
- 영업자가 지켜야 할 경미한 사항을 지키지 않을 경우
- 소비자로부터의 이물질 신고를 은폐한 경우
- 지위 승계 후 1개월 이내에 신고하지 않은 경우

02 제조물책임법

1) 제조물책임법의 목적

제조물의 결함으로 발생한 손해에 대한 제조업자 등의 손해배상책임을 규정함으로써 피해자 보호를 도모하고 국민 생활의 안전 향상과 국민경제의 건전한 발전에 이바지함을 목적으로 한다.

2) 용어 정리

① 제조물 : 제조되거나 가공된 동산을 말한다.

② 제조상의 결함 : 제조업자가 제조물에 대하여 제조상·가공상의 주의의무를 이행하였는지에 관계없이 제조물이 원래 의도한 설계와 다르게 제조·가공됨으로써 안전하지 못하게 된 경우를 말한다.

③ 설계상의 결함 : 제조업자가 합리적인 대체설계를 채용하였더라면 피해나 위험을 줄이거나 피할 수 있었음에도 대체설계를 채용하지 아니하여 해당 제조물이 안전하지 못하게 된 경우를 말한다.

④ 표시상의 결함 : 제조업자가 합리적인 설명·지시·경고 또는 그 밖의 표시를 하였더라면 해당 제조물에 의하여 발생할 수 있는 피해나 위험을 줄이거나 피할 수 있었음에도 이를 하지 아니한 경우를 말한다.

⑤ 제조업자 : 제조물의 제조·가공 또는 수입을 업으로 하는 자를 말한다.

⑥ 제조물 책임 : 제조물에 발생될 수 있는 안전성을 결여한 결함으로 생명·신체 또는 재산에 손해가 발생한 경우에 제조업자 등에게 지우는 손해배상책임을 말한다.

공중보건

빈출 태그 공중보건 • 환경위생 • 감염병

01 공중보건의 개념

1) 윈슬로(C.E.A Winslow)의 정의

공중보건학이란 '지역사회의 노력을 통하여 질병 예방, 생명 연장, 육체적 효율 증진, 정신적 효율 증진을 요하는 기술이며 과학'이라고 정의한다.

2) 건강의 정의

WHO(세계보건기구)는 건강이란 '육체적, 정신적, 사회적으로 모두 안녕한 상태'라고 정의한다.

3) 공중보건의 대상

개인만이 아닌 지역주민, 더 나아가 국민 모두가 대상이 된다.

4) 국가 보건 수준 지표

① 영아 사망률 : 대표적인 평가지표이다.
• 신생아의 정의 : 생후 28일 미만의 아기
• 영아의 정의 : 생후 12개월 미만인 아기
• 영아 사망 원인 : 폐렴, 기관지염, 장염, 설사, 신생아 고유질환, 사고
② 조사망률(보통사망률) = 연간 사망자 수 ÷ 인구 × 100
③ 질병 이환율

5) 건강지표

① 평균수명
② 조사망률(보통사망률) = 연간 사망자 수 ÷ 인구 × 100
③ 비례사망지수 = 50세 이상의 사망자 수 ÷ 총 사망자 수 × 100

6) 인구 구성의 종류

종류	설명
피라미드형(인구증가형)	개발도상국형, 출생률은 높고 사망률은 낮음
종형(인구정체형)	이상적인 형태, 출생률과 사망률이 모두 낮음
방추형, 항아리형(인구감소형)	선진국형, 평균수명이 높고 사망률이 낮음
별형(인구유입형)	도시형, 청장년층(생산층) 비율이 높음
표주박형(농촌형)	농촌형, 노년층의 비율이 높고 청장년층 비율이 낮음

> 🎓 **기적의 Tip**
>
> • **모성 사망률** : 임신과 관련되는 질병(임신, 분만, 산욕) 및 합병증으로 인한 사망률을 말한다.
> • **모성 사망 3대 요인** : 임신 중독증, 출혈, 자궁 외 임신 등이 있다.

> 🎓 **기적의 Tip**
>
> **건강수명** : 평균수명에서 질병이나 부상으로 인하여 활동하지 못한 기간을 뺀 것을 말한다.

> 🎓 **기적의 Tip**
>
>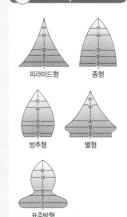
> 피라미드형   종형
>
> 방추형   별형
>
> 표주박형

02 환경위생 및 환경오염 관리

1) 환경위생의 목적
인간과 접한 환경적인 요인들을 관리하여 인간의 신체적 발육 및 건강에 나쁜 영향을 미칠 수 있는 인자들을 개선하는 것이다.

2) 환경위생의 종류

자연 환경	기온, 기습, 기류, 기압, 일광, 공기 등
인위적 환경	채광, 조명, 환기, 냉방, 난방, 상수, 하수, 오물, 해충구제, 공해 등

3) 공기

종류	설명
산소(O_2)	• 공기 중 약 21% 존재 • 10% 이하 : 호흡곤란, 7% 이하 : 질식사
질소(N)	• 공기 중 약 78% 존재(다량 존재) • 잠함병 : 이상 기압과 질소가 원인이 되어 생기는 직업병
이산화탄소(CO_2)	• 공기 중 약 0.03% 존재 • 실내공기 오염 판정 지표 • 위생학적 허용한계 : 1000ppm(0.1%)
일산화탄소(CO)	• 무색, 무미, 무취, 무자극성 • 불완전 연소 시 발생(연탄가스 중독과 관련, 호흡곤란 및 질식증상) • 위생학적 허용한계 : 100ppm(0.01%) 8시간 기준
아황산가스(SO_2)	• 실외 대기오염의 지표 • 자극성 냄새 • 자동차 배기가스와 관련 • 호흡곤란, 금속 부식성
군집독	• 실내오염과 관련 • 다수가 밀집한 장소에서 화학, 물리적 조성 변화로 두통, 불쾌감, 현기증 등의 현상을 일으킴

4) 일광

종류	설명
자외선	• 파장이 가장 짧으며, 강한 살균력을 지니고 있음(강한 살균력 : 2600~2800Å) • 비타민D를 생성하며 골다공증, 골연화증, 구루병을 예방 • 색소침착, 피부암 등에 노출될 수 있음 • 각막 손상, 결막염을 발생시킬 수 있음
적외선	• 피부 온도를 상승시킴 • 홍반, 열경련, 열(일)사병, 두통, 백내장 등을 발생시킬 수 있음
가시광선	• 망막을 자극시켜 명암, 색채를 구분하게 함 • 안구진탕증, 근시, 안정피로 등이 발생할 수 있음

5) 온도(온열)

감각온도의 3요소	설명
기온	• 쾌적 온도 : 18±2℃ • 지상 1.5m에서 건구온도계 측정 • 최고 온도 : 오후 2시 • 최저 온도 : 일출 직전
기습	• 쾌적 습도 : 40~70% • 일정 온도에서 공기 중의 수증기량
기류	• 쾌적 기류 : 1m/sec 이동 • 불감 기류 : 0.2~0.5m/sec 이동

① 온열 조건의 4요소 : 기온, 기습, 기류, 복사열
② 기온역전 현상 : 대기오염이 원인이 되어 상부 기온이 하부 기온보다 높을 때를 말한다. 예 LA 스모그, 런던 스모그 등

6) 물(H_2O)

① 물의 특징
• 물의 구성 : 인체의 약 60~70%가 물로 이루어져 있다(하루 필요권장량 : 2~3ℓ).
　- 10% 상실 시 : 신체기능 이상 신호
　- 20% 상실 시 : 생명의 위험
• 주요 기능 : 음식물 소화 작용에 도움, 체온 조절, 체내 대사기능, 영양소 및 산소 운반, 노폐물 배출, 세포구조 유지
② 물에 의한 질병(수인성 감염병)
• 종류 : 장티푸스(발열, 권태, 식욕부진), 세균성이질(고열, 구토, 설사), 콜레라(설사, 구토, 발열), 아메바성이질, 노로바이러스 등
• 설사 : 황산마그네슘($MgSO_4$)이 다량 포함된 물이 원인이다.
• 불소에 의한 반상치·우치·충치
　- 불소가 과다한 물 : 반상치
　- 불소가 부족한 물 : 우치, 충치
　- 불소 적당함량 : 0.8~1ppm
• 청색아 : 질산염이 다량 포함된 물이 원인이며 심하면 청색증으로 사망한다.
• 수도열 : 대장균을 포함한 잡균이 원인이다.
• 물에 의한 질병의 특징
　- 물 또는 음식물에 의해 전파되는 감염병이다.
　- 잠복기가 짧다.
　- 환자 발생이 폭발적이다.
　- 치명률이 낮다.
　- 2차 감염이 없다.
　- 연령, 직업, 생활 수준, 성별에 따른 발생빈도 차이가 없다.
　- 여름철 발생이 많으나 겨울에도 발생한다(노로바이러스).
③ 상수도 처리
• 상수처리 과정 : 취수 → 침사 → 침전 → 여과 → 소독 → 송수 → 배수 → 급수

🎓 기적의 Tip

카타온도계 : 체감을 기초로 더위나 추위를 측정하는 온도계로 실내온도를 측정한다.

🎓 기적의 Tip

불쾌지수(D.I)
• D.I 70이면 10% 정도의 사람들이 불쾌감을 느낀다.
• D.I 80이면 대부분의 사람들이 불쾌감을 느낀다.

- 상수처리 방법
  - 정수법 : 침사(큰 덩어리를 가라앉힘) → 침전(약품 투입으로 중간 크기 입자를 걸러냄) → 여과(여과지를 이용해 미세 입자를 걸러냄) → 소독
  - 소독법 : 음수 처리법으로 열처리, 자외선 소독법, 오존 소독법 등이 있으며 상수소독은 주로 염소소독법을 사용한다.
  - 염소소독법

종류	치아염소산나트륨, 이산화염소, 표백분
잔류 염소량	0.2ppm(수장, 수인성 감염병 발생 시 0.4ppm)
장점	높은 잔류 효과, 간단한 조작, 저렴한 가격, 강한 소독력
단점	독한 냄새, 독성

기적의 Tip

구분	완속사 여과법	급속사 여과법
침전법	보통 침전법	약품 침전법
생물막 제거법	사면대치	역류 세척
필요 면적	큰 면적이 필요	좁은 면적에도 가능
건설 비용	건설비가 많이 듦	건설비가 적게 듦

④ 하수도 처리
- 하수처리 과정

예비처리	보통 침전, 약품 침전	
본처리	호기성 처리(산소 작용)	활성오니법, 살수 여과법
	혐기성 처리(무산소 작용)	부패조 처리법, 임호프탱크법
오니처리	슬러지 처리	

- 하수처리 종류

합류식	• 우리나라에서 많이 사용됨 • 생활용수(가정하수, 공장폐수)와 천수(눈, 비)를 함께 처리 • 시설비가 적게 듦 • 악취 발생, 범람 우려
분류식	• 천수(눈, 비)를 별도로 운반 • 혼합식 • 천수(눈, 비)와 사용수(음용수 이외의 물)의 일부를 같이 운반

- 하수 위생검사
  - 생화학적 산소요구량(BOD) : 하수의 오염도를 나타내는 방법으로 20ppm 이하여야 하며 유기물질을 20℃에서 5일간 측정한다.
  - 용존 산소(DO) : 수중에 용해되어 있는 산소량으로 4~5ppm 이상이어야 한다.
  - 화학적 산소요구량(COD) : 수치가 높을수록 오염 정도가 높고 산소량이 5ppm 이하여야 한다.

7) 오물 처리

- 분뇨 처리 : 퇴비로 이용 시 부숙 기간을 거치는데 여름에는 1개월, 겨울에는 3개월이 필요하다.
- 진개(쓰레기) 처리
  - 소각법 : 가장 위생적인 방법이지만 비용이 높게 들고 대기오염의 원인이 된다.
  - 매립법 : 땅속에 묻는 처리법으로 매립 두께는 2m를 넘지 않아야 하고 복토 두께는 0.6 ~ 1m가 적당하다.
  - 비료화법(퇴비법) : 음식물 처리에 효과적(발효하여 퇴비로 이용)이며 농촌에서 주로 이용하는 방법이다.

🎓 기적의 Tip

- **분변 오염의 지표** : 대장균 수
- **분변에 의한 소화기계 질병** : 장티푸스, 세균성이질, 콜레라 등

03 역학 및 감염병 관리

1) 감염병 발생 3대 원인

- 병인, 감염원(Agent) : 질병의 발생 원인이다.
- 환경(Environment) : 질병의 전파 경로이다.
- 숙주(Host) : 병원체 침입에 손상을 당하는 생물체를 말한다.

🎓 기적의 Tip

- **생활 쓰레기** : 일상생활 속, 가정, 사무실, 학교 등에서 버려지는 쓰레기를 말한다.
- **진개** : 종이, 나무 등으로 주로 마른 쓰레기이다.
- **주개** : 음식물 등으로 주로 젖은 쓰레기이다.

2) 감염병 생성 6단계

생성 단계		내용
1단계	병원체	바이러스(가장 작음), 리케차, 세균, 기생충 등이 있다.
2단계	병원소	사람(환자, 보균자, 환자의 접촉자를 포함), 동물, 토양
3단계	병원소로부터의 병원체 탈출	호흡기계, 소화기계, 비뇨기계, 기계적, 대소변 등이 있다.
4단계	병원체 전파	직접전파, 간접전파가 있다.
5단계	병원체의 침입	소화기계, 호흡기계, 피부 점막 침입이 있다.
6단계	숙주의 감수성	감수성이 높으면 면역력이 낮아지고 질병의 발병률이 높아진다.

🎓 기적의 Tip

감염병 생성 6단계 중 하나의 단계라도 빠지면 감염은 이루어지지 않는다.

3) 병원체에 따른 감염병의 분류

바이러스 (Virus)	• 크기가 가장 작음 • 질병 : 급성회백수염(소아마비=폴리오), 유행성이하선염, 광견병(공수병), 풍진, 인플루엔자, 천연두, 홍역, 일본뇌염 등
리케차 (Rickettsia)	• 동물에게 열을 수반하는 심각한 질병을 유발 • 질병 : 발진티푸스, 발진열, 양충병 등
세균(박테리아 : Bacteria)	• 적정온도와 습도에서 증식이 원활 • 질병 : 콜레라, 이질, 성홍열, 디프테리아, 백일해, 페스트, 유행성 뇌척수막염, 장티푸스, 파상풍, 결핵, 폐렴, 나병 등
스피로헤타 (Spirochete)	질병 : 웨일병, 매독, 서교증, 재귀열 등
원충성	질병 : 말라리아, 아메바성이질, 수면병 등

4) 법정 감염병의 분류

제1군	• 감염 속도가 빠르며 위험 정도가 커서 발생 즉시 방역대책 필요 • 콜레라, 발진티푸스, 페스트, 장티푸스, 두창, 디프테리아, 세균성이질 등
제2군	• 예방접종으로 관리되며 국가예방접종사업 대상 • 백일해, 홍역, 폴리오, 유행성이하선염, 일본뇌염, 말라리아, 공수병, 재귀열 등
제3군	• 유행성이며 지속적으로 발생 감시할 필요가 있는 대상 • 나병, 결핵, 성병, 한센병, 말라리아 등
제4군	• 신종 감염병 • 급성설사, 뎅기열, 급성 출혈열, 에볼라, 야토병 등

5) 인축 공통 감염병

사람과 동물 사이에서 동일 병원체에 의해 발생하는 질병을 말한다.

소	결핵	쥐	페스트
개	광견병	양, 말	탄저병, 비저병
돼지	살모넬라, 돈단독, 선모충	산토끼	야토병

6) 면역에 따른 감염병 종류

선천적 면역		종속 면역, 인종 면역, 개인차 특이성
후천적 면역	능동면역	자연능동 – 질병 감염 후 획득한 면역 ᅰ 홍역 인공능동 – 예방접종 후 획득한 면역 ᅰ 결핵, 폴리오, 홍역, 일본뇌염
	수동면역	자연수동 – 모체로부터 획득한 유전적 면역 인공수동 – 혈청체제접종으로부터 획득한 면역

7) 감염병의 예방대책

- 환자의 조기발견 및 격리치료
- 보균자의 철저한 관리
- 역학조사
- 감염동물 조기발견 및 박멸
- 검역조사 실시

기적의 Tip

보균자 : 병원체를 가지고는 있지만 발병 증상이 보이지 않아 관리가 어렵다.

합격을 다지는 예상문제

01 식품위생법상 영업에 종사하지 못하는 질병의 종류가 아닌 것은?

① 세균성이질
② 콜레라
③ 장티푸스
④ 비감염성 결핵

02 조리 작업자의 복장 위생 설명 중 옳지 않은 것은?

① 머리카락은 위생모 밖으로 나오지 않도록 한다.
② 위생복은 진한 색으로 하여 쉽게 더러워지지 않도록 한다.
③ 위생장갑은 용도에 맞게 구분하여 착용한다.
④ 조리화는 작업자의 발에 딱 맞도록 한다.

03 개인위생 관리의 중요성으로 거리가 먼 것은?

① 식중독 예방
② 위생상 위해 방지
③ 영양가 상승
④ 고객 신뢰 및 만족

04 식품을 취급하는 자의 개인위생 관리와 거리가 먼 것은?

① 정기적인 건강진단과 위생교육을 이행한다.
② 조리 작업 전과 후에 모두 손을 세척한다.
③ 위생모, 조리복, 앞치마, 위생화, 위생 마스크를 착용한다.
④ 손목시계를 착용하여 수시로 조리시간 체크를 한다.

05 바이러스에 의한 감염이 아닌 것은?

① 폴리오
② 인플루엔자
③ 장티푸스
④ 유행성 감염

06 식품의 변질 및 부패를 일으키는 주 원인은?

① 미생물
② 기생충
③ 농약
④ 자연독

07 세균 번식이 잘 되는 식품과 가장 거리가 먼 것은?

① 온도가 적당한 식품
② 습기가 있는 식품
③ 양분이 많은 식품
④ 산이 많은 식품

08 미생물을 크기순으로 나열하였을 때 가장 작은 미생물은?

① 곰팡이
② 스피로헤타
③ 바이러스
④ 세균

09 미생물의 분해로 알코올 및 유기산 등의 유익한 물질로 변하는 현상을 무엇이라 하는가?

① 후란
② 발효
③ 부패
④ 산패

10 다음 기생충 중 돌고래의 기생충인 것은?

① 유극악구충
② 유구조충
③ 아니사키스충
④ 선모충

11 간디스토마는 제2중간숙주인 민물고기 내에서 어떤 형태로 존재하다가 인체에 감염을 일으키는가?

① 피낭유충(Metacercaria)
② 레디아(Redia)
③ 유모유충(Miracidium)
④ 포자유충(Sporocyst)

12 분변 소독에 가장 적합한 것은?

① 생석회　　　　② 약용비누
③ 과산화수소　　④ 표백분

13 포자형성균의 멸균에 알맞은 소독법은?

① 자비소독법
② 저온소독법
③ 고압증기멸균법
④ 희석법

14 우유 살균에 적용되는 살균법과 거리가 <u>먼</u> 것은?

① 건열멸균법
② 저온살균법
③ 고온 단시간 살균법
④ 초고온 순간 살균법

15 세계보건기구(WHO) 보건헌장에 따른 건강의 의미로 가장 적합한 것은?

① 질병과 허약의 부재를 포함한 육체적으로 완전무결한 상태
② 육체적으로 완전하며 사회적 안녕이 유지되는 상태
③ 단순한 질병이나 허약의 부재를 포함한 육체적, 정신적 및 사회적 안녕의 완전한 상태
④ 각 개인의 건강을 제외한 사회적 안녕이 유지되는 상태

16 식품의 올바른 보관법으로 볼 수 <u>없는</u> 것은?

① 냉장 보관은 5℃, 냉동보관 −20℃로 유지한다.
② 채소류는 세척한 것과 미세척한 것을 구분하여 보관한다.
③ 바나나, 아보카도는 구입 후 바로 냉장 보관하여 신선도를 유지한다.
④ 달걀류는 씻지 않은 상태로 보관한다.

17 식품첨가물에 대한 설명으로 <u>틀린</u> 것은?

① 식품의 변질을 방지하기 위한 것이다.
② 식품 제조에 필요한 것이다.
③ 식품의 기호성 등을 높이는 것이다.
④ 우발적 오염물을 포함한다.

18 식품위생법상 식품첨가물이 식품에 사용되는 방법이 <u>아닌</u> 것은?

① 침윤　　　　② 반응
③ 첨가　　　　④ 혼입

19 식품 중에 존재하는 색소단백질과 결합함으로써 식품의 색을 보다 선명하게 하거나 안정시키는 첨가물은?

① 질산나트륨(Sodium Nitrate)
② 클로로필린나트륨(Sodium Chlorophyll)
③ 삼이산화철(Iron Sesquixide)
④ 이산화티타늄(Titanium Dioxide)

20 과채류의 품질 유지를 위한 피막제로만 사용되는 식품첨가물은?

① 실리콘수지
② 몰포린지방산염
③ 인산나트륨
④ 만니톨

21 HACCP에 대한 설명으로 <u>틀린</u> 것은?

① 어떤 위해를 미리 예측하여 그 위해 요인을 사전에 파악하는 것이다.
② 위해 방지를 위한 사전 예방적 식품안전관리체계를 말한다.
③ 미국, 일본, 유럽연합, 국제기구(Codex, WHO) 등에서도 모든 식품에 HACCP을 적용할 것을 권장하고 있다.
④ HACCP 12절차의 첫 번째 단계는 위해 요소 분석이다.

22 HACCP의 의무적용 대상 식품에 해당하지 <u>않는</u> 것은?

① 빙과류
② 비가열 음료
③ 껌류
④ 레토르트 식품

23 교차오염의 방지 방법과 거리가 <u>먼</u> 것은?

① 작업자의 손세척을 철저히 한다.
② 작업대는 바닥으로부터 15cm 이상 올라와 있어야 한다.
③ 조리된 식재료와 조리되지 않은 식재료를 분류하여 보관한다.
④ 화장실을 갈 땐 조리복, 조리화 등을 탈의한 후 이용한다.

24 식중독에 관한 설명으로 <u>틀린</u> 것은?

① 자연독이나 유해물질이 함유된 음식물을 섭취함으로써 생긴다.
② 발열, 구역질, 구토, 설사, 복통 등의 증세가 나타난다.
③ 세균, 곰팡이, 화학물질 등이 원인 물질이다.
④ 대표적인 식중독은 콜레라, 세균성이질, 장티푸스 등이 있다.

25 웰치균에 대한 설명으로 옳은 것은?

① 아포는 60℃에서 10분 가열 시 사멸한다.
② 혐기성 균주이다.
③ 냉장 온도에서 잘 발육한다.
④ 당질 식품에서 주로 발생한다.

26 클로스트리디움 보툴리눔의 어떤 균형에 의해 식중독이 발생하는가?

① C형   ② D형
③ E형   ④ G형

27 식품과 독성분의 연결이 <u>틀린</u> 것은?

① 복어 – 테트로도톡신
② 섭조개 – 시큐톡신
③ 모시조개 – 베네루핀
④ 청매 – 아미그달린

28 식품과 독성분의 연결이 <u>틀린</u> 것은?

① 매실 – 베네루핀(Venerupin)
② 섭조개 – 삭시톡신(Saxitoxin)
③ 독버섯 – 무스카린(Muscarine)
④ 독보리 – 테물린(Temuline)

29 청매실(덜 익은 매실), 살구씨, 복숭아씨 등에 들어 있으며 인체 장내에서 청산을 생산하는 것은?

① 솔라닌(Solanine)
② 고시폴(Gossypol)
③ 시큐톡신(Cicutoxin)
④ 아미그달린(Amygdalin)

30 화학물질에 의한 식중독으로 일반 중독 증상과 시 신경의 염증으로 실명을 일으키는 물질은?

① 납   ② 수은
③ 메틸알코올   ④ 청산

31 유독성 금속화합물에 의한 식중독을 일으킬 수 있는 경우는?

① 철분강화 식품
② 요오드강화 가루
③ 칼슘강화 우유
④ 종자살균용 유기수은제 처리 콩나물

32 아질산염과 아민류가 산성 조건에 반응하여 생성되며 강한 발암성을 갖는 물질은?

① 나이트로소아민
② 벤조피렌
③ 포름알데히드
④ PCB(Poly Chlorinated Biphenyl)

33 숯을 이용하여 고기를 구울 때의 설명으로 틀린 것은?

① 열화가 이루어지기 전에 구워야 유해물질이 고기에 이행되는 것을 막을 수 있다.
② 유해물질은 고기(식품)의 아미노산이 높은 열에 의해 타면서 생성되며 숯 자체에는 유해물질이 없다.
③ 안전하게 굽기 위해서는 석쇠보다 불판이 더 좋다.
④ 숯불의 연기를 마시지 않도록 한다.

34 곰팡이 중독증의 예방법으로 틀린 것은?

① 곡류 발효식품을 많이 섭취한다.
② 농수축산물의 수입 시 검역을 철저히 행한다.
③ 식품 가공 시 곰팡이가 피지 않은 원료를 사용한다.
④ 음식물은 밀봉하여 습기가 차지 않고 서늘한 곳에 보관한다.

35 국가의 보건 수준이나 생활 수준을 나타내는 데 가장 많이 이용되는 지표는?

① 병상 이용률
② 건강보험 수혜자 수
③ 영아 사망률
④ 조출생률

36 대기오염물질이 원인인 건강장애의 대표적인 질환은 무엇인가?

① 시신경 질환
② 피부 질환
③ 위장 질환
④ 호흡기 질환

37 모성 사망률에 관한 설명으로 옳은 것은?

① 임신, 분만, 산욕과 관계되는 질병 및 합병증에 의한 사망률
② 임신 4개월 이후의 사태아 분만율
③ 임신 중에 일어난 모든 사망률
④ 임신 28주 이후 사산과 생후 1주 이내 사망률

38 인구 정체형으로 출생률과 사망률이 모두 낮은 인구형은?

① 피라미드형
② 별형
③ 항아리형
④ 종형

39 온열 요소가 아닌 것은?

① 기온
② 기습
③ 기류
④ 기압

40 실내공기의 오염 지표인 CO_2(이산화탄소)의 실내(8시간 기준) 서한량은?

① 0.001%
② 0.01%
③ 0.1%
④ 1%

41 미생물에 대한 살균력이 가장 큰 것은?

① 적외선
② 가시광선
③ 자외선
④ 라디오파

42 자외선에 의한 질환이 아닌 것은?

① 설안염
② 피부암
③ 폐기종
④ 백내장

43 수인성 감염병의 특징을 설명한 것 중 틀린 것은?

① 단시간에 다수의 환자가 발생한다.
② 환자의 발생은 그 급수지역과 관계가 깊다.
③ 발생률이 남녀노소, 성별, 연령별로 차이가 크다.
④ 오염원의 제거로 일시에 종식될 수 있다.

44 수질검사에서 과망간산칼슘의 소비량이 의미하는 것은?

① 유기물의 양
② 탁도
③ 대장균의 양
④ 색도

45 먹는 물에서 다른 미생물이나 분변 오염을 추측할 수 있는 지표는?

① 증발잔류량
② 탁도
③ 경도
④ 대장균

46 물의 정수법 중 완속 여과법과 급속 여과법을 비교할 때 급속 여과법의 특징은?

① 여과 속도가 느리다.
② 광대한 면적이 필요하다.
③ 건설비는 많이 들지만 유지비는 적게 든다.
④ 추운 지방이나 대도시에서 이용하기에 적당하다.

47 하수처리방법 중에서 처리의 부산물로 메탄가스 발생이 많은 것은?

① 활성오니법
② 살수 여과법
③ 혐기성 처리법
④ 산화지법

48 하수 오염도 측정 시 생화학적 산소요구량(BOD)을 결정하는 가장 중요한 인자는?

① 물의 경도
② 수중의 유기물량
③ 하수량
④ 수중의 광물질량

49 하천수에 용존산소가 적다는 것은 무엇을 의미하는가?

① 유기물 등이 잔류하여 오염도가 높다.
② 물이 비교적 깨끗하다.
③ 오염과 무관하다.
④ 호기성 미생물과 어패류의 생존에 좋은 환경이다.

50 예방접종이 감염병 관리상 갖는 의미는?

① 병원소의 제거
② 감염원의 제거
③ 환경의 관리
④ 감수성 숙주의 관리

51 회복기 보균자에 대한 설명으로 옳은 것은?

① 병원체에 감염됐으나 임상 증상이 나타나지 않은 사람
② 병원체를 보유하고 있으나 증상은 나타나지 않는 사람
③ 질병의 임상 증상 회복 중에도 병원체를 지닌 사람
④ 병원체를 오랫동안 보유하고 있으나 자신은 병의 증상을 나타내지 않고 다른 사람에게 옮기는 사람

52 우리나라에서 출생 후 가장 먼저 실시하는 인공능동면역은?

① 파상풍
② 결핵
③ 백일해
④ 홍역

53 DPT 예방접종과 관계없는 감염병은?

① 페스트
② 디프테리아
③ 백일해
④ 파상풍

01 ④	02 ②	03 ③	04 ④	05 ③
06 ①	07 ④	08 ③	09 ②	10 ③
11 ①	12 ①	13 ③	14 ①	15 ③
16 ③	17 ④	18 ②	19 ①	20 ②
21 ④	22 ③	23 ②	24 ④	25 ②
26 ③	27 ②	28 ①	29 ④	30 ③
31 ④	32 ①	33 ①	34 ①	35 ③
36 ④	37 ①	38 ④	39 ④	40 ③
41 ③	42 ③	43 ③	44 ①	45 ④
46 ④	47 ③	48 ②	49 ①	50 ④
51 ③	52 ②	53 ①		

01 ④
영업에 종사하지 못하는 질병의 종류로는 세균성이질, 콜레라, 장티푸스, 파라티푸스, 장출혈성 대장균 감염증, A형 간염, 결핵(비감염성인 경우는 제외), 후천성 면역결핍증, 화농성 질환 등이 있다.

02 ②
위생복은 흰색으로 착용하여 이물질 확인이 용이하도록 한다.

03 ③
개인위생 관리와 식품의 영양가 상승은 무관하다.

04 ④
조리 시에는 반지, 목걸이, 귀걸이, 손목시계 등을 착용하지 않는다.

05 ③
바이러스는 세균 여과기를 통과할 정도로 크기가 작아 세균 여과성 미생물이라고도 한다. 천연두, 인플루엔자, 광견병, 폴리오, 소아마비, 유행성 감염 등이 바이러스에 의한 감염에 속하며 장티푸스는 세균성 위장장애를 일으키는 미생물이다.

06 ①
식품의 변질과 부패에 관계된 원인은 미생물의 생성이며 그 결과에는 부패, 변패, 산패, 후란 등이 있고 유익한 작용을 하는 발효도 미생물에 의한 변질이다.

07 ④
세균 번식이 유용한 조건
• pH 6.5~8.0의 중성 및 약알칼리성 상태
• 충분한 양분
• 충분한 습기(세균은 수분을 많이 필요로 함)
• 적당한 온도

08 ③
• **미생물 크기** : 바이러스 〈 리케차 〈 세균 〈 스피로헤타 〈 효모 〈 곰팡이
• 바이러스는 세균여과기를 통과할 정도로 작으며 미생물 중 가장 작은 크기이다.

09 ②
• **후란** : 단백질이 호기성 미생물에 의해 분해되는 현상
• **부패** : 단백질 식품이 혐기성 미생물의 작용으로 변질되는 현상
• **산패** : 지방이 산화되어 불쾌취와 변색, 좋지 않은 맛으로 변질되는 현상

10 ③
• **유구악구충** : 민물고기
• **유구조충** : 돼지고기
• **선모충** : 고양이, 개, 쥐

11 ①
간디스토마의 전파 경로 : 충란 → 제1중간숙주(왜우렁이) → 제2중간숙주(민물고기-피낭유충) → 인체 감염 → 간에 기생

12 ①
• **생석회** : 분뇨, 하수도, 진개, 오물 소독
• **약용비누** : 손 살균 소독
• **과산화수소** : 피부, 상처 소독
• **표백분** : 우물, 수장, 야채, 식기 소독

13 ③
• **자비소독법** : 100℃에서 15~20분간 가열 식기, 행주 등
• **저온소독법** : 60~65℃에서 30분간 가열 우유 등
• **희석법** : 염소, 승홍수, 생석회 등을 물에 희석하여 소독 축사 등
• **고압증기멸균법** : 121℃에서 15~20분간 가열 통조림 등

14 ①
건열멸균법은 유리, 금속, 초자 기구에 이용된다.

15 ③
WHO(세계보건기구)에서는 건강을 '육체적, 정신적, 사회적으로 모두 안녕한 상태'라고 정의한다.

16 ③
바나나, 파인애플, 키위, 아보카도 등의 열대과일은 상온 보관한다.

17 ④
식품첨가물이란, 식품을 가공 · 조리 시 식품의 품질을 유지, 개선, 맛 향상, 색 유지 등을 목적으로 첨가하는 물질을 말한다.

18 ②
식품첨가물은 식품의 제조, 가공, 보존에 있어서 식품에 첨가, 혼합, 침윤 및 기타의 방법으로 사용되는 물질을 말한다.

19 ①
국내에 허용된 발색제(색소고정제)에는 질산나트륨, 질산칼륨, 아질산나트륨 등이 있다.

20 ②
- **피막제** : 과채류를 수확한 후 선도유지를 위해 표면에 피막을 형성하여 호흡작용을 억제하는 첨가물이다.
- **피막제 종류** : 초산비닐수지, 몰포린지방산염 등이 있다.

21 ④
HACCP 12절차의 첫 번째 단계는 HACCP팀 편성이며, HACCP 7원칙의 첫 번째 단계가 위해 요소 분석이다.

22 ③
HACCP 적용 대상 식품 : 어육 가공품 중 어묵류, 냉동 어류, 연체류, 조미 가공품, 냉동식품, 피자류, 만두류, 면류, 빙과류, 비가열 음료, 레토르트 식품 등이다.

23 ②
작업대는 바닥으로부터 60cm 이상 올라와 있어야 한다.

24 ④
식중독이란 유독 및 유해한 물질이 음식물과 함께 인체에 섭취되어 발열, 구토, 설사 등의 이상 현상을 일으키는 것을 말하며 세균, 곰팡이, 동물, 식물 등이 원인 물질이다. 콜레라, 세균성이질, 장티푸스는 물이나 음식물이 원인이 되어 경구로 감염이 되는 수인성 감염병이다.

25 ②
웰치균은 대부분이 내열성 아포형성 세균으로 100℃, 10분 가열에서도 견딘다. 주로 육류 및 육가공품이 원인이며 저온 보관(냉장 및 냉동보관)을 하여야 한다.

26 ③
클로스트리디움 보툴리눔의 원인균은 독소 A, B, E형이다.

27 ②
섭조개의 독성분은 삭시톡신이며, 시큐톡신은 독미나리의 독성분이다.

28 ①
매실(청매실)의 독성분은 아미그달린이며, 베네루핀은 모시조개와 바지락의 독성분이다.

29 ④

오답 피하기
- **솔라닌** : 감자의 싹이 난 부위에서 생성되며 허의 마비, 구토, 설사, 두통, 발열 등의 증상이 있다.
- **고시폴** : 목화씨가 원인이며 출혈성 신장염의 증상이 있다.
- **시큐톡신** : 독미나리가 원인이며 입술수포, 안면 창백 등의 증상이 있다.

30 ③

오답 피하기
- **납** : 구토, 설사, 복통
- **수은** : 언어장애
- **청산** : 구토, 의식장애

31 ④
유기수은제는 농약의 한 종류이며 식품에 잔류하여 독성을 일으킬 수 있다.

32 ①

오답 피하기
- **벤조피렌** : 지나친 가열처리나 훈제처리 시 생기는 발암물질이다.
- **포름알데히드** : 자극성 냄새를 갖는 무색 기체로 살균제나 방부제로 사용된다.
- **PCB** : 일본에서 일어난 미강유중독의 원인 물질이다.

33 ①
열화가 이루어지기 전에 구워도 유해물질이 고기에 이행되는 것을 막을 수는 없다.

34 ①
곰팡이 식중독 중 아플라톡신은 재래식 된장 등의 곡류 발효식품이 원인이며 곰팡이 식중독의 예방법으로는 농수축산물의 철저한 검역, 곰팡이가 피지 않은 원료 사용 가공, 습하지 않은 곳에 저장, 냉장 및 냉동 저장, 밀봉 보관 등이 있다.

35 ③
국가 간 평가지표 중 대표적인 것은 영아 사망률이며, 영아 사망의 원인에는 폐렴, 기관지염, 장염, 설사, 신생아 고유질환 및 사고 등이 있다.

36 ④
대기오염물질은 매연, 미세먼지, 일산화탄소, 연기 등이며 호흡기 질환과 관련이 깊다.

37 ①
모성 사망률이란 임신과 관련되는 질병(임신, 분만, 산욕) 및 합병증으로 인한 사망률을 말한다.

38 ④
종형 : 이상적인 형태로 출생률과 사망률이 모두 낮다.

오답 피하기
- **피라미드형** : 개발도상국형으로 출생률은 높고 사망률은 낮다.
- **별형** : 도시형으로 청장년층 비율이 높다.
- **항아리형** : 선진국형으로 평균수명이 높고 사망률이 낮다.

39 ④
온열 조건 요소로는 기온, 기습, 기류, 복사열이 있다.

40 ③
이산화탄소는 공기 중 약 0.03% 존재하며 실내공기 오염의 지표가 된다. 위생학적 허용한계는 1000ppm(0.1%)이다.

41 ③
가장 강한 살균력을 지닌 일광은 자외선이며 2,600∼2,800 Å 에서 가장 강하다.

42 ③

폐기종이란 카드뮴에 중독 시 일어나는 질환이다.

43 ③

수인성 감염병 : 연령, 직업, 생활수준, 성별에 따른 발생의 빈도 차이가 없다.

44 ①

과망간산칼슘은 유기물의 양을 나타내는 지표가 될 수 있다.

45 ④

환경부의 먹는 물 수질 기준 및 검사 등에 관한 규칙에서 대장균군은 100mL에서 검출되지 않아야 한다.

46 ④

급속 여과법은 좁은 면적으로 가능하며 건설비가 적게 들고 유지비용이 많이 든다.

47 ③

혐기성 처리법은 무산소 처리법으로 부패조 처리법, 임호프탱크법이 있으며 메탄 및 유기산 이산화탄소를 형성한다.

48 ②

생화학적 산소요구량(BOD)은 하수의 오염도를 나타내는 방법으로 20ppm 이하여야 하며, 유기물질을 20℃에서 5일간 측정한다.

49 ①

용존산소량(DO)이란 물속에 녹아 있는 산소량을 말한다.

50 ④

숙주(Host)란 병원체 침입에 손상을 당하는 생물체를 말한다.

51 ③

회복기 보균자(병후 보균자) : 질병의 임상 증상이 회복되는 시기에도 여전히 병원체를 지닌 사람

오답 피하기
- **잠복기 보균자(발병 전 보균자)** : 병원체에 감염되어 있지만 임상 증상이 아직 나타나지 않은 상태의 사람
- **건강 보균자** : 병원체를 몸에 지니고 있으나 겉으로는 증상이 나타나지 않는 건강한 사람으로 관리하기가 가장 어려움

52 ②

인공능동면역이란 병에 걸리지 않게 인공적으로 대처하는 후천적인 면역을 말하며, 결핵 예방백신은 생후 4주 이내에 실시하는 인공능동면역이다.

53 ①

DPT와 관련된 감염병에는 디프테리아, 백일해, 파상풍이 있다.

/ CHAPTER /
02

안전관리

학습 방향

신체적, 물질적, 경제적 피해를 최소화하기 위해 사고를 예방하고, 발생된 사고의 원인을 조사하거나 환경을 개선하는 방향에 대해 공부합니다.

난이도

Section 01	하	53%
Section 02	하	23%
Section 03	하	24%

개인 안전관리

빈출 태그 안전관리 • 안전수칙

01 개인 안전사고 예방 및 사후 조치

1) 안전사고의 원인

① 사고와 원인

안전사고 요소	안전사고 요소 원인
안전하지 못한 환경조성	• 전용 사다리 대신 빈 박스 등 적합하지 않은 물체를 밟고 오름 • 병, 캔의 뚜껑을 오프너 대신 칼, 젓가락 등으로 오픈 • 바닥의 기름, 물 등을 제거하지 않고 방치 • 가스 불 주변으로 종이, 비닐 등을 방치
작업 시 부주의	• 작업자 간 부딪침 • 가위, 칼 등 위험한 물건으로 치는 장난 • 뜨거운 기름 등을 옮길 때 큰 소리로 알리지 않음 • 거품이 가득한 싱크대에 칼 등의 예리한 물체를 담가 놓음
안전수칙 무시	• 육류 분쇄기 등 위험한 도구 이용 시 맨손으로 작업 • 깨진 유리를 맨손으로 제거

② 재해와 원인

재해 요소	재해 요소 원인
개인적 요소	• 심리적 요인 : 무의식, 시행착오, 걱정 • 생리적 원인 : 수면 부족, 피로감, 만성 질병 • 작업장 원인 : 팀워크, 인간관계
환경적 요소	작업장 설비 결함, 안전의식 부족, 정기점검 불량, 정기교육 부족, 건강검진 불량, 안전 매뉴얼 미사용

2) 사후 조치 준수 사항

① 본인의 안전을 먼저 확보한다.
② 부상자에게 응급 조치 동의를 구한다.
③ 환자의 생사 판정을 하지 않는다.
④ 처치 시 원칙적으로 의약품 사용을 피한다.
⑤ 응급 처치 후 전문가에게 맡긴다.

3) 사고 예방 대책 5단계

① 1단계(안전관리 조직 구성) : 안전관리 조직 구성 및 계획 수립, 전문적 지식과 기술을 가진 자를 통한 안전활동 확립
② 2단계(사실의 발견) : 사고 기록 검토, 작업 분석, 정기적 안전검사 및 사고조사, 토의, 요소 발견
③ 3단계(원인 규명) : 현장 조사 분석 및 자료 분석, 인적 및 물적 환경 분석, 교육 훈련 분석
④ 4단계(대책 선정) : 교육 및 훈련과 기술 개선
⑤ 5단계(대책의 적용)

02 작업 안전관리

1) 안전보건 준수사항

① 유리, 캔, 접시 등 깨질 위험이 있는 것은 주의한다.
② 칼, 가위, 꼬치 등 날카로운 도구 사용에 주의한다.
③ 설거지 세제 운반 시 바닥에 떨어지지 않도록 주의한다.
④ 식기건조기, 오븐, 불 사용 시 화상에 주의한다.

2) 작업 안전수칙

① 조리모, 조리화, 조리용 장갑을 착용한다.
② 흡연, 음주, 껌 씹기 등을 하며 조리하지 않는다.
③ 칼 등을 들고 옆 사람과 장난하지 않는다.
④ 칼 사용 후 전용 보관장소에 보관한다.
⑤ 일정 시간마다 스트레칭 등을 하여 작업 시 컨디션을 조절한다.

✔ **개념 체크**

1 병뚜껑은 오프너가 없으면 주변의 수저나 젓가락으로 따도 무방하다. (O, X)

2 팀워크, 인간관계의 문제는 작업장 원인에 해당한다. (O, X)

3 졸음을 깨기 위해 껌을 씹으면서 작업을 하는 것은 괜찮다. (O, X)

1 X 2 O 3 X

장비 · 도구 안전작업

01 조리 장비 · 도구 안전관리 지침

모든 작업자가 안전의 중요성을 인식하고 사고를 예방함으로써 피해가 없도록 한다. 그러기 위해서는 안전을 대하는 경영자의 자세, 적절한 조리 시설 관리, 정기적 교육, 작업자들의 협동심 등이 요구된다.

1) 조리 설비

① 조리장의 기본 조건 : 위생성, 능률성, 경제성이며 가장 중요한 조건은 위생성이다.
② 조리장의 위치 : 통풍 및 채광, 급수 및 배수 시설이 잘 구비되어야 한다.
③ 조리장의 면적 : 식당 넓이의 1/3 이상, 1인당 0.2㎡를 따르며 직사각형 형태의 개방형이 효율적이다.
④ 검수 및 저장 : 저울을 이용해 주문량을 확인하며 신선도 유지를 위해 온도계를 갖춰야 한다.
⑤ 식당의 면적 : 취식자 1인당 1㎡를 따른다.

2) 조리 장비 · 도구의 안전한 사용법

① 칼
• 작업 시에만 사용하며 칼집을 이용하여 보관한다.
• 칼날은 한 쪽 방향으로 향하도록 보관한다.
• 세제 거품이 많은 싱크대에 넣어 두지 않는다.
• 칼이 너무 무뎌지지 않도록 정기적으로 갈아 놓는다.
• 칼을 떨어뜨렸을 때는 잡지 말고 떨어지도록 두고 몸을 피한다.
• 다른 사람에게 칼을 전달할 땐 칼 손잡이 쪽이 상대방에게 향하도록 건넨다.
• 칼을 세척한 후에는 물기를 제거하고 보관한다.
② 육류 절단기
• 기구 설명서에 따라 사용, 세척, 보관한다.
• 육류를 절단할 때는 전용 기구 등을 이용하여 밀어 넣는다.
• 기계에 빨려 들어갈 만한 요인이 되는 장신구, 스카프 등을 착용하지 않는다.
③ 전기 조리기계
• 작동 전 안전장치를 확인하고 기계의 안전 유무 확인 후 사용한다.
• 기계의 장시간 사용을 자제한다.
• 전기 코드에 물 등이 묻지 않도록 주의한다.

작업환경 안전관리

01 작업장 환경관리

1) 작업장 기본 환경관리

① 교차오염이 생기지 않도록 관리한다.
② 교차오염의 발생 원인에는 물품, 사람, 환경 등이 있다.
③ 방충, 방균, 방곰팡이와 청정도의 확보, 온도, 습도의 적합함을 관리한다.

2) 항목별 환경관리

항목	내용
작업대 높이	55~60cm
작업대 너비	80~90cm
작업대와 뒤쪽 선반의 거리	150cm
바닥	1m까지의 내벽에 내수성 자재(타일, 콘크리트) 사용
하수	그리스 트랩 설치
환기	4방형 후드
조명	50룩스(Lux) 이상
천장	물이 새거나 응결수가 생기지 않아야 함
창	해충이 들어오지 못하도록 녹슬지 않는 재질의 방충망을 설치
방충 및 방서 시설	30메시(Mesh)
냉장온도	5℃
냉동온도	−20℃
급수설비	용량 1인당 6리터(ℓ)
식기 회수 공간	취식 면적의 10%

> **기적의 Tip**
>
> • **작업대 배치 순서** : 준비대 → 개수대 → 조리대 → 가열대 → 배선대
> • **작업의 흐름 순서** : 식재료 구매 및 검수 → 식재료 전처리 → 식재료 조리 → 음식 담기 및 장식 → 서빙 → 식기 세척 및 수납

02 작업장 안전관리

1) 안전사고의 요인

① 인적 요인 : 시력, 청력, 조리 지식, 인지능력, 중독 증세, 각종 질환 등
② 물적 요인 : 결함이 있는 기계, 장비, 시설물 등
③ 환경 요인 : 설계, 채광, 조명, 부적합한 환기시설. 복장, 소음, 진동, 가스 누출, 누전 등의 불안정성

03 화재 예방 및 조치 방법

1) 화재 예방

① 주방은 고열, 튀김, 전기, 가스 등을 사용하는 공간이므로 화재 위험에 항시 노출되어 있다.
② 가스 사용 시에는 밸브 잠금, 안전 유무, 후드 등을 수시로 점검하고 화기 주변에는 불이 붙을 만한 요인을 두지 않는다.
③ 소화기가 있는지 확인하고 정기적으로 점검 및 사용법을 숙지해 놓아야 한다.

2) 화재의 분류

종류	특성
일반 화재 (A급 화재)	• 생활 속 일반 가연물에 의한 화재(나무, 종이, 섬유, 플라스틱 등) • 연소 후 재가 남음 • 물이나 소화기로 차단
유류 화재 (B급 화재)	• 상온에서 액상인 유류에 의한 화재(기름, 알코올 등) • 연소 후 재가 없는 화재 • 젖은 모포로 덮거나 공기를 차단
전기 화재 (C급 화재)	• 전기, 기계에 의한 화재(전기다리미, 콘센트, 변압기, 개폐기 등) • 소화기로 차단(물 사용 절대 금지)
금속 화재 (D급 화재)	• 가연성 금속류에 의한 화재 • 모래나 질석을 사용(물과 반응하여 폭발성이 강한 수소를 발생시키므로 물 사용 절대 금지)
주방 화재 (K급 화재)	• 식용유, 버터 등에 의한 화재 • 주방 조리대에서 주로 발생 • 비누화 작용과 냉각 작용이 동시에 필요

3) 소화 방법

종류	특징
제거 소화(가연물)	가연물 제거
질식 소화(산소)	산소 공급원 차단, 최저 산소 농도(15%) 이하로 유지
냉각 소화(열원)	연료의 발화점 이하로 냉각

01 개인안전 수칙 중 옳지 <u>못한</u> 사항은?

① 가스불 옆에 종이, 비닐 등을 방치하지 않는다.
② 거품이 가득한 싱크대에 칼을 담가 놓지 않는다.
③ 깨진 유리 제거 시 맨손으로 잡지 않는다.
④ 뜨거운 기름을 옮길 땐 방해가 되지 않도록 조용히 이동한다.

02 다음의 작업 안전 수칙에 대한 설명 중 옳지 <u>못한</u> 것은?

① 칼 사용 후에는 편한 장소에 보관한다.
② 조리모, 조리화, 조리용 장갑을 착용한다.
③ 칼을 들고 장난하지 않는다.
④ 일정 시간마다 스트레칭 등을 하여 작업 시 컨디션을 조절한다.

03 재해 원인 요소 중 작업 정보의 부적절, 작업 방법의 부적절 등과 관계가 있는 것은?

① 인간
② 기계
③ 매체
④ 관리

04 안전사고 사후 조치 준수 사항과 거리가 <u>먼</u> 것은?

① 본인의 안전을 먼저 확보한다.
② 응급 조치 시에는 부상자의 동의가 없이 즉각 시행한다.
③ 응급 처치 후 전문가에게 맡긴다.
④ 처치 시 원칙적으로 의약품 사용을 피한다.

05 조리장에서의 안전사고 방지 및 해결 방안을 설명한 것이다. 옳지 <u>못한</u> 처리 방안은?

① 조리장 바닥의 기름은 영업이 끝나면 깨끗이 처리한다.
② 캔의 뚜껑은 전용 오프너를 사용한다.
③ 가스 불 주변에 종이, 비닐, 라이터 등을 방치하지 않는다.
④ 전용 사다리 외 빈 박스 등을 밟고 오르지 않는다.

06 조리 설비 시 관련 기준으로 가장 거리가 <u>먼</u> 것은?

① 위생성, 능률성, 경제성을 고려하며, 이 중 가장 중요한 것은 위생성이다.
② 조리장의 위치는 통풍, 채광, 급수, 배수 시설이 잘 구비되어야 한다.
③ 조리장의 면적은 식당 넓이의 50% 이상, 1인당 0.2m²를 따르는 것이 효율적이다.
④ 검수 및 저장 시에는 저울을 이용해 주문량을 확인하며 신선도 유지를 위해 온도계를 갖춰야 한다.

07 조리장에서 칼 사용 및 보관 시 주의해야 할 사항이 <u>아닌</u> 것은?

① 칼을 세척한 후에는 물기를 제거하고 보관한다.
② 동료에게 칼을 전달할 때에는 칼날이 받는 사람을 향하도록 한다.
③ 칼은 정기적으로 갈아 놓아 무뎌지지 않도록 한다.
④ 칼을 떨어뜨렸을 때에는 잡지 말고 떨어지도록 내버려 둔다.

08 작업대 배치 순서가 가장 올바르게 나열된 것은?

① 준비대 → 개수대 → 조리대 → 가열대 → 배선대
② 개수대 → 조리대 → 가열대 → 배선대 → 준비대
③ 배선대 → 조리대 → 개수대 → 준비대 → 가열대
④ 조리대 → 개수대 → 가열대 → 배선대 → 준비대

09 조리 장비 및 도구의 선택과 사용 시 관련된 기준으로 가장 거리가 먼 것은?

① 조리 도구의 성능
② 안전성
③ 위생성
④ 디자인

10 조리도구의 결함이 의심되는 경우 사용 여부 등의 판단을 위해 실시하는 점검은?

① 긴급점검   ② 정기점검
③ 일상점검   ④ 특별점검

11 조리 작업 시 착용해야 하는 필수 안전보호구로 가장 거리가 먼 것은?

① 안전화   ② 위생모
③ 위생장갑   ④ 방진마스크

12 조리실 후드 모양 중 가장 효율적인 것은?

① 2방형
② 3방형
③ 4방형
④ 별형

13 전기, 기계에 의한 화재로 분류되는 것은?

① A급 화재
② B급 화재
③ C급 화재
④ D급 화재

14 다음 중 A급 화재와 관련된 특성이 <u>아닌</u> 것은?

① 연소 후 재가 남는다.
② 물이나 소화기로 차단이 가능하다.
③ 나무, 종이, 섬유, 플라스틱 등의 화재가 포함된다.
④ 화재 진압 시 모래나 질석을 사용한다.

15 환경관리에 대한 설명으로 알맞은 것은 무엇인가?

① 작업대 높이는 80~85cm가 적당하다.
② 작업대 너비는 55~60cm가 적당하다.
③ 환기는 4방형 후드가 적합하다.
④ 방충방서 시설은 15메시로 하여야 안전하다.

16 교차오염의 주요 발생 원인과 가장 관련이 <u>적은</u> 것은 무엇인가?

① 가열되지 않은 육류, 가금류, 생선류 등
② 오염된 도마
③ 열탕소독한 수저
④ 조리원의 고무장갑

17 조리 시 오염을 줄이기 위해서 노력해야 하는 방법과 거리가 <u>먼</u> 것은?

① 냉장고 보관 시 완제품은 아래 칸, 육류와 생선류는 위 칸에 보관한다.
② 식기류, 행주, 면장갑은 끓는 물에 5분 이상 열탕 소독한다.
③ 냉장고 온도는 5도, 냉동고 온도는 −20도를 유지한다.
④ 화장실 등 오염장소 출입 시 전용 신발로 교체 착용한다.

01 ④	02 ①	03 ③	04 ②	05 ①
06 ③	07 ②	08 ①	09 ④	10 ④
11 ④	12 ③	13 ③	14 ④	15 ③
16 ③	17 ①			

01 ④

뜨거운 기름이나 끓는 물을 옮길 땐 큰 소리로 알린 후 옮긴다.

02 ①

칼을 사용한 후에는 전용 보관장소에 보관한다.

03 ③

매체 : 작업 공간의 불량, 작업 환경 조건의 불량, 작업 방법의 부적절 등

04 ②

응급 조치 시에는 부상자에게 동의를 구한다.

05 ①

조리장 바닥의 기름이나 물은 즉시 깨끗이 제거하여 조리사가 미끄러지지 않도록 해야 한다.

06 ③

조리장의 면적은 식당 넓이의 1/3 이상이 되어야 효율적이다.

07 ②

다른 이에게 칼날을 전달할 때에는 칼의 손잡이 부분이 받는 사람을 향하도록 한다.

08 ①

작업대는 작업자가 효율적이고 위생적으로 작업을 진행할 수 있도록 '준비대 → 개수대 → 조리대 → 가열대 → 배선대' 순서로 배치한다.

09 ④

조리 장비 및 도구의 선택 시에는 안전성, 위생성, 필요성, 성능 등을 고려한다.

10 ④

특별점검이란 결함이 의심되는 경우나 사용 제한 중인 시설물의 사용 여부 등을 판단하기 위해 실시하는 점검이다.

11 ④

방진마스크는 연마작업, 분진작업 등을 진행할 때 작업자가 착용하는 보호구이다.

12 ③

조리장 후드는 사방개방형으로 설치하는 것이 가장 효율적이다.

13 ③

C급 화재와 관련된 화재는 전기, 기계에 의한 화재나 전기다리미, 콘센트, 변압기, 개폐기에 의한 화재이며, 소화기로 차단해야 한다.

종류	특성
일반 화재 (A급 화재)	• 생활 속 일반 가연물에 의한 화재(나무, 종이, 섬유, 플라스틱 등) • 연소 후 재가 남음 • 물이나 소화기로 차단
유류 화재 (B급 화재)	• 상온에서 액상인 유류에 의한 화재(기름, 알코올 등) • 연소 후 재가 없는 화재 • 젖은 모포로 덮거나 공기를 차단
전기 화재 (C급 화재)	• 전기, 기계에 의한 화재(전기다리미, 콘센트, 변압기, 개폐기 등) • 소화기로 차단(물 사용 절대 금지)
금속 화재 (D급 화재)	• 가연성 금속류에 의한 화재 • 모래나 질석을 사용(물과 반응하여 폭발성이 강한 수소를 발생시키므로 물 사용 절대 금지)
주방 화재 (K급 화재)	• 식용유, 버터 등에 의한 화재 • 주방 조리대에서 주로 발생 • 비누화 작용과 냉각 작용이 동시에 필요

14 ④

오답 피하기

화재 진압 시 물과 반응하여 폭발성이 강한 수소를 발생시키므로 모래나 질석을 사용하여 진압해야 하는 화재는 D급 화재이다.

15 ③

오답 피하기

작업대 높이는 55~60cm, 작업대 너비는 80~90cm, 방충방서 시설은 30메시가 적합하다.

16 ③

교차오염이란 유해세균이 식품, 종업원의 손, 작업대, 조리기구나 용기 등으로 전파되는 것을 말한다.

17 ①

냉장고 보관 시 위험도가 낮은 완제품과 가공품은 위 칸에 보관하며, 위험도가 높은 해동 중 식재료와 육류와 생선류는 아래 칸에 보관하는 것이 좋다.

재료관리 및 구매관리

2과목 소개

조리 시 사용되는 식재료 관리 및 필요물품과 재료 구매에 대한 기본 내용을 다루는 과목입니다.

/ CHAPTER /

01

재료관리

학습 방향

조리 및 생산에 필요한 다양한 식재료를 특성에 적합하게, 그리고 합리
적으로 관리하고 다루는 방법을 공부합니다.

난이도

Section 01	상		54%
Section 02	중		39%
Section 03	하		7%

식품재료의 성분

빈출 태그 탄수화물 • 지질 • 단백질 • 갈변 • 맛과 냄새 • 유독 성분

01 수분

1) 수분활성도의 정의

① 식품 속의 수증기압을 순수한 물의 수증기압으로 나눈 것이다.

② 수분활성도(Aw) = 식품 속의 수증기압(P) ÷ 순수한 물의 수증기압(Po)

2) 식품의 수분활성도

① 순수한 물의 수증기압은 1이다(Aw=1).

② 과일, 채소 등의 수분활성도(Aw) : 0.98~0.99

③ 곡류, 두류 등의 수분활성도(Aw) : 0.60~0.64

④ 수분활성도가 클수록 미생물의 생육 조건이 증가된다.

> **기적의 Tip**
>
> **미생물의 생육 최적 조건 수분활성도**
> 세균(0.90~0.94) 〉 효모(0.88~0.90) 〉 곰팡이(0.70~0.85)

3) 유리수와 결합수의 비교

유리수(자유수)	결합수
• 용질에 대해 용매로 작용 가능	• 용질에 대해 용매의 작용 불가능
• 건조에 의해 쉽게 분리될 수 있음	• 건조에 의해 쉽게 분리될 수 없음
• 미생물 증식이 가능	• 미생물 증식이 불가능
• 0℃ 이하에서 동결	• 0℃ 이하에서 동결하지 않음
• 4℃에서 비중이 가장 높으며 표면장력, 점성, 비열이 큼	• 유리수보다 밀도가 큼

02 탄수화물

1) 단당류의 정의

당류 중 가장 세분화된 구성단위로 더 이상 가수분해되지 않는 당이다.

2) 단당류의 종류

① 포도당(Glucose)

• 동물 혈액 중 농도는 0.1% 정도이다.

• 과실류, 쌀, 빵, 떡, 감자 등의 전분이다.

• 가장 작은 형태이다.

② 과당(Fructose)
- 가장 당도가 높다.
- 꿀, 과실류에 유리 형태로 존재한다.
- 용해성이 가장 크다.
③ 갈락토오스(Galactose)
- 젖당(유당)의 구성성분으로 포유동물의 젖에 존재한다.
- 단독으로 존재하지 않는다.
- 물에 쉽게 녹지 않는다.
- 뇌와 신경조직의 구성성분이 된다.
④ 자일로오스(Xylose)
- 5탄당의 하나이다.
⑤ 만노오즈(Mannose)
- 곤약 등에 포함되어 있다.
- 6탄당의 하나이다.

 기적의 Tip

- **5탄당** : 자일로오스(Xylose), 리보즈(Ribose), 아라비노즈(Arabinose)
- **6탄당** : 만노오즈(Mannose), 포도당(Glucose), 과당(Fructose)

3) 이당류의 정의

2개의 단당류가 결합된 당이다.

4) 이당류의 종류

① 자당(서당, 설탕 : Sucrose)
- 포도당과 과당으로 생성되어 있다.
- 160℃ 이상 가열 시 카라멜화되어 갈색 물질이 된다.
- 사탕수수, 사탕무 등에 들어 있다.
② 젖당(유당 : Lactose)
- 포도당과 갈락토오스로 생성되어 있다.
- 포유동물의 젖에 존재한다.
- 포유동물의 뇌와 신경조직의 성장에 중요 작용을 한다.
③ 맥아당(엿당 : Maltose)
- 포도당과 포도당으로 생성되어 있다.
- 엿기름, 물엿에 다량 포함되어 있다.

5) 당질의 단맛 정도

과당 〉 전화당 〉 서당(자당) 〉 포도당 〉 맥아당 〉 갈락토오스 〉 유당

기적의 Tip

전화당이란 포도당과 과당이 1:1 비율로 섞여 있는 상태의 당을 말한다.

6) 다당류의 정의

다수의 단당류가 결합된 당을 말한다.

7) 다당류의 종류

① 전분(녹말 : Starch)
- 아밀로오스 20% + 아밀로펙틴 80%로 구성되어 있다.
- 무색, 무미, 무향이다.
- 수분을 첨가하여 가열 시 점성을 갖는다.

기적의 Tip

찹쌀 : 아밀로펙틴 100%로 구성되어 있다(아밀로펙틴 함량이 높을수록 노화가 늦춰진다).

- 식물성 저장 탄수화물이다.
- 다수의 포도당으로 결합되어 있다.

② 글리코겐(Glycogen)
- 동물성 저장 탄수화물이다.
- 간, 근육 등에 포함되어 있다.
- 산, 효소 등에 가수분해되면 포도당을 만든다.

③ 섬유소(Celluose)
- 인체에 소화되지 않는 성분으로 장 운동을 원활하게 한다.
- 해조류, 두류 등에 주로 포함되어 있다.

④ 펙틴(Pectin)
- 과실류에 다량 존재한다.
- 산, 설탕을 첨가하여 잼, 젤리 등을 만들 수 있다.

⑤ 한천(Agar)
- 홍조류(우뭇가사리)의 세포막 성분이다.
- 양갱이나 젤리 등을 만들 때 사용된다.

⑥ 알긴산(Alginic)
- 갈조류의 세포막 성분이다.
- 미역이나 다시마에 함유되어 있다.

03 지질

1) 지질의 구성

① C(탄소), H(수소), O(산소)의 유기화합물로 구성되어 있다.
② 3분자 지방산과 1분자 글리세롤로 이루어진 에스테르 결합이다.

2) 지질의 특성

① 유화성(Emulsification) : 기름과 물이 서로 잘 섞이도록 하는 성질을 말한다.
- 수중 유적형(O/W) : 물 중에 기름이 분산되어 있는 형태이다.
  예 우유, 마요네즈, 아이스크림, 크림, 잣 수프 등
- 유중 수적형(W/O) : 기름 중에 물이 분산되어 있는 형태이다.
  예 마가린, 버터 등

② 경화(=수소화, Hydrogenated fat, Hardening oil) : 액상형 기름에 수소(H_2)를 첨가하여 고체형 기름으로 만드는 성질을 말한다.
  예 마가린, 쇼트닝 등

③ 연화작용(Shortening) : 가루 반죽 등에 기름을 첨가하여 글루텐 형성을 억제하는 성질을 말한다.
  예 파이 시트, 모약과, 페스트리 등

④ 비누화(=검화, Saponification)
- 기름이 알칼리에 의해 가수분해되어 염(비누)을 생성하는 성질을 말한다.
- 저급 지방산(버터, 야자유)은 비누화가 높고, 고급 지방산(팜유)은 비누화가 낮다.
⑤ 요오드가(Iodine Value) : 지방산의 불포화도를 나타내는 값이다.
- 유지 100g에 결합되는 요오드 g 수를 말한다.
- 불포화 지방산 함량이 높은 유지가 요오드가가 높다.
⑥ 가소성(Plasticty) : 외부의 압력에 의해 형태가 변한 물체가 외부 압력이 없어지더라도 원래의 형태로 되돌아오지 않는 성질을 말한다.

🎓 기적의 Tip

유지의 신선도 측정 수치는 산가(값)로 유지 1g 속에 들어 있는 유리지방산을 중화하는 데에 필요한 KOH의 mg 수이다.

3) 지질의 분류
① 단순지질(중성지방) : 지방산 + 글리세롤
  예 왁스 등
② 복합지질 : 인지질(지방산 + 인), 당지질(지방산 + 당), 지단백질(지방산 + 글리세롤 + 단백질)
③ 유도지질 : 단순지질, 복합지질의 가수분해로 유도된 지질
  예 콜레스테롤

4) 지방산의 분류
① 포화 지방산
- 융점이 높아 상온에서 고체이다.
- 이중결합이 없다.
- 산화에 안정하다.
- 팔미트산, 스테아르산 등이 있다.
- 동물성 지방에 주로 함유되어 있다.
② 불포화 지방산
- 융점이 낮아 상온에서 액체이다.
- 이중결합이 있다.
- 산화에 불안정하다.
- DHA, EPA, 올레산, 리놀레산, 아라키돈산 등이 있다.
- 식물성 지방에 주로 함유되어 있으며 동물성 지방 중 등 푸른 생선에 함유되어 있다.

5) 요오드가에 따른 분류
① 건성유 : 요오드가 130 이상이며 쉽게 굳는다.
  예 아마인유, 호두, 잣, 들기름 등
② 반건성유 : 요오드가 100~130이며 공기 중 점성이 증가한다.
  예 면실유, 참기름, 대두유, 옥수수 기름 등
③ 불건성유 : 요오드가 100 이하이며 공기 중 굳지 않는다.
  예 땅콩기름, 올리브유, 동백기름 등

04 단백질

1) 단백질의 구성

① C(탄소), H(수소), O(산소), N(질소)로 구성되어 있다.
② 아미노산이 펩티드 결합으로 이루어진다.

2) 주요 특성

① 신체 성장과 신체 조직(피부, 손톱, 호르몬 등)의 구성에 중요한 역할을 한다.
② 항체를 형성한다.
③ 생리작용 조절에 관여한다.
④ 가열 및 무기염류(Mg, Ca)에 응고하는 성질이 있다.

3) 필수아미노산

① 체내 합성이 어려워 반드시 음식물로부터 섭취해야 하는 아미노산을 말한다.
② 성인 필수아미노산은 '트레오닌, 발린, 트립토판, 이소루신, 루신, 라이신, 페닐알라닌, 메티오닌'이다.
③ 성장기 어린이 필수아미노산은 '성인 필수아미노산 + 알기닌, 히스티딘'이다.

4) 기초대사량

① 어떠한 활동을 하지 않더라도 소비되는 열량을 말한다.
　　예 수면, 심장박동, 호흡, 소화 등
② 영향인자 : 성별, 근육량, 나이, 체표면적, 기온 등이 있다.

5) 단백질의 구성학적 분류

① 단순단백질 : 아미노산으로 구성된 단백질이다.
　　예 알부민, 글로불린, 루테닌 등
② 복합단백질 : 아미노산과 다른 물질(당, 인, 색소)이 결합된 단백질이다.
　　예 인단백질, 당단백질, 지단백질 등
③ 유도단백질 : 아미노산이 외부작용(열, 산, 알칼리)으로 변성 및 분해를 일으킨 단백질이다.
　　예 젤라틴 등

6) 단백질의 영양학적 분류

① 완전 단백질 : 동물의 생명 유지와 성장에 필수아미노산을 완전히 갖춘 단백질이다.
　　예 달걀, 우유 및 유제품
② 부분적 불완전 단백질 : 필수아미노산에서 한 가지 이상이 결핍된 단백질이다.
　　예 곡류, 채소
③ 불완전 단백질 : 필수아미노산이 상당수 결핍되어 있는 단백질이다.
　　예 옥수수

05 무기질

1) 무기질의 특성

① 인체 구성성분으로 체중의 4% 정도를 차지한다.
② 식품 연소 시 재로 남아 회분이라고도 한다.
③ 6대 영양소 중 하나로 생체 조절에 필수적이다.
④ 주요 기능 : 산과 염기의 균형 유지, 신체 생리 조절, 수분 균형 조절, 촉매 역할을 한다.

🎓 기적의 Tip

• 산성 식품 : 황·인·염소 등이 많이 들어 있는 식품으로 곡류, 어류, 육류 등이 포함된다.
• 알칼리성 식품 : 나트륨, 칼륨, 마그네슘, 칼슘 등이 많이 들어 있는 식품으로 채소류 등이 포함된다.

2) 무기질의 종류

종류	생리작용 및 특징	결핍 및 과잉	증상	급원 식품
칼슘(Ca)	골격 및 치아 형성, 혈액응고, 근육수축 이완, 신경자극 전달	결핍증	골다공증	우유와 유제품, 뼈째 먹는 생선류
		과잉증	신장결석	
인(P)	골격 및 치아 형성, 인지질, 핵단백질, 구성 성분	결핍증	골격 손상	우유와 유제품, 어육류
		과잉증	특이증상 없음	
나트륨(Na)	삼투압 및 pH 조절, 신경흥분 조절	결핍증	근육 경련, 식욕감퇴	소금, 김치, 된장, 고추장
		과잉증	칼슘 배출, 고혈압	
염소(Cl)	삼투압 및 pH 조절	결핍증	혼수상태	소금
		과잉증	고혈압	
마그네슘(Mg)	골격 및 치아 형성, 효소반응의 촉매 역할	결핍증	근육 수축	곡류, 콩류, 견과류
		과잉증	설사	
칼륨(K)	근육수축, 삼투압 및 pH 조절	결핍증	근육 경련	곡류, 과일류
		과잉증	신장기능 이상	
황(S)	삼투압 및 pH 조절	결핍증	손발톱, 머리카락 약해짐	어류, 육류, 콩, 달걀류
		과잉증	특이증상 없음	
철(Fe)	헤모글로빈 구성	결핍증	빈혈	간, 난황, 녹황색 채소류
		과잉증	혈색소증	
요오드(I)	갑상선 호르몬	결핍증	갑상선 이상	해조류 (미역, 파래, 매생이 등)
		과잉증	갑상선 항진증	
구리(Cu)	헤모글로빈 합성 촉진	결핍증	빈혈	해조류, 간, 달걀류
		과잉증	칼슘 배출, 고혈압	
불소(F)	치아, 골격 강화	결핍증	충치	해조류
		과잉증	반상치	
망간(Mn)	발육 관여	결핍증	성장 장애	곡류, 콩류
		과잉증	미네랄 불균형	
코발트(Co)	적혈구 생성에 관여	결핍증	빈혈, 비타민B₁ 결핍	간, 곡류
		과잉증	특이증상 없음	

06 비타민

1) 지용성 비타민

비타민A, D, E, K가 있으며 지방에 녹는 성질을 갖는다.

기적의 Tip

비타민D 생성 과정 : 7-디히드로콜레스테롤과 에르고스테롤은 피부에서 태양광선(햇빛)을 받아 각각 콜레칼시페롤(비타민D3)과 에르고칼시페롤(비타민D2)로 전환된다.

종류	기능 및 특징	결핍증	함유식품
비타민A (레티놀)	• 눈 건강 • 산소, 금속, 빛에 불안정	야맹증, 안구건조증	간 및 간유, 녹황색 채소 (당근), 달걀
비타민D (칼시페롤)	• 뼈 건강 • 칼슘 흡수 촉진 • 산, 알칼리에 불안정	골다공증, 골연화증, 구루병	말린 버섯, 생선류, 달걀
비타민E (토코페롤)	• 항산화 • 알칼리에 불안정	빈혈, 노화	견과류, 녹황색 채소, 곡류 배아
비타민K (필로퀴논)	• 혈액 응고 • 빛, 알칼리에 불안정	출혈	녹황색 채소, 육류

2) 수용성 비타민

① 비타민C, B_1, B_2, B_6, 엽산, 나이아신 등이 해당되며 물에 녹는 성질이 있다.
② 비타민의 종류별 특성

기적의 Tip

• **펠라그라** : 옥수수를 주식으로 하는 민족에게 발생할 수 있는 질병으로 '제인' 결핍 증상이다.
• 당근의 아스코르비나아제는 무의 비타민C 파괴를 촉진시킨다.

종류	기능 및 특징	결핍증	함유식품
비타민C (아스코르브산)	• 항산화제 • 공기 중에서 산화 • 열에 불안정	괴혈병	감귤류, 고추
비타민B_1 (티아민)	• 당질 대사작용 • 산에 안정	각기병, 신경염	곡류 배아, 돼지고기
비타민B_2 (리보플라빈)	• 에너지 대사작용	구순구각염, 설염	우유, 채소류, 육류
비타민B_6 (피리독신)	• 단백질 대사작용 • 적혈구 생성 • 열에 안정	피부염	육류, 간
비타민B_{12} (코발라민)	혈액 생성	악성빈혈	간, 우유, 달걀
엽산	항빈혈 작용	빈혈	녹황색 채소
나이아신	당질, 지질 대사작용	펠라그라	간, 효모, 배아

07 식품의 색

1) 동물성 식품의 색

성분	특징
미오글로빈	• 근육 색소(동물의 근육에 존재) • 미오글로빈(적자색) + 산소 → 옥시미오글로빈(선홍색) • 옥시미오글로빈(선홍색) + 산화 → 메트미오글로빈(적갈색) • 메트미오글로빈 + 가열 → 헤마틴(회갈색)
헤모글로빈	• 혈색소(동물의 혈액에 존재) • 철(Fe) 함유
헤모시아닌	• 오징어, 문어, 낙지 등의 연체류에 함유 • 가열에 의해 적자색으로 변함
아스타잔틴	• 새우, 가재, 게 등의 갑각류에 함유 • 가열하면 아스타신 색소가 되어 붉은 색으로 변함

> **기적의 Tip**
>
> **오징어의 먹물 색소** : 유멜라닌이라는 색소로 이루어져 있으며 식품의 착색제로도 사용된다.

2) 식물성 식품의 색

성분	특징
클로로필(Chlorophyll)	• 녹색 채소로 마그네슘(Mg) 포함 • 시금치, 브로콜리, 미나리 등 • 산에 의해 갈색, 알칼리에 의해 선명한 녹색, 금속에 의해 선명한 녹색
카로티노이드(Carotinoid)	• 등황색 채소로 비타민A 전구물질 • 당근, 늙은 호박, 토마토 등 • 산, 알칼리, 금속 이온에 안정적이며 광선에 민감
안토시아닌(Anthocyan)	• 적자색 채소 • 사과, 가지, 포도 등 • 산에 의해 적색, 알칼리에 의해 청색, 수용성으로 가공 중 변색
플라보노이드(Flavonoid)	• 흰색, 연한 황색 채소 • 무, 옥수수 등 • 산에 의해 안정, 알칼리(중조)에 의해 황색, 금속에 의해 여러 색으로 변함

> **기적의 Tip**
>
> **녹색 채소를 올바르게 데치는 방법**
> • 1% 농도의 끓는 소금물에 단시간 데쳐 찬물에 식힌다.
> • 뚜껑을 열고 데쳐 식품 속 유기산을 휘발시킴으로써 클로로필의 변색을 방지한다.

08 식품의 갈변

1) 효소적 갈변

① 폴리페놀옥시다아제 : 사과, 배, 고구마 등
② 티로시나아제 : 껍질을 제거한 감자
③ 갈변 억제 방법
• 가열, pH 조절
• 온도 조절
• 효소 저해제 이용
• 산소 제거
• 금속이온 제거

- 환원성 물질 첨가
- 효소 제거

2) 비효소적 갈변

① 멜라이드(아미노카르보닐) 반응 : 커피, 간장, 된장, 홍차 등
② 캐러멜화
- 180~190℃ 이상 가열 시 산화, 탈수, 분해 반응으로 중합 및 축합되어 갈색 색소를 형성한다.
- 과자, 비스킷, 캔디, 캐러멜 등
③ 아스코르브산 : 감귤류, 과실 주스 등

09 식품의 맛과 냄새

1) 기본 4원미

① 단맛
- 천연 감미물질에는 포도당(과일, 벌꿀, 엿), 과당(과일, 벌꿀(가장 고당도)), 맥아당(물엿, 엿기름), 유당(젖당과 동일, 우유, 모유) 등이 있다.
- 인공 감미물질에는 사카린, 아스파탐, 소르비톨, 둘신, 사이클라메이트 등이 있으며 일부는 사용할 수 없는 인공 감미물질이다.
② 짠맛 : 염화나트륨(NaCl), 염화칼륨(KCl)
③ 쓴맛
- 카페인(Caffeine) : 녹차, 초콜릿, 커피
- 홉(Hof) : 맥주
- 테오브로민(Theobromine) : 코코아
- 퀘세틴(Quercetin) : 양파 껍질
- 나린진(Naringin) : 귤 껍질
- 쿠퀘비타신(Cucurbitacin) : 오이 꼭지 부분
④ 신맛
- 구연산(Citric Acid) : 감귤류, 딸기
- 식초산(Acetic Acid) : 식초
- 사과산(Malic Acid) : 사과, 배
- 주석산(Tartaric Acid) : 포도
- 아스코르빈산(Ascorbic Acid) : 과일 및 채소류
- 젖산(Lactic Acid) : 요구르트, 유산음료

2) 기타 맛 및 특수성분

① 매운 맛
- 캡사이신(Capsaicin) : 고추
- 차비신(Chavicine) : 후추
- 알리신(Allicin) : 마늘
- 진저론(Zingerone), 쇼가올(Shogaol) : 생강
- 시니그린(Sinigrin) : 겨자, 고추냉이
- 이소티오시아네이트(Isothiocyanic) : 무, 겨자 감칠맛
- 글루탐산(Glutamate) : MSG, 다시마
- 호박산(Succinic Acid) : 조개류
- 이노신산(Inosinic Acid) : 육류, 생선
- 타우린(Taurine) : 오징어, 문어
- 베타인(Betaine) : 새우, 게, 오징어

② 떫은 맛 : 혀를 수렴하여 마비시키는 맛으로 덜 익은 과일(감 등)에서 느낄 수 있는 맛이다.

③ 아린 맛
- 쓴맛 + 떫은 맛
- 토란, 고사리, 우엉, 죽순 등이 가진 맛이다.
- 수용성으로 물에 담가 제거할 수 있다.

④ 금속 맛 : 금속 재료로 만들어진 조리 기구에 의한 맛으로 좋지 않은 맛이다.

3) 맛의 변화 현상

① 맛의 대비 현상(강화 현상)
- 본연의 맛에 다른 맛이 합해져 본연의 맛이 강해지는 현상이다.
- 호박죽(단맛) + 소금 = 단맛 증가

② 맛의 변조 현상
- 본연의 맛에 다른 맛을 보면 원래의 맛이 달라지는 현상이다.
- 한약(쓴맛) + 물 = 단맛

③ 맛의 억제 현상
- 본연의 맛에 다른 맛이 합해져 본연의 맛이 약화되는 현상이다.
- 커피(쓴맛) + 설탕(단맛) = 쓴맛 감소

④ 맛의 미맹 현상 : PTC에 의해 쓴맛을 느끼지 못하는 현상이다.

⑤ 맛의 상쇄 현상 : 2가지 맛이 합쳐져 고유의 맛이 없어지는 현상이다.

4) 식물성 식품의 향

① 알코올류 : 주류, 양파, 계피 등의 향 성분이다.
② 알데히드류 : 찻잎 등의 향 성분이다.
③ 에스테르류 : 사과, 파인애플 등의 향 성분이다.
④ 유황화합물류 : 파, 마늘, 무 등의 향 성분이다.

맛의 최적 온도
- 단맛 : 20~40℃
- 짠맛 : 30℃
- 쓴맛 : 40℃
- 신맛 : 30℃
- 매운맛 : 50~60℃

PTC 미맹
- 보통의 쓴맛은 정상적으로 느끼지만, 페닐티오카바마이드 용액(PTC 용액)의 쓴맛을 느끼지 못하는 것
- 페닐티오카바마이드 용액은 대부분의 사람들에게 강한 쓴맛을 느끼도록 하는데, PTC 미맹인 사람들은 아무런 맛을 느끼지 못하거나 쓴맛이 아닌 다른 맛으로 느낌

5) 동물성 식품의 향

① 암모니아류 : 신선도가 저하된 생선류 및 육류의 냄새 성분이다.
② 트리메틸아민 : 신선도가 저하된 생선류의 비린 냄새 성분이다.
③ 메틸메르캅탄 : 어류의 단백질 부패 냄새 성분이다.
④ 피페리딘 : 신선도가 떨어진 담수어의 비린 냄새 성분이다.
⑤ 카르보닐 화합물 : 신선한 우유의 냄새 성분이다.
⑥ 아미노아세토페논 : 신선도가 저하된 우유의 냄새 성분이다.
⑦ 디아세틸 : 버터의 냄새 성분이다.
⑧ 휘발성 염기질소 : 초기부패어육(100g 기준 30~40mg%), 부패생선(100g 기준 50mg%)에서 나는 냄새 성분이다.

10 식품의 물성

식품의 물성은 가공적성의 결정요인이며 섭취 시 기호성에도 영향을 준다.

1) 물성의 기본 특성

① 경도 : 식품의 모양을 변형할 정도의 힘(딱딱함, 말랑함)
② 점성 : 유동하는 정도의 힘 또는 흐름의 저항성(끈적함, 흐름)
③ 탄성 : 외부 힘에 변형된 모양이 외부 힘을 제거하였을 때 원래대로 돌아가려는 성질
④ 가소성 : 외부 힘에 변형된 모양이 외부 힘을 제거하였을 때 원래대로 돌아가지 않는 성질
⑤ 응집성 : 물질들 간 서로 엉기는 성질

2) 콜로이드 상태

① 졸(Sol) : 분산매가 액체이고 분산상이 고체, 액체인 상태이며 전체적으로 액상형
　　예 수프, 우유
② 겔(Gel) : 졸의 상태를 가열하여 유동성을 잃고 반고체 상태로 되는 것
　　예 젤리, 두부, 묵, 치즈, 마요네즈

3) 수중유적형, 유중수적형

① 수중유적형 : 물속에 기름이 분산되어 있는 상태
　　예 우유, 마요네즈
② 유중수적형 : 기름 속에 물이 분산되어 있는 상태
　　예 버터, 마가린

⑪ 식품의 유독 성분

1) 식물의 유독 성분 및 중독 증상

종류	독소	중독 증상
감자(싹이 난 부분)	솔라닌(Solanine)	혀의 마비, 구토, 설사, 두통, 발열 등
감자(부패한 부분)	셉신(Sapsine)	
독미나리	시큐톡신(Cicutoxin)	입술 수포, 안면 창백 등
독보리	테무린(Temuline)	구토, 설사, 현기증 등
피마자	리신(Ricin)	두통, 위장염 등
청매실	아미그달린(Amyglaline)	청색증, 호흡곤란 등
목화씨	고시폴(Gossypol)	출혈성 신장염
미치광이풀	아트로핀(Atropine)	발작 증세
강낭콩	렉틴(Lectin)	두통, 구토, 설사 등
독버섯	무스카린, 뉴린, 아마니타톡신, 콜린, 팔린 등	위장장애, 경련, 혈색소뇨, 혼수상태, 중추신경 이상 등

2) 동물의 유독 성분 및 중독 증상

종류	원인 독소	중독 증상
복어	테트로도톡신(Tetrodotoxin)	• 근육마비, 구토, 호흡곤란, 의식불명 등 • 부위별 독소 함량 : 난소 〉간 〉내장 〉피부 • 사망률 : 50~60%
섭조개	삭시톡신(Saxitoxin)	• 신체 마비, 호흡곤란 등 • 사망률 : 10%
대합조개		
모시조개	베네루핀(Venerupin)	• 구토, 황달, 복통 등 • 사망률 : 45~50%
굴		
바지락		

3) 화학 유독 성분 및 중독 증상

종류	원인	중독 증상
카드뮴(Ca)	카드뮴이 다량 함유된 폐수	골연화증, 신장장애, 단백뇨
수은(Hg)	오염된 해산물	언어장애, 지각이상
비소(As)	비소농약의 잔류	구토, 설사, 출혈
미강유(PCB)	PCB	흑피증, 식욕부진
메틸알코올	과실주, 증류주	두통, 현기증, 구토 및 시신경 염증에 의한 실명
납(P)	도자기, 법랑, 유리 기구	피로, 체중 감소, 지각손실
구리(Cu)	식기	구토, 설사, 복통
아연(Zn)	식기, 용기	구토, 설사, 복통
주석(Sn)	통조림	구토, 설사, 복통

SECTION

02

효소

난이도 상 중 하

기적의 3회독
1회 2회 3회

빈출 태그 효소의 활성 • 분해 효소

01 식품과 효소

효소는 세포 생산의 생물학적 촉매로서 생명현상에서 중요한 요소이다.

1) 효소의 성질

① 화학반응속도를 높인다.
② 특정 기질 선택성을 갖는다.
③ 온화한 조건에서 반응한다.
④ 반응미세조절이 가능하다.

2) 효소 활성에 영향을 주는 요인

① 온도 : 대부분 효소의 최적 온도는 30~40℃
② pH : 대부분 효소의 최적 pH는 4.5~8.0pH
③ 기질 농도
③ 저해제 : 효소작용을 억제
④ 활성제 : 효소작용을 촉진(Ca, Mg, Mn)

3) 식품에 관여하는 효소

① 탄수화물 분해 효소
• 아밀라아제(Amylase) : 전분 → 덱스트린 + 맥아당(타액, 췌장액)
• 수크라아제(Sucrase) : 설탕 → 포도당 + 과당(소장, 효모)
• 말타아제(Maltase) : 맥아당 → 포도당 2분자(장액)
• 락타아제(Lactase) : 젖당 → 포도당 + 갈락토오스(장액)
② 단백질 분해 효소
• 펩신(Pepsin) : 단백질 → 펩톤(위액)
• 펩티다아제(Peptidase) : 펩티드 → 아미노산(소화액)
• 트립신(Trypsin) : 단백질 → 펩티드, 아미노산(췌액, 장액)
③ 지질 분해 효소
• 리파아제(Lipase) : 지방 → 리세린 + 지방산(췌장액) 응고 효소
• 레닌(Renin) : 응유 효소, 치즈 제조(유아, 송아지의 위액)

식품과 영양

빈출 태그 식품의 조건 • 식품구성자전거

01 영양소의 기능 및 영양소 섭취기준

1) 식품의 구비 조건

① 영양성 : 식품은 5대 영양소를 골고루 포함해야 한다.
② 위생성 : 식품은 인간이 섭취했을 때 안전해야 한다.
③ 경제성 : 식품은 양질의 것을 경제적으로 얻을 수 있어야 한다.
④ 기호성 : 식품은 인간의 식욕을 높여주도록 외관, 향, 색 등이 고려되어야 한다.

2) 식품의 기능

① 1차적 기능(영양적 기능) : 인간의 생명을 연장하고 영양소를 공급하는 기능이다.
② 2차적 기능(감각적 기능) : 오감을 만족시키는 기능이다.
③ 3차적 기능(생리 활성적 기능) : 신체리듬 조절, 질병 방지 및 회복, 혈당 및 혈압 조절 등의 기능이다.

3) 식품구성자전거

6개의 식품군에 권장 음식 및 섭취 횟수와 적당량을 바퀴 모양으로 표시한 형태로 균형 잡힌 식사는 물론 수분 섭취의 중요성을 강조한다.

> 🎓 **기적의 Tip**
> • **식품의 일반성분** : 수분, 당질, 단백질, 지질, 무기질, 비타민
> • **식품의 특수성분** : 효소, 색소, 맛, 냄새

식품구성자전거 / 자료출처 : 보건복지부, 2015 한국인 영양소 섭취기준

4) 식품 구성안

① 총 열량 권장량
- 당질(탄수화물) : 65%
- 지질(지방) : 20%
- 단백질 : 15%

② 열량 산출 기준

영양소	g	kcal
단백질	1g	4kcal
탄수화물	1g	4kcal
지방(지질)	1g	9kcal
알코올	1g	7kcal

기적의 Tip

열량 단위는 그 값을 그대로 표시하거나 그 값에 가장 가까운 5kcal 단위로 표시하고 그 미만의 경우에는 식품 등의 표시기준상 열람표시 0kcal로 표시한다.

01 식품이 나타내는 수증기압이 0.75기압이고 그 온도에서 순수한 물의 수증기압이 1.5기압일 때 식품의 수분활성도(Aw)는?

① 0.5
② 0.6
③ 0.7
④ 0.8

02 수분활성도(Aw)의 의미로 옳은 것은?

① 식품의 수증기압과 그 온도에서 물의 수증기압의 비
② 자유수와 결합수의 비
③ 식품의 단위 시간당 수분 증발량
④ 식품의 상대습도와 주위의 온도와의 비

03 당류 중에 가장 단맛이 강한 것은?

① 포도당 ② 과당
③ 설탕 ④ 맥아당

04 전분에 대한 설명으로 틀린 것은?

① 아밀로오스와 아밀로펙틴의 비율이 2:8이다.
② 식혜, 엿은 전분의 효소 작용을 이용한 식품이다.
③ 동물성 탄수화물로 열량을 공급한다.
④ 가열하면 팽윤되어 점성을 갖는다.

05 다당류와 거리가 먼 것은?

① 젤라틴(Gelatin)
② 글리코겐(Glycogen)
③ 펙틴(Pectin)
④ 글루코만난(Glucomannan)

06 유지의 신선도를 측정하기 위한 수치는?

① 검화값
② 산값
③ 요오드값
④ 아세틸값

07 중성지방의 구성 성분은?

① 탄소와 질소
② 아미노산
③ 지방산과 글리세롤
④ 포도당과 지방산

08 필수아미노산만으로 짝지어진 것은?

① 트립토판, 메티오닌
② 트립토판, 루타민산
③ 라이신, 루타민산
④ 루신, 알라닌

09 대표적인 콩 단백질인 글로불린(Globulin)이 가장 많이 함유하고 있는 성분은?

① 글리시닌(Glycinin)
② 알부민(Albumin)
③ 글루텐(Gluten)
④ 제인(Zein)

10 알칼리성 식품의 성분에 해당하는 것은?

① 유즙의 칼슘(Ca)
② 생선의 황(S)
③ 곡류의 염소(Cl)
④ 육류의 인(P)

11 갑상선호르몬인 싸이록신과 트리아이오도싸이록신의 구성 원소로 인체에 미량 들어 있으며 원소기호로 I인 영양소는?

① 요오드
② 철
③ 마그네슘
④ 셀레늄

12 다음 중 비타민D의 전구물질로 프로비타민D로 불리는 것은?

① 프로게스테론(Progesterone)
② 에르고스테롤(Ergosterol)
③ 시토스테롤(Sitosterol)
④ 스티그마스테롤(Stigmasterol)

13 비타민에 대한 설명 중 틀린 것은?

① 카로틴은 프로비타민A이다.
② 비타민E는 토코페롤이라고도 한다.
③ 비타민B12는 망간(Mn)을 함유한다.
④ 비타민C가 결핍되면 괴혈병이 발생한다.

14 물에 녹는 비타민은?

① 레티놀(Retinol)
② 토코페롤(Tocopherol)
③ 티아민(Thiamine)
④ 칼시페롤(Calciferol)

15 색소 성분의 변화에 대한 설명 중 맞는 것은?

① 엽록소 : 알칼리성에서 갈색화
② 플라본 색소 : 알칼리성에서 황색화
③ 안토시안 색소 : 산성에서 청색화
④ 카로틴 색소 : 산성에서 흰색화

16 아래의 안토시아닌(Anthocyanin)의 화학적 성질에 대한 설명에서 (   ) 안에 알맞은 것을 순서대로 나열한 것은?

> Anthocyanin은 산성에서는 (   ), 중성에서는 (   ), 알칼리성에서는 (   )을 나타낸다.

① 적색 – 흰색 – 청색
② 흰색 – 적색 – 자색
③ 적색 – 자색 – 청색
④ 청색 – 적색 – 흰색

17 효소적 갈변반응에 의해 색을 나타내는 식품은?

① 분말 오렌지
② 간장
③ 캐러멜
④ 홍차

18 어취의 성분인 트리메틸아민(TMA; Trimetylamine)에 대한 설명 중 틀린 것은?

① 불쾌한 어취는 트리메틸아민의 함량과 비례한다.
② 수용성이므로 물로 씻으면 많이 없어진다.
③ 해수어보다 담수어에 더 많이 생성된다.
④ 트리메틸아민옥사이드(Trimethylamine-Oxide)가 환원되어 생성된다.

19 과일의 주된 향기 성분이며 분자량이 커지면 향기도 강해지는 냄새 성분은?

① 알코올
② 에스테르류
③ 유황화합물
④ 휘발성 질소화합물

20 식품과 독성분의 연결이 <u>틀린</u> 것은?

① 복어 – 테트로도톡신
② 섭조개 – 시큐톡신
③ 모시조개 – 베네루핀
④ 청매실 – 아미그달린

21 식품과 독성분의 연결이 <u>틀린</u> 것은?

① 청매실 – 베네루핀(Venerupin)
② 섭조개 – 삭시톡신(Saxitoxin)
③ 독버섯 – 무스카린(Muscarine)
④ 독보리 – 테물린(Temuline)

22 덜 익은 매실, 살구씨, 복숭아씨 등에 들어 있으며 인체 장내에서 청산을 생산하는 것은?

① 솔라닌(Solanine)
② 고시폴(Gossypol)
③ 시큐톡신(Cicutoxin)
④ 아미그달린(Amygdalin)

23 곰팡이 중독증의 예방법으로 <u>틀린</u> 것은?

① 곡류 발효식품을 많이 섭취한다.
② 농수축산물의 철저한 검역이 필요하다.
③ 냉장, 냉동, 밀봉 보관을 한다.
④ 음식물은 습기가 차지 않고 서늘한 곳에 봉해서 보관한다.

24 화학물질에 의한 식중독으로 일반 중독 증상과 시신경의 염증으로 실명을 일으키는 물질은?

① 납
② 수은
③ 메틸알코올
④ 청산

25 유독성 금속화합물에 의한 식중독을 일으킬 수 있는 경우는?

① 철분 강화 식품
② 요오드 강화 가루
③ 칼슘 강화 우유
④ 종자살균용 유기수은제 처리 콩나물

26 아질산염과 아민류가 산성조건하에서 반응하여 생성하는 물질로 강한 발암성을 갖는 물질은?

① 니트로사민
② 벤조피렌
③ 포름알데히드
④ PCB

27 숯을 이용하여 고기를 구울 때의 설명으로 <u>틀린</u> 것은?

① 열화가 이루어지기 전에 고기를 구워도 유해물질이 고기에 이행되는 것을 막을 수는 없다.
② 숯에는 중금속, 벤조피렌 등 각종 유기·무기물질이 함유되어 있다.
③ 안전한 구이를 위해서는 석쇠보다 불판이 더 좋다.
④ 숯불 가까이서 고기를 구울 때 연기를 마시지 않도록 한다.

28 각 영양소에 해당하는 효소의 연결이 <u>잘못된</u> 것은?

① 단백질 – 트립신
② 탄수화물 – 아밀라아제
③ 지방 – 리파아제
④ 설탕 – 말타아제

29 침(타액)에 들어 있는 소화효소의 작용은?

① 전분을 맥아당으로 변화시킨다.
② 단백질을 펩톤으로 분해시킨다.
③ 카제인을 응고시킨다.
④ 설탕을 포도당과 과당으로 분해시킨다.

30 식품을 구성하는 성분 중 특수성분인 것은?

① 수분
② 효소
③ 섬유소
④ 단백질

31 식품 등의 표시기준상 열량표시에서 몇 kcal 미만을 0kcal로 표시할 수 있는가?

① 2kcal
② 5kcal
③ 7kcal
④ 10kcal

32 결합수의 특징이 <u>아닌</u> 것은?

① 전해질을 잘 녹여 용매로 작용한다.
② 자유수보다 밀도가 크다.
③ 식품에서 미생물의 번식과 발아에 이용되지 못한다.
④ 동·식물의 조직에 존재할 때 그 조직에 큰 압력을 가하여 압착해도 제거되지 않는다.

33 아미노산, 단백질 등이 당류와 반응하여 갈색 물질을 생성하는 반응은?

① 폴리페놀 옥시다아제(polyphenol oxi-dase)
② 마이야르(Maillard) 반응
③ 캐러멜화(caramelization) 반응
④ 티로시나아제 (tyrosinase) 반응

34 식품에서 자연적으로 발생하는 유독물질을 통해 식중독을 일으킬 수 있는 식품과 가장 거리가 <u>먼</u> 것은?

① 피마자
② 표고버섯
③ 미숙한 매실
④ 모시조개

35 식품에 존재하는 물의 형태 중 자유수에 대한 설명으로 틀린 것은?

① 식품에서 미생물의 번식에 이용된다.
② -20℃에서도 얼지 않는다.
③ 100℃에서 증발하여 수증기가 된다.
④ 식품을 건조시킬 때 쉽게 제거된다.

01 ①	02 ①	03 ②	04 ③	05 ①
06 ②	07 ③	08 ①	09 ①	10 ①
11 ①	12 ②	13 ③	14 ③	15 ②
16 ③	17 ①	18 ③	19 ②	20 ②
21 ①	22 ④	23 ①	24 ③	25 ④
26 ①	27 ②	28 ④	29 ①	30 ②
31 ②	32 ①	33 ②	34 ②	35 ①

01 ①

- 수분활성도(Aw) = 식품 속의 수증기압(P) ÷ 순수한 물의 수증기압(Po)
- 0.75 ÷ 1.5 = 0.5

02 ①

- 식품 속의 수증기압을 순수한 물의 수증기압으로 나눈 것이다.
- 수분활성도(Aw) = 식품 속의 수증기압(P) ÷ 순수한 물의 수증기압(Po)

03 ②

당류의 당도 : 과당 〉 전화당 〉 자당(설탕) 〉 포도당 〉 맥아당 〉 갈락토오스

04 ③

글리코겐(Glycogen) : 동물성 저장 탄수화물이다.

05 ①

젤라틴(Gelatin) : 동물의 뼈 · 가죽 등에 포함되어 있는 불용성 단백질인 콜라겐을 물과 함께 가열 및 분해하여 수용성으로 만든 유도 단백질의 일종이다.

06 ②

- **검화값** : 유지 1g을 검화시키는 데에 필요한 KOH의 mg 수이다.
- **산값** : 유지 1g 속에 들어 있는 유리지방산을 중화하는 데에 필요한 KOH의 mg 수이다.
- **요오드값** : 유지 100g을 흡수할 수 있는 요오드의 g 수이다.
- **아세틸값** : 유지 1g을 비누화하여 유리되는 아세트산을 중화하는 데 필요한 수산화칼륨의 mg 수이다.

07 ③

중성지방 : 트리글리세라이드라고도 하는 피하지방의 주성분

08 ①

- **성인 필수아미노산** : 트레오닌, 발린, 트립토판, 이소루신, 루신, 라이신, 페닐알라닌, 메티오닌
- **성장기 어린이 필수아미노산** : 성인 필수아미노산 + 알기닌, 히스티딘

09 ①

두부 제조법 : 콩 단백질 글리시닌(Glycinine) + 무기염류 → 응고

10 ①

- **산성 식품** : 황 · 인 · 염소 등이 많이 들어 있는 식품으로 곡류, 어류, 육류 등이 포함된다.
- **알칼리성 식품** : 나트륨, 칼륨, 마그네슘, 칼슘 등이 많이 들어 있는 식품으로 채소류 등이 포함된다.

11 ①

요오드(I)는 갑상선호르몬 조절 작용을 하며 결핍 시 갑상선 이상증이 나타난다. 해조류(미역, 파래, 매생이 등)에 함유되어 있다.

12 ②

비타민D 생성 과정 : 7-디히드로콜레스테롤과 에르고스테롤은 피부에서 태양광선(햇빛)을 받아 각각 콜레칼시페롤(비타민D₃)과 에르고칼시페롤(비타민D₂)로 전환된다.

13 ③

비타민B₁₂는 수용성 비타민이며 망간(Mn)은 무기질이다.

14 ③

오답 피하기

비타민A(레티놀), 비타민D(칼시페롤), 비타민E(토코페롤)는 지용성 비타민이다.

15 ②

- **엽록소** : (알칼리성) 선명한 녹색
- **안토시안** : (산성) 적색
- **카로틴** : (산성) 안정

16 ③

자색 채소는 산에 의해 적색으로 변하고 알칼리에 의해 청색으로 변한다.

17 ①

- **간장** : 비효소적 갈변반응 중 마이아르 반응이다.
- **캐러멜** : 비효소적 갈변반응 중 캐러멜화 반응이다.
- **홍차** : 비효소적 갈변반응 중 멜라이드(아미노카르보닐) 반응이다.

18 ③

트리메틸아민이란 신선도가 저하된 생선류의 비린 냄새 성분이며 수용성이므로 물에 제거된다. 해수어의 비린내는 TMA, 담수어의 냄새 성분은 피페리딘과 아세틸알데히드가 축합된 것이다.

19 ②

오답 피하기

- **알코올류** : 주류, 양파, 계피 등
- **유황화합물류** : 파, 마늘, 무 등
- **휘발성 염기질소** : 초기부패어육(100g 기준 30~40mg), 부패생선(100g 기준 50mg)

20 ②

섭조개 : 삭시톡신

오답 피하기

독미나리 : 시큐톡신

21 ①

청매실(덜 익은 매실) : 아미그달린(Amygdalin)

오답 피하기

모시조개, 바지락 : 베네루판(Venerupin)

22 ④

- **솔라닌** : 감자의 싹이 난 부위에 생성되며 증상은 혀의 마비, 구토, 설사, 두통, 발열 등이 있다.
- **고시폴** : 목화씨가 원인이며 출혈성 신장염의 증상이 있다.
- **시큐톡신** : 독미나리가 원인이며 입술 수포, 안면 창백 등의 증상이 있다.

23 ①
- 곰팡이 식중독 중 아플라톡신은 재래식 된장 등의 곡류 발효식품이 원인이다.
- **곰팡이 식중독의 적합한 예방법** : 철저한 농수축산물 검역, 곰팡이가 피지 않은 원료 사용 가공, 습기가 없는 곳에 저장, 냉장 및 냉동 저장, 밀봉 보관

24 ③

- **납** : 구토, 설사, 복통
- **수은** : 언어장애
- **청산** : 구토, 의식장애

25 ④
유기수은제는 농약으로서 식품 속에 잔류하여 독성을 일으킬 수 있다.

26 ①

- **벤조피렌** : 지나친 가열 처리나 훈제 처리 시 생기는 발암물질이다.
- **포름알데히드** : 자극성 냄새를 갖는 무색 기체로 살균제나 방부제로 사용된다.
- **PCB** : 일본에서 일어난 미강유 중독의 원인 물질이다.

27 ②
고기(식품)의 아미노산이 높은 열에 의해 타면 발암물질이 생성되는 것이며, 숯 자체에는 유해물질이 들어있지 않다.

28 ④
설탕의 소화효소는 수크라아제이다.

29 ①

- 단백질을 펩톤으로 분해시키는 것은 위에서의 소화이다.
- 카제인은 레닌에 의하여 응고된다.
- 설탕을 포도당과 과당으로 분해시키는 것은 장에서의 소화이다.

30 ②
- **식품의 일반성분** : 수분, 당질, 단백질, 지질, 무기질, 비타민 등
- **식품의 특수성분** : 효소, 색소, 맛, 냄새 등

31 ②
열량의 단위는 킬로칼로리(kcal)로 표시하되, 그 값을 그대로 표시하거나 그 값에 가장 가까운 5kcal 단위로 표시하여야 한다. 이 경우 5kcal 미만은 "0"으로 표시할 수 있다.

32 ①

결합수의 특징
- 당류, 염류, 가용성 단백질 등 용질에 대하여 용매로써 작용하지 않는다.
- 0도에서는 물론 그보다 낮은 온도에서도 잘 얼지 않는다.
- 수증기압이 보통의 물보다 낮기 때문에 식품을 100도 이상으로 가열하여도 제거되지 않는다.
- 보통의 물보다 밀도가 크다.
- 식품을 압착하여도 제거되지 않는다.
- 미생물의 생육에 이용되지 못한다.
- 식품 중의 단백질이나 탄수화물 중의 극성원자단과 수소결합을 이루고 있다.

33 ②
아미노산과 단백질 등이 당류와 반응하여 갈색 물질을 생성하는 것을 마이야르 반응이라고 한다.

캐러멜화 반응은 설탕을 녹는 점 이상으로 가열하였을 때 설탕 구조가 깨지면서 생기는 현상이다.

34 ②

- **피마자** : 리신
- **미숙한 매실** : 아미그달린
- **모시조개** : 베네루핀

35 ②
자유수는 0℃에서부터 얼기 시작한다.

/ CHAPTER /
02

구매관리

（학습 방향）

필요한 물품 및 재료를 원하는 때에 맞추어 적절한 가격으로 사들이기
위한 관리 방법 등을 공부합니다.

（난이도）

Section 01	중		33%
Section 02	하		25%
Section 03	중		42%

시장조사 및 구매관리

빈출 태그 시장조사 • 식품의 구매 • 재고

01 시장조사

1) 시장의 기능

① 구매정보
② 교환기능
③ 물품공급
④ 경영활동

2) 구매시장조사의 내용

① 품목 : 제조회사, 대체품 고려
② 품질 : 물품가치 조사
③ 수량 : 예비구매량, 대량구매의 원가절감, 보존성, 보관장소 고려 후 구매수량 확정
④ 가격 : 물품가치와 거래조건 변경에 의한 가격인하 여부 고려
⑤ 시기 : 구매가격, 사용시기, 시장시세, 사용주기를 고려하여 구매시기 결정
⑥ 구매거래처 : 두 곳 이상 견적 비교 후 결정하며, 신선식품의 경우 시세 차이를 고려하여 정기적으로 가격조사가 필요

3) 구매시장조사의 종류

① 기본시장조사
② 품목별 시장조사
③ 구매거래처의 업태조사
④ 유통경로의 조사

4) 구매시장조사의 원칙

① 비용 경제성의 원칙
② 조사 적시성의 원칙
③ 조사 탄력성의 원칙
④ 조사 계획성의 원칙
⑤ 조사 정확성의 원칙

02 식품 구매관리

1) 구매의 개요

구매자가 물품을 구입하기 위해 계약체결 및 계약조건에 따라 물품을 인수 및 지불하는 과정으로, 제품의 구매활동이다.

2) 식재료 구매의 조건

① 최고의 품질을 선정
② 구매계획에 따른 구매량 선정
③ 시장조사를 통한 공급자의 선정
④ 적합한 구매조건으로 계약체결
⑤ 적당량의 물품을 적합한 시기에 공급

3) 식재료 구매관리 업무

① 구매 : 식재료 품질 및 납품일정 확립, 식재료 관리요령
② 물류 : 재료창고 운영
③ 구매관리 : 식재료 검수, 관리, 신규업체 선정
④ 수불관리 : 대금 지급, 시장과 산지 조사
⑤ 연구개발 : 시장과 산지 조사, 업계구매 동향 조사

4) 식재료 구입 시 고려할 사항

① 계절식품 구입
② 지역특산물 구입
③ 저렴한 공동 구입
④ 적합한 대체상품 구입
⑤ 영양, 가식부율, 폐기율 등 고려
⑥ 신선식품은 필요시 구입
⑦ 가공식품은 제조일, 유통기한, 소분일 표기

✓ 개념 체크

1 비용 탄력성의 원칙은 구매 시장조사의 원칙에 해당한다. (O, X)

2 식재료를 구매할 때에는 비용이 비싸더라도 최고의 품질만을 선택해야 한다. (O, X)

3 식재료를 구매할 때에는 계절식품, 지역특산품, 구매일정 등을 고려해야 한다. (O, X)

1 X 2 X 3 O

03 식품 재고관리

1) 재고의 중요성

① 물품 부족으로 인한 생산계획의 리스크를 방지한다.

② 재고를 잘 관리하여 유지비용을 줄일 수 있도록 한다.

③ 최소비용으로 최고의 품질을 구매한다.

④ 재고량을 확인 후 주문량을 결정하여 구매비용을 절감한다.

⑤ 식재료 변질로 인한 폐기 및 손실을 최소화한다.

⑥ 원가절감과 관리의 효율화를 유지한다.

2) 재고자산의 평가법

실제구매가법	• 마감재고 조사에서 남아 있는 물품들을 구입했던 단가로 계산하는 방법 • 적용 : 소규모 급식소
총 평균법	• 특정기간 동안 구입한 물품 총액을 전체구입수량으로 나눠 평균단가 산출 후 이를 이용하여 남은 재고량의 가치를 산출하는 방법 • 적용 : 물품의 대량 입출고 시
최종구매가법	• 최근 단가를 이용하여 산출하는 방법 • 적용 : 대부분의 급식소
선입선출법	가장 먼저 들어온 제품을 나중에 입고된 제품보다 먼저 사용하는 방법
후입선출법	최근에 구입한 제품을 먼저 사용하는 방법

검수관리

빈출 태그 식품 검수 · 조리기구

01 식재료의 품질 확인 및 선별

1) 검수의 유의사항

① 위생복, 위생모, 위생장갑 착용
② 이동 시 차량 상태 및 포장 상태 확인
③ 냉동식품, 냉장식품 이동 시 온도 확인
④ 주문재료의 품목, 수량 확인
⑤ 크기, 중량, 수량, 신선도, 외관, 유통기한 확인
⑥ 검수 시 조도는 500룩스 이상

2) 검수 후 유의사항

① 외부 포장박스는 제거하여 조리실 반입
② 적합하지 않은 식재료는 반품
③ 검수일지 기록(이동차량 온도, 원산지, 유통기한, 포장 상태, 반품사항 등)

3) 식재료별 검수 방법

① 곡류 : 건조 상태, 이물질 여부, 향미 등
② 채소류 : 균등한 크기, 외관 상처, 선명한 색 등
③ 과일류 : 균등한 크기와 무게, 외관 상처, 고유의 향미, 꼭지와 껍질의 건조 유무
④ 어패류 : 불쾌취 여부, 비늘이 밀착되어 있는지, 눈이 튀어나와 있는지, 살의 탄력성, 선홍색 아가미 여부 등
⑤ 육류 : 불쾌취 여부, 빛깔 확인(소고기는 선홍색, 돼지고기는 분홍색, 닭고기는 연분홍색)
⑥ 알류 : 표면이 까칠한지, 빛에 비췄을 때 투명한지, 난황계수와 난백계수 비교, 흔들었을 때 소리가 나는지 등
⑦ 우유 : 불쾌취 여부, 점성이 있는지, 가열 시 응고하는지 등
⑧ 통조림 : 외관이 찌그러져 있거나 녹슬어 있는지 등

4) 검수 방법과 특성

검수법	특성
전수검수법	• 모든 물품을 일일이 확인하는 검수법 • 고가, 특별선도요구 등에 적용 • 시간과 비용이 많이 듦
발췌검수법	• 다량의 물품 중 일부를 무작위로 선택하여 확인하는 검수법 • 시간과 비용을 절약할 수 있음

> 🎓 **기적의 Tip**
>
> **물품 검수 시 주의하여 검사할 사항**
> • 과대포장 확인
> • 위의 물건과 아래 물건의 상태 차이
> • 등급표시 유무 확인
> • 폐기율이 지나치게 많은지 확인(기름, 뼈, 껍질 등)

02 조리기구 및 설비 특성과 품질 확인

1) 조리기구 선정 시 유의할 점

① 디자인이 단순할 것
② 사용법이 간단하고 편리할 것
③ 쉽게 부서지거나 휘어지지 않을 것
④ 불필요하게 무겁지 않을 것
⑤ 세척이 용이할 것
⑥ 내열성 재질일 것
⑦ 가격과 유지관리비가 경제적일 것
⑧ 그 외 위생성, 실용성, 능률성을 고려할 것

2) 설비 특성

① 입고 및 검수 공간
• 납품된 식재료를 오염 없이 신속하게 취급할 수 있도록 설계한다.
• 주요기기 : 계량기, 운반기, 온도계, 검수대 등
② 저장 공간
• 검수 확인 후 조리장으로 가기 전 보관하는 곳으로 습도, 온도, 조리장과의 거리 등을 고려한다.
• 주요기기 : 냉장고, 냉동고, 쌀 및 곡류 저장고 등
③ 전처리 공간
• 조리에 사용할 식재료의 세척, 재단 등을 하는 곳으로 교차오염이 되지 않도록 설계한다.
• 주요기기 : 절단기, 탈피기, 세정대, 작업대, 칼과 도마 소독기 등
④ 조리 공간
• 손님에게 제공될 음식을 만드는 곳으로 작업자들 간의 공간 확보, 작업자 동선, 조리장 형태 등을 고려한다.
• 주요기기 : 저울, 취반기, 냉장 테이블, 중탕기, 보냉고, 보온고 등
⑤ 배식 공간
• 완성된 음식을 손님에게 제공하는 공간으로 음식 담기, 보온, 보냉, 배식이 이루어진다.
• 보냉고, 보온고, 식수기, 운반기, 제빙기 등
⑥ 세척 및 소독
• 식사 후 생긴 식기 세척, 소독 및 잔반 처리 등이 이루어진다.
• 식기 세척기, 식기 소독기, 손 소독기, 잔반 처리기 등
⑦ 보관
• 세척 및 소독이 끝난 조리도구 등을 보관한다.
• 식기 소독 보관기, 선반 등

03 검수를 위한 설비 및 장비 활용 방법

1) 검수장소
① 배송차량의 접근이 편리한 곳
② '식재료 납품받은 장소 → 식재료 검수할 장소 → 식재료 보관장소 → 식재료 전처리 및 조리할 장소' 간 동선이 짧은 곳
③ 사무실에서 검수작업 확인이 육안으로 가능한 곳

2) 적합한 설비
① 검수 시 식재료를 놓을 검수대(바닥에 방치하지 않음)
② 검수가 명확하도록 조명은 540lux 이상
③ 물품을 옮기기 용이한 공간 확보
④ 위생상 안전한 관리가 가능한 곳
⑤ 청소가 용이한 곳

3) 적합한 장비
① 무게별 다양한 저울 : 플랫폼 저울, 전자 저울, 포션 저울
② 운반 장비 : L 카트, 손수레 카트
③ 측정 장비 : 온도계
④ 복장 장비 : 위생모, 위생복, 위생화, 위생장갑
⑤ 그 외 : 칼, 캔 따개, 가위, 망치, 장도리 등

원가

빈출 태그 원가 • 원가분석

01 원가의 의의 및 종류

1) 원가의 정의
기업이 특정 상품의 제조, 판매, 서비스 제공을 위해 소비한 경제가치를 말한다.

2) 원가계산의 목적
① 가격 결정의 목적
② 원가 관리의 목적
③ 예산 편성의 목적
④ 재무제표의 작성

3) 원가계산의 원칙
① 진실성의 원칙
② 발생기준의 원칙
③ 계산경제성의 원칙
④ 상호관리의 원칙
⑤ 확실성의 원칙
⑥ 정상성의 원칙
⑦ 비교성의 원칙

4) 원가계산의 구조

단계	구조	계산법
1단계	요소별 원가계산	제품원가를 재료비, 노무비, 경비 3가지로 분류하여 계산
2단계	부문별 원가계산	전 단계 원가요소를 부문별로 분류, 집계하여 계산
3단계	제품별 원가계산	제품별로 배분하여 최종 제품의 제조원가를 계산

기적의 Tip

원가계산은 1개월에 한 번씩 실시하며, 3개월 또는 1년에 한 번씩 실시하기도 한다.

02 원가분석 및 계산

1) 원가의 3요소

재료비	제품 제조를 위하여 소비되는 물품의 단가 예 급식재료비, 재료구입비 등
노무비	제품 제조를 위하여 소비되는 노동가치 예 임금, 파트타임 비용, 직접노무비, 간접노무비 등
경비	제품 제조를 위하여 소비되는 재료비, 노무비 이외의 가치 예 수도세, 전력비, 보험료, 감가상각비 등

2) 직접원가, 제조원가, 총원가, 판매원가

			직접재료비
이익			
	판매관리비		
		제조간접비	
총원가			직접재료비
	제조원가		직접노무비
		직접원가	직접경비
판매원가	총원가	제조원가	직접원가

① 직접비 : 특정한 제품에 직접 부담시킬 수 있는 것을 말한다.
② 간접비 : 여러 제품에 공통적으로 소비되는 것을 말한다.
③ 실제원가 : 제품에 실제로 소비된 원가를 말한다.
④ 표준원가 : 효과적인 원가관리이며 기업이 이상적으로 실제원가를 통제하는 기능을 한다.
⑤ 예정원가 : 제품 제조 이전 예상원가를 말한다.
⑥ 고정비 : 제품의 제조량 증감에 관계없이 발생하는 일정액의 고정원가를 말한다.

3) 재료비

① 제조과정에서 실제 소비되는 재료의 가치를 화폐수로 표시한 금액을 말한다.
② 재료비 = 재료소비량 × 재료소비단가
③ 재료소비량 계산법
• 계속기록법 : 재료의 입출고를 장부에 계속 기록하는 방법
• 재고조사법 : (전기 이월량 + 당기구입량) − 월말 재고량
• 역계산법 : 제품 단위 표준소비량 × 생산량 = 재료소비량
④ 재료소비가격의 계산법
• 개별법 : 재료 출고 시 표시구입단가를 재료 소비가격으로 하는 방법
• 선입선출법 : 재료의 구입 순서에 따라 먼저 구입한 재료를 먼저 소비하여 계산하는 방법
• 후입선출법 : 최근 구입한 재료부터 먼저 소비하여 계산하는 방법
• 단순평균법 : 일정 기간 구입단가를 구입횟수로 나눈 구입단가의 평균을 재료소비단가로 두는 방법

• 이동평균법 : 구입단가가 다른 재료를 구입할 때마다 재료량과 가중평균가를 산출한 후 소비재료의 가격으로 하는 방법
• 손익분기점 : 수입과 총비용(고정비 + 변동비)이 일치하는 점을 말하며 이익도 손실도 발생하지 않는 구간

⑤ 감가상각

• 의미 : 시간에 따른 자산의 가치감소를 회계에 반하는 비용을 말하며 고정자산의 가치를 상각하기 전까지 매월 부담해야 하는 고정비에 속한다.
• 감가상각의 계산방법 : 정률법 및 정액법이 있다.
  – 정률법 : 기초가격에서 감가상각비 누계를 차감한 미상각액에 대해 매년 일정률을 곱하여 산출하는 방법
  – 정액법 : 고정자산의 감가총액을 내용연수로 균등하게 할당하는 방법
  – 매년 감가상각비 = (기초가격 – 잔존가격) ÷ 내용연수

01 식품구매관리의 시장기능으로 거리가 <u>먼</u> 것은?

① 구매정보
② 교환기능
③ 경영활동
④ 홍보활동

02 구매시장조사의 종류에 속하지 <u>않는</u> 것은?

① 기본 시장조사
② 품목별 시장조사
③ 소비자의 선호도조사
④ 구매 거래처의 업태조사

03 식재료 구입 시 고려할 사항과 거리가 <u>먼</u> 것은?

① 신선식품 대량구입
② 폐기율이 적은 재료 구입
③ 유통기한 및 소분일 표기
④ 저렴한 공동구입

04 재고의 중요성과 거리가 <u>먼</u> 것은?

① 최소비용으로 최고품질을 구매한다.
② 물품 부족으로 인한 생산계획의 리스크를 방지한다.
③ 재고를 잘 관리하여 유지비용을 높일 수 있도록 한다.
④ 원가절감과 관리의 효율화를 유지한다.

05 제품의 제조수량 증감에 관계없이 매월 일정액이 발생하는 원가는?

① 고정비
② 비례비
③ 변동비
④ 체감비

06 다음 자료에 의해 직접원가를 산출하면 얼마인가?

- 직접재료비 8,000원
- 간접노무비 2,000원
- 간접재료비 3,000원
- 직접경비 3,000원
- 직접노무비 100,000원
- 간접경비 7,000원

① 111,000원
② 105,000원
③ 108,000원
④ 123,000원

07 1일 총매출액이 1,200,000원, 식재료비가 780,000원일 때 식재료비의 비율은?

① 55%
② 60%
③ 65%
④ 70%

08 재고회전율이 표준치보다 낮은 경우에 대한 설명으로 틀린 것은?

① 긴급구매로 비용 발생이 우려된다.
② 종업원들이 심리적으로 부주의하게 식품을 사용하여 낭비가 심해진다.
③ 부정유출이 우려된다.
④ 저장기간이 길어지고 식품 손실이 커지는 등 많은 자본이 들어가 이익이 줄어든다.

09 매월 고정적으로 지출되는 고정비에 속하는 경비는?

① 지급운임
② 감가상각
③ 복리후생비
④ 수당

10 조리기구 선정 시 유의할 점과 거리가 <u>먼</u> 것은?

① 사용 후 세척이 편해야 한다.
② 무게감이 있고 튼튼한 것이어야 한다.
③ 조리 시 사용이 편리해야 한다.
④ 디자인이 단순해야 한다.

11 검수 작업 시 필요한 조리기기가 <u>아닌</u> 것은?

① 계량기   ② 손 소독기
③ 운반차   ④ 오븐

12 입고된 식재료가 주문 목록과 일치하는지의 여부, 유통기한, 포장 상태 등을 확인하는 곳은?

① 검수 구역   ② 조리 구역
③ 재고 구역   ④ 배식 구역

13 재료의 소비에 의해 발생한 원가는 무엇인가?

① 재료비   ② 경비
③ 간접비   ④ 노무비

14 일반적인 원가계산 실시 기간은?

① 1개월   ② 2개월
③ 1년   ④ 3년

15 직접재료비, 직접노무비, 직접경비의 3가지를 합한 원가를 무엇이라 하는가?

① 판매관리비
② 총원가
③ 제조원가
④ 직접원가

16 다음 자료에 의해 제조원가를 산출하시오.

> 재료비 24,000원
> 재료경비 1,000원
> 직접노무비 8,000원
> 일반관리비 11,000원

① 25,000원
② 43,000원
③ 9,000원
④ 19,000원

17 다음 중 명칭과 그에 대한 설명이 <u>잘못</u> 연결된 것은?

① 직접비 – 특정한 제품에 직접 부담시킬 수 있는 것
② 간접비 – 여러 제품에 공통적으로 소비되는 것
③ 실제원가 – 제품에 실제로 소비된 원가
④ 표준원가 – 제품 제조 이전 예상원가

18 '손익분기점'을 가장 잘 설명한 것은?

① 총비용에 못미치는 손실 발생 도표점
② 총비용을 넘어선 이득 발생 도표점
③ 생산량을 알리는 도표점
④ 수익과 총비용이 일치하는 도표점

19 일반 가정에서 식품의 특성에 따른 구매 방법으로 가장 옳은 것은?

① 꽁치는 한 달치를 한꺼번에 구입한다.
② 쌀은 필요시 수시로 구입한다.
③ 닭고기는 필요시 수시로 구입한다.
④ 팽이버섯은 1개월분을 한꺼번에 구입한다.

20 재고관리에 대한 설명과 거리가 <u>먼</u> 것은?

① 재고장부는 재고량이 쉽게 파악되도록 정리한다.
② 단체급식 관리 시 월 1회 이상 재고관리가 필요하다.
③ 재고관리는 식재료의 원가가 상승했을 때 일시적으로 시행한다.
④ 대부분 선입선출법을 적용한다.

01 ④	**02** ③	**03** ①	**04** ③	**05** ①
06 ①	**07** ③	**08** ①	**09** ②	**10** ②
11 ④	**12** ①	**13** ①	**14** ①	**15** ④
16 ②	**17** ④	**18** ④	**19** ③	**20** ③

01 ④

시장은 생산자에서 소비자로 상품이 전달되는 공간이므로 홍보활동과는 거리가 멀다.

02 ③

구매시장조사의 종류 : 기본 시장조사, 품목별 시장조사, 구매 거래처의 업태조사, 유통경로의 조사

03 ①

신선식품은 필요 시 구입하여 선도가 떨어지지 않도록 한다.

04 ③

재고를 잘 관리하는 이유는 유지비용을 절감하기 위함이다.

05 ①

고정비 : 생산량의 늘어나거나 줄어드는 것과 관계없이 고정적으로 지출되는 비용으로 토지, 건물, 기계비 등

06 ①

직접원가 = 직접재료비 + 직접노무비 + 직접경비
= 8,000원 + 100,000원 + 3,000원
= 111,000원

07 ③

식재료비 비율 = (식재료비 ÷ 전체 매출액) × 100

08 ①

낮은 재고회전율은 남은 재고량이 많음을 의미한다.

09 ②

감가상각비는 시간에 따른 자산의 가치감소를 회계에 반하는 비용을 말하며, 고정자산의 가치를 상각하기 전까지 매월 부담해야 하는 고정비에 속한다.

10 ②

특수 목적이 아닌 이상 무거운 조리기구는 조리사의 피로감을 높인다.

11 ④

오븐은 조리 작업 시 필요한 조리기기이다.

12 ①

검수 구역은 납품 식재료의 상태를 꼼꼼히 확인하는 절차가 이루어지는 곳이다.

13 ①

제조과정에서 실제 소비되는 재료의 가치를 화폐 수로 표시한 금액을 재료비라 한다.

14 ①

원가계산의 실시기간은 1개월을 원칙으로 실시한다. 그러나 경우에 따라서는 3개월이나 1년에 한 번 실시하기도 한다.

15 ④

• **직접원가** : 직접재료비+직접노무비+직접경비
• **제조원가** : 직접원가+제조간접비
• **총원가** : 제조원가+판매관리비
• **판매원가** : 총원가+이익

16 ②

• 제조원가는 제품의 제조에 소요된 공장원가로 재료비, 노무비, 경비비(관리비)의 합계이다.
• 24,000원 + 8,000원 + 11,000원

17 ④

• **표준원가** : 효과적인 원가관리이며 기업이 이상적으로 실제원가를 통제하는 기능을 한다.
• **예정원가** : 제품 제조 이전 예상원가를 말한다.

18 ④

손익분기점이란 수익과 총비용이 일치하는 지점으로, 이익 및 손실이 발생하지 않는다.

19 ③

어육류,채소류 및 버섯류는 필요시 수시 구입하고, 곡류 및 건어물은 1개월분을 한꺼번에 구입한다.

20 ③

재고관리는 식재료의 원가를 계산하는 데 필수 작업이므로 원가상승 유무와 상관없이 시행한다.

음식 조리

3과목 소개

음식은 조리과정을 통해 시각, 후각, 촉각을 긍정적이게 자극하는 데, 음식 섭취 시 만족을 더욱 높일 수 있도록 하는 음식 조리에 대한 내용을 다루는 과목입니다.

01

기초 조리실무

학습 방향

식재료에 물리적, 화학적 방법을 더하여 영양과 맛을 높이고, 유해한 미생물을 제거하며 소화력을 높일수 있도록 하는 과정에 대해 공부합니다.

난이도

Section 01	중 ████████████████████	33%
Section 02	중 ████████████████████	34%
Section 03	중 ████████████████████	33%

조리준비

빈출 태그 습열 조리 • 건열 조리 • 조리기구 • 계량 방법

01 조리의 정의 및 기본 조리조작

1) 정의

① 식품에 물리적 및 화학적 힘을 가하여 음식물이 합리적으로 완성되기까지의 과정을 말한다.
② 재료구입, 재료세척, 재료재단, 재료열처리, 완성품 담기까지의 전과정이다.

2) 조리의 목적

① 기호성 : 먹고 싶은 충동이 생기도록 색깔, 모양, 맛, 향 등을 증진시킨다.
② 안전성 : 유해성분을 제거하거나 살균하여 안전하게 섭취할 수 있도록 한다.
③ 영양성 : 소화하기 쉽게 만들어 영양적 효율을 높인다.
④ 저장성 : 당과 염 첨가, 가열 등으로 식품의 보관기간을 늘린다.

3) 조리의 처리법

① 기계적 처리 : 계량, 세척, 재단, 섞기, 채치기, 무치기 등의 처리 방법이다.
② 가열적 처리

처리법	특징 및 종류
습열 처리	• 삶기, 찌기, 끓이기, 데치기, 편육 등 • 서양 습열조리 : Boiling(보일링, 끓이기), Stew(스튜, 침수조리), Braise(브레이즈, 침수조리), Blanching(블랜칭, 데치기), Simmering(시머링, 장시간 끓이기), Steam(스팀, 찜)
건열 처리	• 굽기, 볶기, 튀기기 등 • 서양 건열조리 : Frying(후라잉, 튀기기), Broiling(브로일링, 굽기), Roasting(로스팅, 굽기), Saute(소테, 단시간 볶기)
전자레인지	• 전자파, 초단파를 이용 • 열효율이 높아 조리시간 단축 • 영양소 파괴가 적고 색, 형태, 맛을 유지 • 냉동식품의 해동 없이 바로 조리 가능 • 음식물 표면의 과도한 수분 증발 • 전자레인지 적합 용기 : 도기, 자기, 내열유리 식기 등 • 전자레인지 부적합 용기 : 플라스틱, 법랑제 및 금속제 용기 등

③ 화학적 처리 : 효소, 알칼리, 알코올, 금속염 등을 이용하는 처리 방법이다.

> **기적의 Tip**
>
> • 효소 : 분해 작용
> • 알칼리 : 연화 및 표백
> • 알코올 : 방부 및 탈취
> • 금속염 : 응고

02 기본 조리법 및 대량 조리기술

1) 비가열 처리

① 열을 가하지 않고 조리하는 방법으로 생채, 무침, 회, 샐러드 등이 있다.
② 비가열 조리 시 유의사항
- 위생적 취급
- 신선도 유지
- 식품 고유의 색, 맛, 질감을 유지

2) 가열 처리

① 음식의 유해물질을 살균하고 섭취 시 인체 소화가 쉽도록 조리하는 방법이다.
② 가열 조리 시 유의사항
- 태우지 않도록 함
- 열 조절을 잘할 것
- 잔열, 여열, 잠재열, 직화열 등을 적절히 이용할 것

3) 습열 조리법

방법	특징
끓이기	• 물을 다량 넣고 재료를 가열하는 방법으로 국물을 만드는 조리법 • 국 : 건더기의 양은 국물의 1/3 • 찌개 : 건더기의 양은 국물의 2/3 • 편육 섭취 목적 조리 : 끓는 물에 고기 투하 • 국물 섭취 목적 조리 : 찬물에 고기 투하 • 장점 : 한 번에 다량의 음식 조리 가능 • 단점 : 높은 수용성 영양소 용출
삶기	• 장점 : 단백질 응고, 섬유조직 연화, 이물질 및 불미스러운 성분 제거 • 단점 : 오랜 조리시간
데치기	• 끓는 물에 재료를 단시간 넣어 순간적으로 익히는 조리법 • 장점 : 식재료 고유의 색 유지, 불미스러운 이물질 제거, 영양소 파괴가 적음
찌기	• 잠재열(잠열)을 이용하여 재료를 낮은 불에 장시간 익혀 내는 조리법 • 장점 : 식재료의 모양 유지, 쉽게 타지 않음, 끓이는 것보다 수용성 영양소의 용출이 적음

 기적의 Tip

수용성 영양소 : 물에 의해 파괴되기 쉬운 영양소로 대량조리 시 손실이 크다.

4) 건열 조리법

- 구이 : 직접구이(석쇠), 간접구이(팬)가 있다.
- 볶기 : 소량의 기름을 사용하여 재료를 재빨리 가열하는 방법이다.
- 튀기기 : 식용유를 매개체로 다량의 기름을 사용하여 고온 단시간 조리하는 방법으로 영양소 파괴가 적다.

5) 극초단파 조리법

① 전자레인지를 사용하는 조리법으로 식품 안쪽까지 열 전달이 빨라 조리시간이 단축된다.

② 음식의 적정 온도

- 밥 : 40~45℃
- 식혜 발효 : 55~60℃
- 커피, 국 : 70~75℃
- 청량음료 : 2~5℃
- 겨자 발효 : 40~45℃
- 전골 : 95℃

6) 대량 조리기술

① 대량 조리란 50인 이상에게 음식을 동시에 공급하고자 하는 조리과정이다.

② 대량 조리 준비사항

- 많은 양을 한번에 조리하는 데 유리한 조리기기를 활용한다.
- 제시간에 적온을 유지하여 공급되어야 하므로 작업 동료 간의 협력심 및 치밀한 계획이 필요하다.
- 표준 레시피의 확보가 중요하며 조리사의 숙련도와 기술이 필요하다.
- 공급받는 자의 기호성, 영양성 등을 모두 고려한다.

03 기본 칼 기술 습득

1) 칼의 종류에 따른 분류

① 주방칼(다용도 칼, chef's knife) : 칼날이 길고 둥근 곡선 모양으로, 조리사들이 주로 사용하는 칼

② 베지터블 나이프(과도) : 과일이나 채소용으로 칼날이 작고 단단한 칼

③ 페이링 나이프 : 과일이나 채소의 껍질을 제거할 때 사용하는 칼

④ 카빙 나이프 : 스테이크, 소시지, 햄 등을 자를 때 사용하는 칼

⑤ 브레드 나이프 : 빵을 자를 때 사용하는 칼

⑥ 클리버 나이프 : 고기를 자를 때 사용하는 칼

⑦ 비늘칼 : 생선의 비늘을 제거할 때 사용하는 칼

⑧ 파채칼 : 파를 가늘게 채를 썰 때 사용하는 칼

2) 기본 썰기 방법

① 큐브(Cube) : 사방 2cm 정도의 정육면체 썰기
② 다이스(Dice) : 사방 1.2cm 정도의 정육면체 썰기
③ 스몰다이스(Small dice) : 사방 0.6cm 정도의 정육면체 썰기
④ 찹(Chop) : 잘게 다지기
⑤ 필(Peel) : 식재료 껍질 벗기기
⑥ 줄리엔(Julienne) : 얇은 채 썰기
⑦ 슬라이스(Slice) : 얇은 편 썰기
⑧ 그라인드(Glind) : 육류, 곡류를 잘게 가루로 만들기
⑨ 샤또(Chateau) : 길이 5cm 정도 크기의 타원형 형태로 썰기

04 조리기구의 종류와 용도

1) 조리기구 선택 시 유의사항

① 조리 공정시간과 인건비를 감소할 수 있는지의 판단
② 필요성 여부를 판단
③ 가격, 모양, 크기, 디자인, 내구성 등을 판단

2) 조리장에서의 조리기구

조리기구	사용 용도
필러(Peeler)	감자, 당근, 무 등의 껍질을 제거
믹서(Mixer)	재료를 혼합
슬라이서(Slicer)	재료를 얇게 저밈
커터기(Cutter)	재료를 잘라냄
살라만더(Salamander)	구이 기능을 하며 겉 표면에 색깔을 냄
그리들(Griddle)	두꺼운 철판을 뜨겁게 달궈 재료를 익힘
스쿠퍼(Scooper)	아이스크림, 샐러드 등을 모양 있게 퍼냄
휘퍼(Whipper)	거품 등을 형성할 때 사용

05 식재료 계량 방법

1) 계량법

계량 단위		수량
C	컵	200cc = 200ml = 200g
T	테이블 스푼	15cc = 15ml = 15g
t	티 스푼	5cc = 5ml = 5g

2) 식품별 계량법

가루 식품	체로 친 후 평평하게 깎아 담아 계량 측정
액체 식품	용기에 가득 담아 평평한 곳에 올린 후 계량 측정
버터, 마가린	실온에 두어 부드러워진 후 용기에 눌러 담아 계량 측정
흑설탕	용기에 눌러 담아 계량 측정
고농도의 페이스트류	토마토 페이스트, 된장, 고추장 등은 계량스푼, 계량컵에 평평하게 눌러 담아 측정

06 조리장의 시설 및 설비 관리

① 조리장의 기본조건 : 위생성, 능률성, 경제성이며 가장 중요한 조건은 위생성이다.
② 조리장의 위치 : 통풍 및 채광이 좋고 급수 및 배수시설이 잘 되어있어야 한다.
③ 조리장의 면적 : 식당 넓이의 1/3 이상, 1인당 0.2㎡를 따른다. 직사각형 형태가 효율적이다.
④ 검수 및 저장 : 저울을 이용해 주문량을 확인하며 신선도 유지를 위해 온도계를 갖춰야 한다.
⑤ 조리장은 개방형이 좋다.
⑥ 식당의 면적 : 취식자 1인당 1㎡를 따른다.

식품의 조리원리

빈출 태그 농산물 · 축산물 · 수산물 · 유지 · 냉동의 조리 · 조미료와 향신료

01 농산물의 조리 및 가공 · 저장

1) 쌀의 조리원리

① 쌀의 특성

• 벼에서 왕겨층 제거 시 현미, 현미에서 호분층 · 종피 · 과피 · 배아 제거 시 백미가 된다.
• 현미의 소화율은 90%이며, 백미의 소화율은 98%이다.
• 수분 함량 : 생쌀(13~15%), 불린 쌀(20~30%), 익힌 밥(65%)

② 쌀의 도정도가 증가할수록 나타나는 특성

• 밥의 소화율이 좋다.
• 양분이 감소한다.
• 조리시간이 단축된다.
• 밥의 맛과 색이 좋다.

③ 밥맛의 구성요소

• 밥물은 pH 7~8일 때 가장 맛이 좋다.
• 산성으로 갈수록 밥맛이 떨어진다.
• 소금(0.03%)을 넣으면 맛이 좋아진다.
• 묵은쌀(건조된 쌀)보다 햅쌀의 맛이 좋다.

④ 밥하기 순서

• 쌀 씻기 : 첫물을 가장 빨리 흡수하므로 재빨리 씻어 버리고 2회 반복 세척한다.
• 쌀 불리기 : 여름엔 30분, 겨울엔 90분간 불린 후 밥을 하면 호화가 빠르다.
• 물 붓기 : 밥물의 양은 쌀 중량의 1.5배, 쌀 용량의 1.2배가 되도록 한다.
• 끓이기 : 강불에서 김이 올라오면 불을 낮춰 익히고, 불을 끈 후 일정 시간 뜸을 들여 쌀 속에 수분이 스며들도록 한다.

2) 전분의 조리원리

① 전분의 특성

• 멥쌀 : 아밀로오스 20%와 아밀로펙틴 80%로 구성되어 있다.
• 찹쌀 : 아밀로펙틴 100%로 구성되어 있다.

② 전분의 호화

• 날 전분에 수분을 넣어 가열하면 호화(α화)되어 소화가 용이한 콜로이드 상태가 된다.

기적의 Tip

쌀의 단백질은 오리제닌이며 알기닌이 풍부하고 라이신이 상대적으로 부족하다.

기적의 Tip

콜로이드 상태 : 작은 입자가 균일하게 분산되어 있는 상태를 말한다.

• 전분의 호화를 촉진시키는 요인
  – 가열온도가 높을수록
  – 전분 입자가 클수록
  – 아밀로오스 함량이 많을수록
  – 수분이 많을수록(즉, 침수시간이 길수록)
  – 알칼리성 상태
③ 전분의 노화 : 호화된 전분이 지남에 따라 굳어지면서 다시 β화 상태가 된다.

노화를 촉진시키는 요인	노화의 방지책
• 아밀로오스 함량이 많을수록 • 수분 함량은 30~60% • 0~5℃ 냉장 상태 • 산성 상태	• 설탕을 첨가하여 탈수 및 삼투현상 유도 • 60℃ 이상 혹은 −20℃ 이하에 보관 • 수분 함량 10% 이하로 건조 • 아밀라아제 함량을 높임 • 호화된 전분이 시간이 지남에 따라 굳어지면서 다시 β화 상태가 됨

④ 전분의 호정화(덱스트린화) : 160~170℃에서 수분 없이 가열했을 때 가용성 전분을 거쳐 변화되는 현상이다.
  예 뻥튀기, 건빵, 팝콘 등
⑤ 전분의 당화 : 전분에 당을 첨가하여 가열하거나 또는 효소를 첨가하여 가수분해하면 단맛이 증가하는 현상이다.
  예 식혜, 조청 등

3) 밀가루의 조리원리

① 밀가루의 특성
• 밀의 단백질은 글리아딘(Gliadin)과 글루테닌(Glutenin)으로 구성되어 있으며 여기에 물을 첨가하면 글루텐(Gluten)이 형성되면서 점탄성이 증가한다.
• 글루텐 형성에 영향을 주는 요인

촉진인자	효과	방해인자	효과
달걀	달걀 단백질의 응고에 의한 글루텐 형성	지방	다량 투입 시 지방막에 의해 글루텐 형성 방해
소금	적당한 소금은 글루텐 형성을 강화		
수분	적당한 수분은 글루텐 형성을 강화	설탕	표면의 갈색화

② 밀가루의 종류와 용도

종류	글루텐 함량	용도
강력분	13% 이상	식빵, 마카로니, 스파게티 등
중력분	10~13%	만두피, 칼국수 등
박력분	10% 이하	쿠키, 튀김옷, 카스텔라 등

③ 제빵
- 반죽 적정온도 : 25~30℃
- 오븐 적정온도 : 200~250℃
- 팽창 요인 : CO_2(이산화탄소)
- 중조 첨가 시 : 황색으로 변색

설탕 첨가 시	• 효모 번식 • 노화 억제 • 풍미 부여 • 연화 작용
물 첨가 시	• 용매로 작용 • 글루텐 증진

4) 서류의 조리원리

① 감자의 특성
- 공기에 노출 시 표면이 갈색으로 변한다.
- 갈변 원인 : 효소에 의한 반응으로 티로시나아제가 갈색으로 변하는 것이다.
- 갈변 억제 방법
    - 껍질을 제거한 후 물속에 담가 놓는다.
    - 공기를 차단한다.
    - 고온 처리로 효소의 활성을 억제한다.
    - 항산화제(아스코르브산)를 첨가한다.
    - 환원성 물질(아황산가스, 아황산염)을 첨가한다.
- 분질감자 : 전분 함량이 많으며, 매시드 포테이토 등에 적합하다.
- 점질감자 : 전분 함량이 적으며, 조림이나 볶음 등에 적합하다.

② 고구마의 특성
- 맥아당, 과당 등으로 구성되어 있으며 당도가 높다.
- 가열하여 익으면 β-아밀라아제가 전분을 가수분해하여 맥아당이 생성되므로 단맛이 증가한다.

5) 두류의 조리원리

① 두류의 특성
- 양질의 단백질 식품으로 당질 함량이 높은 두류(녹두, 완두, 팥 등)와 지방함량이 높은 두류(땅콩, 대두 등)로 나눈다.
- 두류의 단백질은 수용성인 글리시닌(Glycinin)이다.
- 날콩에는 안티트립신이 들어 있어 소화를 방해한다.
- 두부는 두류의 대표적인 가공식품으로 콩의 단백질 글리시닌에 무기염류를 첨가해 응고한 것이다.
- 콩의 연화 촉진 요인 : 1% 소금용액, 중조(식소다), 연수

 기적의 Tip

두류의 수분 흡수율 순서 :
대두 〉 흑콩 〉 강낭콩 〉 팥

 기적의 Tip

무기염류 : 염화칼슘($CaCl_2$), 염화마그네슘($MgCl_2$), 황산 칼슘($CaSo_4$) 등.

6) 채소 및 과일의 조리원리

① 가열 조리
- 데치기
  - 녹색 채소를 데칠 시 끓는 물에 중조를 넣으면 선명한 녹색을 살려 조리할 수 있으나 비타민C가 파괴되고 조직이 연화된다는 단점이 있다.
  - 5배 이상의 물에 소금을 넣어 데치면 비타민C의 파괴를 줄이고 선명한 녹색을 살려 조리할 수 있다.
  - 뚜껑을 열고 데쳐 시금치의 수산(옥살산)을 제거한다.

🎓 기적의 Tip

수산 : 칼슘 흡수를 억제하고 신장결석을 일으키는 성분

② 식품의 갈변
- 효소적 갈변 : 감자(티록시나아제), 우엉 및 바나나(폴리페놀라아제) 등의 식품 자체 효소에 의해 색이 변한다.
- 비효소적 갈변 : 산, 가열에 의한 갈변으로 간장, 된장의 아미노카보닐 반응(마이야르 반응)과 160~180℃ 이상으로 가열 시 일어나는 캐러멜 반응이 있다.
- 갈변 현상을 억제하는 방법

효소적 갈변을 억제하는 방법	비효소적 갈변을 억제하는 방법
• 설탕 용액 첨가 • 소금 용액 첨가 • 레몬즙 용액 첨가	• 열 처리 : 효소의 활성 억제 방법 • 진공 처리 : 산소와의 접촉의 피하는 방법 • 산용액 처리 : pH 3이하에서 효소작용이 억제되는 방법

7) 한천과 젤라틴의 조리원리

① 한천의 특성
- 우뭇가사리 등의 홍조류를 삶아서 얻은 액을 냉각한 후 동결건조한 것을 말한다.
- 체내 소화율이 낮으며 수분을 흡수하고 팽창함으로써 정장효과가 있다.
- 0.5~3% 농도에서 잘 생성된다.
- 38~40℃ 온도에서 잘 응고된다.
- 양갱 등의 제조에 사용된다.

② 젤라틴의 특성
- 동물의 가죽 및 뼈에 존재하는 콜라겐의 가수분해로 얻어진 것을 말한다.
- 3~4% 농도에서 잘 생성된다.
- 13℃ 이하의 온도에서 잘 응고된다.
- 젤리, 족편, 푸딩 등의 제조에 사용된다.
- 설탕 및 산을 첨가하면 젤라틴이 부드러워지고 알칼리 및 낮은 온도에서 젤라틴이 단단하게 응고된다.

③ 펙틴 : 과일 속 펙틴이 설탕, 가열, 유기산의 작용으로 젤리화가 된다.
- 젤리 : 과일즙 + 설탕 → 가열 및 농축 → 냉각
- 마멀레이드 : 과일즙 + 과일 껍질 → 가열 및 농축
- 잼 : 과육 농축
  - 잼을 만들기에 적당한 과일 : 딸기, 포도, 사과, 감귤류 등
  - 잼을 만들기 위한 요건 : 펙틴 1~1.5% 이상, 설탕 60% 이상, pH 2.8~3.5

02 축산물의 조리 및 가공 · 저장

1) 육류의 조리원리

① 육류의 조직
- 근육조직 : 미오신 액틴(섬유상 단백질), 미오겐(구상 단백질), 미오알부민으로 구성된다.
  - 결합조직 : 콜라겐, 엘라스틴으로 구성
  - 지방조직 : 주로 포화지방산으로 구성
- 도살 후 과정
  - 사후강직 : 도살 직후 근육이 수축 및 경직되는 현상
  - pH 저하 : 닭고기(6~12시간), 소고기(12~24시간), 돼지고기(3시간)
  - 숙성(자가소화) : 근육효소에 의해 단백질이 분해되는 현상
  - 펩티드 및 아미노산 생성 : 풍미와 향미 증가
  - 부패 : 숙성 이후 미생물 활성으로 변질되는 현상

② 가열에 의한 육류변화
- 단백질이 응고 및 수축된다.
- 콜라겐의 젤라틴화로 조직이 연화되고 소화되기 쉬운 상태가 된다.
- 보수성이 감소한다.
- 풍미와 육색이 변한다.
- 지방이 융해된다.

③ 육류의 연화법

연화 방법	내용
기계 이용	• 칼집을 넣거나 방망이로 두드리기 • 조리기계로 갈기
숙성	일정 시간 숙성
장시간 습열 처리	콜라겐의 젤라틴화
일정량의 설탕 첨가	과다 첨가 시 질겨지는 부작용
과일 이용	파인애플, 파파야, 무화과, 배즙, 생강 등의 첨가

④ 소의 부위별 조리법

부위	조리법	부위	조리법
목살	구이, 스테이크, 불고기, 국거리 등	우둔	산적, 장조림, 육포, 조림 등
등심	구이, 스테이크 등	앞다리	불고기, 육회, 구이 등
채끝	구이, 찌개 등	갈비	구이, 찜, 탕 등
안심	스테이크, 구이 등	양지	조림, 편육, 국거리 등
설도	육포, 불고기, 육회, 산적 등	사태	찌개, 찜, 국거리 등

기적의 Tip

소고기의 적당한 숙성환경 :
0℃에서 10일, 13℃에서 5일,
20℃에서 2주

기적의 Tip

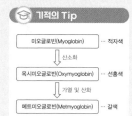

기적의 Tip

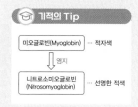

기적의 Tip

과일 속 연화 효소
- 파인애플—브로멜린
- 파파야—파파인
- 무화과—피신
- 배—프로테아제

⑤ 돼지의 부위별 조리법

부위	조리법	부위	조리법
목심	구이, 보쌈 등	갈비	찜, 구이 등
등심	구이, 튀김, 볶음 등	앞다리	불고기, 찌개 등
안심	구이, 튀김, 볶음 등	삼겹살	햄버거, 구이, 찌개, 베이컨 등
뒷다리	불고기, 찌개 등		

2) 알류의 조리원리

① 알류의 구조 : 겉껍질(난각), 속껍질(난각막), 흰자(난백), 노른자(난황)으로 이루어져 있으며 난백 60%, 난황 30%, 껍질 10%의 비율로 구성되어 있다.

② 알류의 구성성분

성분	특징
지질	• 난황의 30%가 지질로 구성 • 인지질인 레시틴은 콜레스테롤을 억제, 유화제 역할을 함
단백질	• 단백가 100인 완전식품 • 난황 단백질 : 리보비텔린 • 난백 단백질 : 오보알부민
무기질, 비타민	비타민A, 비타민B_1, 리모플라빈, 비타민D를 함유
수분	70~75%의 수분을 함유함

③ 오래된 달걀 판단법
• 흔들었을 때 소리가 들린다.
• 6% 소금물에 담그면 떠오른다.
• 껍질이 매끈하다.
• 난황계수와 난백계수가 낮다.
• 농후난황, 농후난백이 수양난황, 수양난백보다 적다.
• 삶은 달걀에 녹변현상이 보인다.
• 산도(pH)가 높아진다(신선한 달걀 : pH 7.3~7.5).
• 기실(공기 주머니)이 커진다.

④ 알류의 가공
• 건조란 : 달걀의 내용물을 건조시킨 것으로 수송과 보관이 쉽다.
• 동결란 : 살균 처리한 액상란을 급속동결한 것이다.
• 피단 : 알칼리를 침투시켜 내용물을 응고, 숙성한 것으로 중국요리에서 주로 이용한다.

🎓 기적의 Tip

⑤ 조리에 적용되는 알류의 특성

기포제	• 오래된 달걀은 기포성이 좋지만 안정성이 낮음 • 기름, 이물질은 기포성을 저하시키고 설탕은 생성된 기포를 안정화시킴 • 30℃에서 기포성이 좋음 • 산(레몬, 식초)은 기포성을 높임 • 카스텔라, 머랭 등
농후제	알찜(달걀찜), 푸딩, 커스터드 등
유화제	• 수분과 기름의 혼합작용 • 마요네즈, 아이스크림 등
결합제	• 재료가 잘 밀착되도록 하는 역할 • 만두 속, 빵가루 등
청정제	• 국물요리에 흰자거품을 넣으면 이물질과 함께 응고되어 국물이 맑아짐 • 비프 콘소메 수프 등

3) 우유 및 유제품의 조리원리

① 우유의 구성성분

성분	특징
지질	대부분 중성지질이며 98%를 차지
단백질	• 카제인 : 산이나 레닌에 응고되는 단백질로 80% 차지 • 유청 단백질 : 열에 의해 응고되는 단백질로 20% 차지
비타민 및 무기질	칼슘 함량과 흡수율이 높음
수분	87~88%의 수분을 함유
탄수화물	대부분이 락토오스

② 조리에서의 우유 작용
• 겔(Gel)의 강도를 높여주는 조리 예 푸딩 등
• 카제인과 산, 레닌의 결합 예 치즈
• 풍미 증대 예 화이트소스
• TMA 흡착 예 생선조리

③ 우유의 응고 요인
• 산에 의한 응고 예 식초, 레몬즙 등
• 효소에 의한 응고 예 레닌
• 알코올, 염류에 의한 응고
• 열에 의한 응고

④ 유제품
• 탈지유 : 원유에서 지질 함량을 낮춘 제품이다.
• 전지분유 : 원유를 분무건조하여 분말화한 제품이다.
• 탈지분유 : 원유를 원심분리하여 지방을 제거한 후 탈지유를 건조한 제품이다.
• 조제분유 : 모유와 유사한 조성을 갖도록 여러 원료를 배합한 후 건조한 분유이다.

1) 어패류의 구성성분 및 특성

성분	특성
지방	• 산란기 직전 지방 함량이 높아짐 • 불포화지방산 함량이 80% 정도 • 등푸른 생선(고등어, 청어, 꽁치 등)은 오메가3 지방산 EPA, DHA 함량이 높음
단백질	• 필수아미노산 다량 함유 • 리신이 풍부하여 곡류와 함께 섭취하면 좋음 • 어육 단백질은 염용성이므로 소금에 용해 ⑩ 생선살에 2% 소금을 첨가하면 단백질이 응고되어 어묵이 만들어짐 • 육류 단백질보다 콜라겐 등 결합조직이 적어 육질이 부드러움
무기질, 비타민	특히 간에는 비타민A, 비타민D가 다량 함유
수분	70~80%의 수분 함유

2) 어류의 맛

유리아미노산, 질소화합물, 유기산, 젖산 등의 수용성 물질이 함유되어 물과 조리하면 감칠맛이 추출된다.

3) 어류의 냄새

① 생선 비린내의 주요 성분은 트리메틸아민(TMA : Trimethylamine)이다.
② 트리메틸옥사이드가 세균에 의해 환원되어 생기는 것이다.

4) 어류의 색깔

① 대부분의 어류는 카로티노이드 색소를 지닌다.
② 갈치는 구아닌, 복어는 빌리베르딘, 갑각류는 가열 전 회색이며 가열 후 단백질의 변성으로 아스타크잔틴 색소가 생성된다.

5) 어류의 신선도 측정법

① 살에 탄력이 있어 누를 때 다시 원상복귀된다.
② 눈이 맑고 밖으로 돌출되어 있다.
③ 껍질이 살에 잘 밀착되어 있고 광택이 나며 끈적이지 않는다.
④ 아가미는 선홍색이며 불쾌취가 나지 않는다.

6) 어취 해소 방법

① 트리메틸아민은 수용성이므로 흐르는 물에 세척한다.
② 조리 시 생강, 마늘, 파, 후추, 술 등의 휘발성 향신재료를 이용한다.
③ 조리 시 식초, 산 등을 이용한다.
④ 된장, 고추장, 간장 등의 양념류를 이용한다.
⑤ 우유를 이용해 카제인이 트리메틸아민을 흡착하도록 한다.
⑥ 무를 이용해 메틸메르켑탄이 비린내를 억제하도록 한다.

기적의 Tip

담수어의 비린내는 피페리딘과 아세트알데히드의 축합 반응으로 나타난다.

기적의 Tip

• 생선 고유의 냄새(TMAO) + 공기 중 환원 → 비린 냄새(TMA)
• 비린 냄새(TMA) + 효소와 반응 → 암모니아 냄새(DMA)
* TMAO : 트리메틸아민옥사이드
* TMA : 트리메틸아민
* DMA : 디메틸아민

7) 어류의 사후변화

① 사후경직 : 붉은 살 생선이 흰 살 생선에 비해 사후경직이 빠르다.
② 자기소화 : 육류보다 자기소화가 빠르며 부패로 속히 이어진다.
③ 부패 : 자기소화 후 pH가 중성으로 변하여 세균의 번식이 빠르게 이어진다.
④ 유독성 아민류 히스타민의 생성으로 알레르기 및 식중독을 유발할 수도 있다.

8) 어류의 조리 시 변화

① 소금에 의한 변화 : 생선에 2%를 소금 첨가 시 어육단백질 액틴과 미오신이 녹아 결합돼 액토미오신을 형성하며 점탄성을 갖게 된다. 15% 이상의 소금 함량은 탈수반응을 일으켜 조직의 탄력성이 저하된다.
② 식초에 의한 변화 : 생선조리 시 식초를 첨가하면 생선 살이 단단하게 되고 비린내를 없애주는 역할을 한다.
③ 가열에 의한 변화 : 생선가열 시 껍질이 수축하여 살이 휘어지며 이런 현상은 콜라겐이 수축하기 때문이다.

> 🎓 **기적의 Tip**
>
> • **어묵(생선묵) 제조법** : 생선 단백질(미오신 : 염용성 단백질) + 2% 소금 → 액토미오신 생성
> • **젓갈 제조법** : 생선 내장 및 살 + 20% 소금 → 미생물에 의한 발효

04 유지 및 유지가공품

1) 유지류의 특성

① 상온에서 액체인 Oil과 상온에서 고체인 Fat으로 나뉜다.
② 동물성 유지 : 버터, 어유, 라드 등
③ 식물성 유지 : 대두유, 포도씨유, 카놀라유, 올리브유, 참기름 등
④ 가공 유지 : 마가린(버터 대용), 쇼트닝(라드 대용)

2) 유지의 발연점

① 일정 온도까지 가열하면 지방산과 글리세롤로 분리되면서 청백색 연기와 자극성 냄새를 풍기며 이러한 일정 온도를 발연점이라 한다.
② 발연점에 도달하면 발암성 물질 아크롤레인이 생성된다.

3) 발연점이 낮아지는 요인

① 높은 온도로 가열했을 때
② 유리지방산이 많을 경우
③ 이물질이 많을 때
④ 수차례 반복 사용했을 경우
⑤ 용기의 표면적이 넓을 경우

4) 기름이 산패되기 쉬운 요인

① 높은 온도로 가열했을 때
② 광선에 노출했을 때
③ 금속류와 접촉했을 때
④ 불포화도가 높을 때
⑤ 수분이 많을 때

5) 튀김조리 시 유의사항

① 적은 양의 기름으로 많은 양의 재료를 튀기지 않음
② 수분이 남아 있는 상태에서 튀기지 않음
③ 이물질을 수시로 제거하며 튀김

05 냉동식품의 조리

1) 냉동식품의 특성

① 식품을 10℃ 이하에서 저장하면 미생물 증식 및 효소작용이 억제되어 보관기간을 늘릴 수 있다.
② 냉동은 −18℃ 이하로 냉동하는 완만냉동법과 −40℃ 이하로 냉동하는 급속냉동법이 있다.

기적의 Tip

• 올바른 냉장온도 : 0~5℃ 이하 보관
• 올바른 냉동온도 : −18℃ 이하 보관

2) 올바른 냉동법

① 급속냉동하여 결정을 작게 하면 해동 시 품질 저하가 적다.
② 익힌 재료는 완전히 열기를 없앤 후 냉동한다.
③ 개봉하여 냉동한다(냉동화상방지).
④ 해동 후 재냉동을 하지 않는다.
⑤ 잘 보이는 곳에 식품명과 냉동날짜를 기입한다.

3) 올바른 해동법

① 어육류 : 높은 온도의 해동은 드립(Drip) 현상으로 수분과 조직세포가 손상되므로 냉장온도에서 완만하게 해동하는 것이 좋다.
② 생선 냉동품 : 50% 정도만 해동 후 조리하는 것이 안전하다.
③ 반조리 식품 : 전자레인지를 사용하여 급속해동한다.

06 조미료와 향신료

조미 식품이란 음식의 풍미를 증진시키기 위해 첨가하는 물질이다.

1) 조미료

① 만드는 법에 따른 조미료

양조 조미료	• 유익한 미생물(세균, 효모, 곰팡이)을 배양하여 효소로 제조한 조미료 • 간장, 된장, 고추장, 식초 등
화학 조미료	• 화학적인 방법으로 가공하여 제조한 조미료 • 설탕, 소금, MSG 등

② 맛에 따른 조미료

짠맛	소금, 간장, 된장, 젓갈류 등
단맛	설탕, 물엿, 올리고당, 연유 등
신맛	식초
구수한 맛	말린 멸치, 다시마, 된장, 고추장 등
그 밖의 조미료	식용유, 참기름, 들기름, 버터 등

2) 서양 향신료

① 정향(클로브 : Clove)
• 못처럼 생겼으며 클로브라고도 한다.
• 육류 및 어류 조리 시 넣어주면 잡내를 없애 주고 피클에 사용하면 풍미를 높여 준다.
② 넛맥(Nutmeg) : 달콤한 향을 내는 향신료의 종류이며 육류 및 어류 조리 시 사용한다.
③ 팔각(Star Anise) : 열매를 말려 사용하며 주로 중식조리에 주로 쓰인다.

기적의 Tip

조미료 첨가 순서
설탕 → 소금 → 간장 → 식초 순서로 넣는다.

✔ **개념 체크**

1 해동은 -18℃ 이하로 해동하는 완만해동법과 -40℃ 이하로 해동하는 급속해동법이 있다. (O, X)

2 조미료를 사용할 때에는 설탕을 가장 먼저 사용하고, 식초는 나중에 사용한다. (O, X)

3 정향(Clove)은 못처럼 생긴 서양 향신료이다. (O, X)

1 X 2 O 3 O

식생활 문화

빈출 태그 종류 · 조리법 · 특징

01 서양 음식의 문화와 배경

① 서양 요리란 프랑스식의 요리법을 기본으로 하여 미국, 캐나다, 이탈리아, 영국 등의 서구 음식을 총망라하여 지칭하는 말이다.

② 서양 요리에 대해 이해하고 깊이 있게 연구하기 위해서는 가장 먼저 프랑스 요리의 역사에 대해 공부할 필요가 있으며 실제로 국제적인 연회에서는 프랑스식 레시피가 사용되고 있다.

• 프랑스 요리의 근대적 발달은 앙리2세가 카트린드 공주와의 결혼으로 이탈리아 메디치 가에서 다수의 유능한 조리사를 데려오는 것에서 발전되었다고 볼 수 있다. 그 이후 루이14세, 루이 15세 때 프랑스 요리는 더욱 급성장하였다.

• 프랑스 요리의 아버지라 불리는 '카렘'은 그 당시 여러 요리책을 썼으며 요리의 질감, 풍미, 아름답게 꾸미기 등을 관심있게 연구하였고, 지금까지도 과거 그가 썼던 요리서는 많은 요리사들에게 인정받고 있다.

• 프랑스 혁명 이후 귀족의 집에서 요리를 담당하던 전담 요리사가 식당으로 들어가 실력을 발휘하게 되었고 그 식당은 현재의 고급 레스토랑으로 그 명성을 이어 내려오고 있다.

• 1950년대에 들어서면서 구습에서 벗어나 자유로운 형태의 요리인 '뉘벨 퀴진'이 등장했는데 이 요리의 특징은 음식의 신선도와 풍미를 최대한 살려 식재료 그대로의 맛을 즐기게 하는 데 목적을 두었다. 즉, 기본의 전통 프랑스 요리가 지나치게 화려하고 또한 만드는 데 노동력과 시간이 많이 걸리는 부분들을 약소화한 것이다.

• 이처럼 프랑스 요리는 단시간에 형성된 것이 아니라 오랜 역사와 그 안에서 수많은 조리사들의 노력과 연구로 현재의 대표 서양 요리가 된 것이다.

③ 한국에 서양 요리가 도입된 시기는 1900년경으로 경인 철도 개통을 시초로 차내 식당에서 등장하기 시작하였고 본격적인 성장 발전 시기는 1970년대 중반으로 경양식 레스토랑이 문을 열기 시작하면서이다.

④ 서양과의 교류가 활발해진 오늘날 한국에서도 흔하게 서양 요리를 접할 수 있을 뿐만 아니라 다양한 가공 식품, 반조리 식품, 인스턴트 식품 등의 보급으로 가정에서도 서양 요리를 쉽게 조리하여 먹을 수 있게 되었다.

02 서양 음식의 분류

1) 유럽

① 프랑스 : 푸아그라 테린, 캐비어, 에스카르고, 트러플, 빵(바게트, 크로아상, 브르오슈 등)

② 이탈리아 : 파스타, 피자, 리조토. 올리브유, 치즈, 각종 향신료, 포도주

③ 스페인 : 빠에야, 가르파초, 추로스, 또르티아

④ 포르투갈 : 생선(정어리, 대구)요리, 돼지고기, 치즈

⑤ 독일 : 아이스바인(독일식 족발요리), 사우어크라우트(양배추 절임요리), 맥주

⑥ 영국 : 로스트비프, 요크셔 푸딩, 피시&칩스, 키드니파이

⑦ 네덜란드 : 치즈, 패스트리, 요구르트

⑧ 러시아 : 호밀빵, 시치(양배추스프), 보드카

⑨ 노르웨이 : 청어절임, 수산물요리

⑩ 스웨덴 : 미트볼, 감자요리

⑪ 핀란드 : 호밀빵, 청어요리, 요구르트

⑫ 체코 : 다양한 고기요리, 민물요리

2) 아메리카

① 미국 : 햄버거, 핫도그, 통조림 가공품, 시리얼, 오트밀

② 멕시코 : 타코, 브리토, 퀘사디아, 살사소스, 구아카몰소스, 사우어크림소스, 데낄라

③ 브라질 : 쿠스쿠스, 생선스튜

④ 캐나다 : 스테이크, 연어구이

3) 오세아니아

① 호주 : 바비큐, 미트파이, 베지마이트, 캥거루 스테이크

② 뉴질랜드 : 미트파이, 피시&칩스

03 서양 음식의 특징 및 용어

① Baking(베이킹) : 고온 건조한 공기의 대류 현상을 이용한 오븐 구이 조리법으로 제과·제빵 로스팅에 이용한다.

② Blanching(데치기) : 재료를 순간적으로 단시간 넣었다가 바로 식혀내는 조리법이다. 이 조리법의 목적은 불필요한 냄새와 불순물을 없애고 영양소의 용출을 막기 위함이다. 조직을 연화시키고 채소의 변색을 방지한다.

③ Boiling(삶기) : 100도의 비등점으로 가열하는 조리법으로 식재료의 조직을 연하게 하여 식감을 좋게 하고 소화 작용을 돕는다.

④ Blending(블렌딩) : 야채, 과일 등의 재료를 갈아내는 방법이다.

⑤ Braising(브레이징) : 육류나 채소에 물을 넣어 밀폐시킨 후 서서히 익히는 조리법으로 스튜와 로스팅의 중간 단계이다.

⑥ Broiling(굽기) : 직화 조리법으로 석쇠를 사용하거나 살라만더(Salamander), 토스터(Toaste)를 사용하는 방법이 있는데 식재료와 요리 목적에 따라 적절하게 선택하여 사용할 수 있다.

⑦ Creaming(크리밍) : 난백, 버터, 마가린, 생크림 등을 충분히 저어주어 크림과 같이 거품이 형성되는 방법이다.

⑧ Frying(튀기기) : 140~190도의 기름에 재료를 튀기는 조리법으로 단시간 가열하여 재료의 영양소 파괴가 적고 기름의 풍미가 더해져 맛이 좋아진다. 기름양이 많은 상태에서 행해지는 Deep-Fat Frying과 기름양이 적은 상태에서 행해지는 Panfrying으로 나뉜다.

⑨ Gratinating(그라탱) : 내열 용기에 이미 익혀져 요리된 음식을 넣고 그 위에 소스, 치즈, 난황 등을 얹어 오븐에 다시 구워낸 요리이다.

⑩ Grilling(그릴링) : 간접 전도열을 이용하는 조리법으로 주로 철판, 냄비, 프라이팬 등이 사용된다.

⑪ Poaching(포우칭) : 생선, 달걀, 단단한 채소 등을 끓는점 이하 온도에서 수분을 이용해 익히는 방법으로 표면이 건조해지거나 딱딱하게 마르지 않는다. 양식 조리 실기 메뉴에서는 '솔모르네'에 사용되는 요리법이다.

⑫ Rosting(로스팅) : 육류나 가금류를 큰 덩어리 째로 오븐에 굽는 방법이다. 겉은 갈색이 나고 속은 충분히 익어 풍미가 높아진다.

⑬ Sauting(소테잉) : 팬에 버터, 기름을 두르고 순간적으로 볶는 방법으로 재료 고유의 맛을 유지할 수 있다.

⑭ Simmering(심머링) : 아주 낮은 온도에서 장시간 끓이는 방법으로 주로 스톡을 끓여낼 때 사용하는 조리법이다. 재료에서 맛과 영양을 충분히 용출시켜 국물(스톡) 맛을 좋게 하는 데 목적이 있다.

⑮ Steaming(찌기) : 고압의 스팀에서 찌는 방법으로 한 번에 많은 양의 조리가 가능하며 식품의 모양을 그대로 유지할 수 있으며 영양소 유출도 적다.

⑯ Stewing(스튜) : 뚜껑 있는 용기에 재료를 한데 섞어 소스 팬에 넣고 장시간 푹 끓여 만드는 국물 있는 서양찌개 요리이다.

01 식품조리의 목적과 가장 거리가 <u>먼</u> 것은?

① 식품이 지니고 있는 영양소 손실을 최대한 적게 하기 위해
② 각 식품의 성분이 잘 조화되어 풍미를 돋우기 위해
③ 외관상으로 식욕을 자극하기 위해
④ 질병을 예방하고 치료하기 위해

02 조미료 넣는 순서로 가장 잘 나열한 것은?

① 설탕 → 간장 → 식초 → 소금
② 설탕 → 식초 → 간장 → 소금
③ 설탕 → 소금 → 간장 → 식초
④ 식초 → 설탕 → 간장 → 소금

03 서양의 건열조리 방법 중 시머링은 어떠한 조리법과 가장 가까운가?

① 높은 온도로 끓이기
② 장시간 끓이기
③ 찌기
④ 단시간 볶기

04 식품의 가열 조리 시 기대할 수 있는 효과와 거리가 <u>먼</u> 것은 무엇인가?

① 효소 활성화
② 유해 미생물 제거
③ 풍미 증가
④ 소화력 증진

05 다음의 육류요리 중 영양분의 손실이 가장 적은 것은?

① 탕
② 편육
③ 스튜
④ 스테이크

06 습열 조리법이 <u>아닌</u> 것은?

① 비프 콘소메
② 치킨 아라킹
③ 스페니시 오믈렛
④ 비프 스튜

07 습열 조리법의 설명 중 거리가 <u>먼</u> 것은?

① 습열 조리법이란 다량의 물에 재료를 넣어 조리하는 방법이다.
② 편육을 삶을 땐 찬물에 고깃덩어리를 넣고 끓인다.
③ 다량의 음식을 한번에 조리할 수 있다.
④ 수용성 영양소의 손실이 있다.

08 다음의 기본 썰기 방법 중 재료의 크기가 가장 큰 썰기법은?

① 큐브(Cube)
② 다이스(Dice)
③ 샤또(Chateau)
④ 스몰다이스(Small dice)

09 줄리엔(Julienne)이란 어떤 썰기법을 말하는가?

① 잘게 다지기
② 육류, 곡류를 잘게 가루로 만드는 썰기
③ 얇은 채 썰기
④ 얇은 편 썰기

10 다음의 조리도구 중 거품 등을 형성할 때 사용하는 것은?

① 그리들(Griddle)
② 스쿠퍼(Scooper)
③ 휘퍼(Whipper)
④ 슬라이서(Slicer)

11 계량단위 1t의 수량은?

① 15ml
② 5ml
③ 3ml
④ 10ml

12 다음의 식품별 계량법 중 설명이 틀린 것은?

① 흑설탕 : 채반에 내려 수북하게 쌓아 계량한다.
② 버터, 마가린 : 실온에 두어 부드러워진 후 용기에 눌러 담아 계량 측정
③ 고추장 : 용기에 눌러 담아 측정
④ 우유 : 용기에 가득 담아 평평한 곳에 놓고 측정

13 조리장의 기본조건으로 거리가 먼 것은?

① 위생성
② 규모성
③ 경제성
④ 능률성

14 쌀을 지나치게 문질러서 씻을 때 가장 손실이 큰 비타민은?

① 비타민A
② 비타민B1
③ 비타민D
④ 비타민E

15 괄호 안에 알맞은 용어를 순서대로 나열한 것은?

> 당면은 감자, 고구마, 녹두가루에 첨가물을 혼합, 성형하여 (　　)한 후 건조, 냉각하여 (　　)시킨 것으로 반드시 열을 가해 (　　)하여 먹는다."

① α화 − β화 − α화
② α화 − α화 − β화
③ β화 − β화 − α화
④ β화 − α화 − β화

16 전분에 효소를 작용시키면 가수분해되어 단맛이 증가하여 조청, 물엿이 만들어지는 과정을 무엇이라 하는가?

① 호화   ② 노화
③ 호정화   ④ 당화

17 다음 중 강력분을 사용하지 <u>않는</u> 것은?

① 케이크
② 식빵
③ 마카로니
④ 피자

18 점성이 없고 보슬보슬한 매시드 포테이토(Mashed Potato)용 감자로 가장 알맞은 것은?

① 충분히 숙성한 분질의 감자
② 전분의 숙성이 불충분한 수확 직후의 햇감자
③ 소금 1컵:물 11컵의 소금물에서 표면에 뜨는 감자
④ 10℃ 이하의 찬 곳에 저장한 감자

19 대두에 관한 설명으로 <u>틀린</u> 것은?

① 콩 단백질의 주요 성분인 리시닌은 글로불린에 속한다.
② 아미노산의 조성은 메티오닌, 시스테인이 많고 라이신, 트립토판이 적다.
③ 날콩에는 트립신 저해제가 함유되어 생식할 경우 단백질 효율을 저하시킨다.
④ 두유에 염화마그네슘이나 탄산칼슘을 첨가하여 단백질을 응고시킨 것이 두부이다.

20 날콩에 함유된 단백질의 체내 이용을 저해하는 것은?

① 펩신
② 트립신
③ 글로불린
④ 안티트립신

21 효소적 갈변반응에 의해 색을 나타내는 식품은?

① 분말 오렌지
② 간장
③ 캐러멜
④ 홍차

22 조리 방법에 대한 설명으로 옳은 것은?

① 채소를 잘게 썰어 끓이면 빨리 익으므로 수용성 영양소의 손실이 적다.
② 전자레인지는 자외선에 의해 음식이 조리된다.
③ 콩나물국의 색을 맑게 하기 위해 소금으로 간한다.
④ 푸른색을 최대한 유지하기 위해 소량의 물에 채소를 넣고 데친다.

23 젤라틴에 대한 설명으로 옳은 것은?

① 과일젤리나 양갱의 제조에 이용한다.
② 해조류로부터 얻은 다당류 의한 성분이다.
③ 산을 아무리 첨가해도 젤 강도가 저하되지 않는 특징이 있다.
④ 3~10℃에서 젤화되며 온도가 낮을수록 빨리 응고한다.

24 쇠고기의 부위별 용도의 연결이 적합하지 않은 것은?

① 앞다리 - 불고기, 육회, 구이
② 설도 - 스테이크, 샤브샤브
③ 목심 - 불고기, 국거리
④ 우둔 - 산적, 장조림, 육포

25 고기를 연화시키기 위해 첨가하는 식품과 단백질 분해효소가 맞게 연결된 것은?

① 배 - 파파인(Papain)
② 키위 - 피신(Ficin)
③ 무화과 - 액티니딘(Actinidin)
④ 파인애플 - 브로멜린(Bromelin)

26 다음 중 신선란의 특징은?

① 난황이 넓적하게 퍼진다.
② 기실부가 거의 생성되지 않았다.
③ 수양난백이 농후난백보다 많다.
④ 삶았을 때 난황 표면이 쉽게 암록색으로 변한다.

27 달걀의 열 응고성에 대한 설명 중 옳은 것은?

① 식초는 응고를 지연시킨다.
② 소금은 응고 온도를 낮춰 준다.
③ 설탕은 응고 온도를 낮춰 응고물을 연하게 한다.
④ 온도가 높을수록 가열 시간이 단축돼 응고물이 연해진다.

28 달걀의 보존 중 품질 변화에 대한 설명으로 틀린 것은?

① 수분의 증발
② 농후난백의 수양화
③ 난황막의 약화
④ 산도(pH)의 감소

29 인산을 함유하는 복합지방질로서 유화제로 사용되는 것은?

① 레시틴
② 글리세롤
③ 스테롤
④ 글리콜

30 육류의 연화작용에 관여하지 않는 것은?

① 파파야
② 파인애플
③ 레닌
④ 무화과

31 오징어에 대한 설명으로 틀린 것은?

① 근육섬유, 콜라겐섬유로 인해 가열 시 수축하거나 둥글게 말린다.
② 살이 붉은 것은 색소포에 의한 것이며 신선도와는 무관하다.
③ 신선한 것은 무색투명하며 껍질에는 짙은 적갈색의 색소포가 있다.
④ 오징어의 근육은 평활근에 무색소이므로 껍질을 벗겨 가열 시엔 백색이 된다.

32 생선을 씻을 때 주의사항으로 틀린 것은?

① 물에 소금을 10% 정도 타서 씻는다.
② 냉수를 사용한다.
③ 표면의 점액을 잘 씻어 내도록 한다.
④ 어체에 칼집을 낸 후에는 물로 씻지 않는다.

33 생선 조리 방법에 대한 설명으로 틀린 것은?

① 생강과 술은 비린내를 없애는 용도로 사용한다.
② 처음 가열하는 수 분 동안은 뚜껑을 살짝 열어 비린내를 휘발시킨다.
③ 모양 유지와 맛 성분 보존을 위해 양념간장이 끓을 때 생선을 넣기도 한다.
④ 선도가 저하된 생선은 약하게 조미하여 뚜껑을 덮고 짧은 시간 내에 익힌다.

34 발연점을 고려했을 때 튀김용으로 가장 적합한 기름은?

① 쇼트닝(유화제 첨가)
② 참기름
③ 대두유
④ 피마자유

35 기름을 여러 번 재가열할 때 일어나는 변화에 대한 설명으로 맞는 것은?

> ㉠ 풍미가 좋아진다.
> ㉡ 색이 진해지고 거품현상이 생긴다.
> ㉢ 산화중합반응으로 점성이 높아진다.
> ㉣ 가열분해로 황산화물질이 생겨 산패를 억제한다.

① ㉠, ㉡
② ㉠, ㉢
③ ㉡, ㉢
④ ㉢, ㉣

36 냉동 중 육질의 변화가 아닌 것은?

① 육질 내의 수분이 동결되어 체적 팽창이 이루어진다.
② 건조에 의한 감량이 발생한다.
③ 고기 단백질이 변성되어 고기의 맛을 떨어뜨린다.
④ 단백질 용해도가 증가한다.

37 냉동식품의 해동에 관한 설명으로 틀린 것은?

① 밀봉하여 50℃ 이상의 물로 빠른 해동이 이상적이다.
② 냉동 생선은 중간 정도로만 해동 후 조리하는 것이 안전하다.
③ 냉동식품을 완전히 해동하지 않고 직접 가열 시 효소나 생물에 의한 변질의 염려가 적다.
④ 해동된 식품은 더 쉽게 변질되므로 필요한 만큼만 해동하여 사용한다.

38 인체에 필요한 직접영양소는 아니지만 식품에 색, 냄새, 맛 등을 부여하여 식욕을 촉진시키는 것은?

① 단백질식품
② 인스턴트식품
③ 기호식품
④ 건강식품

39 감미재료와 거리가 먼 것은?

① 사탕무   ② 정향
③ 사탕수수   ④ 스테비아

40 온도가 미각에 향을 미치는 현상에 대한 설명으로 틀린 것은?

① 온도가 상승함에 따라 단맛에 대한 반응이 증가한다.
② 쓴맛은 온도가 높을수록 강하게 느껴진다.
③ 신맛은 온도변화에 거의 향을 받지 않는다.
④ 짠맛은 온도가 높을수록 최소감량이 늘어난다.

01 ④	02 ③	03 ②	04 ①	05 ④
06 ③	07 ②	08 ③	09 ③	10 ③
11 ②	12 ①	13 ②	14 ②	15 ①
16 ④	17 ①	18 ①	19 ②	20 ④
21 ①	22 ③	23 ④	24 ②	25 ④
26 ②	27 ②	28 ④	29 ①	30 ③
31 ②	32 ①	33 ④	34 ③	35 ③
36 ④	37 ①	38 ③	39 ②	40 ②

01 ④

조리로 질병 예방이나 치료는 불가능하다.

02 ③

식초는 향이 휘발되므로 나중에 넣어 풍미를 유지한다.

03 ②

오답 피하기
- **높은 온도로 끓이기** : 보일링
- **찌기** : 스팀
- **단시간 볶기** : 소테

04 ①

효소는 40℃ 이상의 온도에선 열의 변성이 일어나 불활성화 된다.

05 ④

스테이크 : 팬 프라잉 및 구이는 수용성 영양소의 손실이 거의 없다.

06 ③

오믈렛은 건열 조리법에 해당된다.

07 ②

편육은 물이 끓을 때 넣어 익혀야 육즙이 살고 형태도 좋다.

08 ③
- **큐브(Cube)** : 사방 2cm
- **다이스(Dice)** : 사방 1.2cm
- **샤또(Chateau)** : 길이 5cm
- **스몰다이스(Cmall dice)** : 사방 0.6cm

09 ③

오답 피하기
- **잘게 다지기** : 찹(Chop)
- **육류, 곡류를 잘게 가루로 만드는 썰기** : 그라인드(Glind)
- **얇은 편 썰기** : 슬라이스(Slice)

10 ③

오답 피하기
- **그리들(Griddle)** : 두꺼운 철판을 뜨겁게 달궈 재료를 익힘
- **스쿠퍼(Scooper)** : 아이스크림, 샐러드 등을 모양있게 퍼냄
- **슬라이서(Slicer)** : 재료를 얇게 저밈

11 ②

1티스푼은 5cc = 5ml = 5g이다.

12 ①

흑설탕은 용기에 눌러 담아 계량한다.

13 ②

조리장의 기본조건은 위생성. 경제성. 능률성이며 가장 중요한 조건은 위생성이다.

14 ②

쌀을 지나치게 문질러서 씻을 때 가장 손실이 큰 비타민은 비타민B1이다.

15 ①

날전분에 수분을 넣어 가열하면 호화(α화)되어 소화가 용이한 콜로이드 상태가 되는 것이며 다시 굳어지면 β화 상태가 되는 것이다. 여기에 다시 열을 가하면 α화되어 조리하기 알맞은 상태가 된다.

16 ④

당화 : 전분에 당을 첨가하여 가열하거나 또는 효소를 첨가하여 가수분해 하면 단맛이 증가하는 현상이다.

오답 피하기
- **호화** : 날 전분에 수분을 넣어 가열하여 소화가 용이한 콜로이드 상태가 되는 것이다.
- **노화** : 호화된 전분이 지남에 따라 굳어지면서 다시 β화 상태가 되는 것이다.
- **호정화(덱스트린화)** : 160~170℃에서 수분 없이 가열했을 때 가용성 전분을 거쳐 변화되는 현상이다.

17 ①

박력분 : 케이크, 쿠키, 튀김옷 등

18 ①
- **분질감자** : 전분 함량이 많으며 매시드 포테이토 등에 적합하다.
- **점질감자** : 전분 함량이 적으며 조림. 볶음 등에 적합하다.

19 ②

대두는 다른 식품에 비해 라이신이 풍부하여 라이신이 부족한 쌀과 같이 섞어 먹으면 좋다.

20 ④

날콩에는 소화를 억제하는 안티트립신이 들어 있고 이것은 가열하면 파괴되므로 반드시 익혀 먹도록 한다.

21 ①
- **간장** : 비효소적 갈변반응 중 마이야르 반응이다.
- **캐러멜** : 비효소적 갈변반응 중 캐러멜화 반응이다.
- **홍차** : 비효소적 갈변반응 중 멜라이드(아미노카르보닐) 반응이다.

22 ③

- 채소를 잘게 썰면 표면적이 넓어져 수용성 영양소의 손실이 크다.
- 전자레인지는 마이크로파에 의해 음식이 조리된다.
- 녹색 채소는 넉넉한 물에 재빨리 데쳐야 푸른색이 최대한 유지된다.

23 ④
- 해조류로부터 얻은 다당류로서, 젤리나 양갱의 제조에 이용하는 것은 한천이다.
- 13℃ 이하의 온도에서 잘 응고된다.

24 ②

설도는 엉덩이살로 산적, 장조림, 편육 등에 이용된다.

25 ④

- **배** : 프로테아제
- **키위** : 액티니딘
- **무화과** : 피신

26 ②

달걀은 보관기간이 길어질수록 기실부가 넓어진다.

27 ②

소금과 식초가 응고 온도를 낮춰 껍질이 쉽게 깨지지 않는다.

28 ④

달걀을 오래 보관하면 산도가 증가한다.

29 ①

마요네즈 : 식물성 기름 + 난황(레시틴)

30 ③

레닌 : 포유동물의 위 점막에 존재하는 응고 효소이다.

31 ②

오징어의 신선도가 저하되면 세균의 분해 작용으로 인해 표피가 적색으로 바뀐다.

32 ①

소금 0.2%의 소금물에 세척하면 살균 효과 및 육질이 탱탱해진다.

33 ④

양념류(고추장, 된장, 간장, 생강 등)는 생선의 비린내를 약하게 하거나 없애주는 역할을 한다.

34 ③

발연점이 높은 기름은 쉽게 타지 않아 튀김용으로 적합하다. 포도씨유, 카놀라유, 대두유 등

35 ③
- 기름을 여러 번 재가열하면 풍미가 저하되고, 색이 혼탁해지며 거품이 생긴다.
- 점성이 생겨 끈적해지며 기름의 산패 속도가 빨라진다.

36 ④

냉동 중 육질의 변화 : 효소적 갈변, 단백질 용해도 감소, pH 변화, 영양소 손실, 단백질 변성

37 ①

올바른 해동법 : 흐르는 찬물로 해동(4시간 이내), 냉장해동(다른 식재료와 교차오염 방지)

38 ③

기호식품 : 영양소는 미량이거나 거의 없으며 맛, 색, 향을 첨가하여 식욕을 촉진시키는 식품이다.

39 ②

정향 : 나쁜 향을 제거하기 위해 사용되는 서양의 향신료

40 ②

쓴맛은 체온 이상의 온도보다 높아질수록 그 맛이 약해진다.

02

양식 조리

(학습 방향)

서양 조리의 기본인 스톡, 전채, 샐러드, 샌드위치, 조식, 수프, 육류, 파스타, 소스의 전반적인 종류와 조리법에 대한 내용을 공부합니다.

(난이도)

Section 01	하		12%
Section 02	하		13%
Section 03	하		12%
Section 04	하		13%
Section 05	하		12%
Section 06	하		13%
Section 07	하		12%
Section 08	하		13%

스톡 조리

빈출 태그 스톡 재료 • 종류 • 조리 방법

01 스톡재료 준비

1) 스톡 재료

① 부케가르니(Bouquet garni) : 수프, 스튜, 소스 등을 만드는 데 사용할 스톡에 향기를 내기 위해 넣는 파슬리 줄기, 월계수 잎, 타임, 마늘, 통후추 등의 향료 재료를 묶어 만들며 끓인 후 제거한다.

② 미르포아(Mirepoix) : 양파, 당근, 셀러리를 2:1:1 비율로 재단하여 넣으며 오래 끓일 용도로는 크게, 단시간 끓일 용도로는 잘게 썰어 준비한다.

③ 뼈(Bone) : 수프와 스톡의 맛을 결정하는 중요한 요소이며 스톡에 향을 부여할 소고기, 송아지, 닭고기, 생선 등의 뼈를 조각으로 잘라 핏물을 제거한 후 사용한다.

2) 스톡의 종류

① 화이트 스톡(White stock) : 닭, 소, 송아지, 생선 등의 뼈와 미르포아, 부케가르니를 넣어 스티밍하며 색이 진해지지 않도록 뼈를 볶지 않고 조리한다.

② 브라운 스톡(Brown stock) : 뼈와 미르포아를 갈색으로 볶아 캐러멜화한 후 부케가르니를 넣어 끓인다.

③ 쿠르 부용(Court bouillon) : 채소, 부케가르니에 식초, 백포도주 등을 넣어 끓이며 주로 해산물 등을 포우칭하는 데 사용된다.

02 스톡 조리

1) 스톡 조리 시 주의사항

① 재료는 넉넉한 양의 찬물에 넣어 끓인다.

② 끓기 시작한 후 불의 세기가 너무 강하지 않게 조절하여 뭉근히 끓인다.

③ 스톡 조리 시 표면에 떠오르는 거품 및 불순물을 제거한다.

④ 완성된 스톡은 건더기를 건져 내어 사용하며, 수프나 소스 등의 모체가 되므로 소금 간 등을 하지 않는다.

⑤ 뼈에서 나온 핏물 등은 달걀 흰자거품으로 정화시킬 수 있다.

03 스톡 완성

① 스톡을 끓인 후 소창 등으로 건더기를 걸러 내고 맑은 육수만 준비한다.
② 스톡의 품질평가 기준

문제점	원인	사전 준비
혼탁함	• 이물질 미제거 • 강불 유지	• 찬물에 끓이기 • 수시로 거품(부산물) 제거 • 90℃ 정도의 열로 끓이기
옅은 색	뼈, 미르포아를 충분히 볶지 않음	뼈, 미르포아를 충분히 볶아 캐러멜화
나쁜 향	불충분한 뼈 핏물 제거	뼈의 핏물이 심할 경우 끓는 물에 살짝 데치기
짠맛	소금 간	소금 등의 추가 간을 하지 않기

전채 · 샐러드 조리

빈출 태그 전채 요리의 분류 · 샐러드의 구성 · 드레싱 · 조리 방법

01 전채 요리 재료

전채 요리란 식전에 식욕을 높이기 위해 제공되는 식전 음식이며 단맛보다는 신맛, 짠맛이 잘 배합되어야 한다.

1) 전채 요리의 분류

① 온도에 따른 분류

온도	식재료	설명
차가운 전채요리	캐비어(Caviar)	소금에 절인 철갑상어 알
	푸아그라(Foie gras)	거위의 간
	트러플(Truffle)	송로 버섯
	오이스터(Oyster)	주로 석화로 3~10월 제공
	카나페(Canapé)	바싹 구운 식빵이나 바게트 위에 치즈, 연어, 캐비어, 과일 등을 얹어 작은 크기로 제공
따뜻한 전채요리	에스카르고(Escargot)	식용 달팽이
	라비올리(Ravioli)	이탈리아식 만두

2) 전채 요리

① 전채 요리의 특징과 주의사항
• 단맛보다는 적당한 짠맛, 신맛 위주이다.
• 시각적인 예술성이 높다.
• 한입에 들어가는 크기로 소량 준비한다.
• 제철 식재료, 지역특산물 등으로 다양성을 준다.
• 메인 메뉴의 재료와 반복되지 않도록 한다.
② 전채 요리 조리법
• 포칭(Poaching) : 끓는 물 또는 액체를 약한 불로 유지하면서 살짝 익히는 방법으로 달걀이나 생선 요리에 사용
• 삶기(Boiling): 끓는점 가까이로 가열된 물속에서 식품을 조리하는 방법
• 굽기(Baking) : 빵이나 고기 등을 굽는 조리 방법
• 석쇠직화굽기(Grilling) : 석쇠 아래에서 올라오는 열로 요리되는 조리법
• 볶음(Saute): 달군 팬에 기름을 두르고 재빨리 데치듯 볶는 요리

- 튀김(Frying) : 식용유, 면실유, 올리브유 등을 이용하여 튀기는 조리법으로 고온 의 기름에서 짧은 시간에 조리하므로 영양소의 파괴가 적음
- 그라탱(Gratin) : 식재료에 치즈, 크림, 소스 등을 올려 오븐에 구워내는 조리법
- 블랜칭(Blanching) : 주로 초록색 채소를 끓는 물에 재빨리 넣었다가 꺼내는 조리법

02 전채 요리 완성(담기)

① 완성 접시의 종류 및 특성

종류	특성
둥근 접시	기본 접시로서 안정적이고 익숙함
정사각 접시	모던하고 안정적
타원형 접시	
삼각형 접시	개성적이고 세련된 이미지

② 전채 요리를 담을 때 유의사항
- 먹는 사람의 편의성을 고려한다.
- 따뜻한 요리는 접시도 따뜻하게 준비한다.
- 차가운 요리는 접시도 차갑게 준비한다.
- 재료가 접시의 가이드라인 안에 들어오도록 담는다.
- 음식은 모양이 뭉개지지 않게 적당한 간격을 두고 담는다.
- 소스는 음식 위에 지나치게 뿌리지 않는다.
- 메인 요리와 반복되는 식재료를 피한다.
- 재료 및 소스의 색과 어울리도록 접시를 선택한다.

03 샐러드 재료

샐러드란 신선한 채소를 주재료로 만든 서양식 채소 요리로 보통 차게 먹으며 향신료나 양념, 소스, 드레싱을 곁들여 먹는다.

1) 샐러드의 기본 구성

바탕	• 바닥에 깔아 놓는 샐러드 채소 • 그릇을 채워 주는 역할 • 본체와 조화로운 색채대비
본체	샐러드를 구성하고 있는 기본 재료
드레싱	대부분의 샐러드에 곁들여짐
가니시	• 주 역할은 훌륭한 외관을 위함 • 영양 보충 및 맛의 증진

> **기적의 Tip**
>
> 샐러드의 마요네즈는 달걀노른자, 기름, 소금, 후추를 혼합하여 제조하며, 제조 시 물이나 이물질 등이 혼합되면 유화가 어려우므로 주의해야 합니다.

2) 드레싱의 역할

① 샐러드의 맛을 증진시킨다.
② 식욕을 촉진시키는 향을 낸다.
③ 소화를 촉진시킨다.
④ 질감과 촉감 등을 향상시킨다.

3) 샐러드 조리

① 육류 : 굽기, 삶기, 튀기기 등
② 어패류 및 해산물 : 굽기, 삶기, 데치기 등
③ 채소류, 버섯류 : 데치기, 굽기 등
④ 곡류 : 삶기, 데치기 등

04 샐러드 요리 완성(담기)

① 먹는 사람의 편의성을 고려한다.
② 접시의 가이드라인 안에 담는다.
③ 드레싱, 소스를 뿌렸을 때 채소 등의 손상이 없도록 담는다.
④ 재료의 특성에 맞도록 담는다.
⑤ 무거운 재료를 가벼운 채소 위에 과하게 올리지 않는다.
⑥ 가니시는 너무 튀거나 큰 것을 피하고 과하게 담지 않는다.
⑦ 5대 영양소가 고르게 갖춰지도록 담는다.
⑧ 미리 담아 두거나 공기에 장시간 노출되면 채소가 마를 수 있으므로 덮개를 덮는다.

샌드위치 조리

01 샌드위치 재료

빵, 스프레드, 속 재료(주재료), 속 재료(부재료), 양념

1) 빵의 종류와 특징

종류	특징
바게트	긴 막대 모양으로 생긴 프랑스 빵으로 겉은 바삭하고 속은 촉촉함
크루아상	페스트리 프랑스 빵으로 맛이 부드럽고 버터의 풍미가 강함
베이글	미국인들이 아침 식사로 즐기는 빵으로 고소한 맛이 특징
식빵	평평하고 넓적한 모양의 가장 흔하게 사용되는 샌드위치 빵
모닝빵	작고 동그란 모양으로 식감이 부드러워 미니 샌드위치에 적합
잉글리시 머핀	납작하고 동그란 모양의 영국인들이 아침 식사로 즐기는 빵
치아바타	이탈리아 빵이며 속에 치즈, 햄 등을 채워 파니니 기계로 눌러 핫 샌드위치로 즐김

2) 샌드위치의 종류

온도에 따른 분류	핫(Hot) 샌드위치	• 빵과 속 재료가 따뜻하게 준비되어 서빙된다. • 치즈가 녹을 정도로 열처리한다.
	콜드(Cold) 샌드위치	• 재료들이 차갑게 준비되어 서빙된다. • 야채들이 싱싱하고 식감이 좋다.
모양에 따른 분류	오픈형 샌드위치	빵 위에 재료들이 보이도록 토핑식으로 올려져 있다.
	핑거 샌드위치	• 티(Tea) 샌드위치라고도 한다. • 작은 크기여서 손으로 쉽게 집어 한입에 먹을 수 있다.
	롤 샌드위치	빵 안에 재료를 넣고 말아서 만든다.
	클로즈드 샌드위치	빵과 빵 사이에 재료를 채워 샌드한 기본 샌드위치이다.

3) 샌드위치 스프레드의 역할

① 샌드위치의 맛을 향상시킨다.
② 빵이 눅눅해지는 것을 방지한다.
③ 빵과 속 재료 사이의 밀착력을 높인다.
④ 빵과 속 재료가 퍽퍽해지는 것을 막아 촉촉한 식감을 준다.

4) 스프레드로 사용되는 재료

마요네즈, 머스터드, 크림치즈, 버터, 피넛버터, 잼류, 리코타 치즈, 발사믹 글레이즈, 바질 페스토 등

5) 샌드위치 조리 시 주의사항

① 빵이 쉽게 눅눅해지지 않도록 토스팅한다.
② 속 재료 채소는 수분이 쉽게 생기지 않도록 전처리한다.
③ 스프레드 사용 시 속 재료의 맛을 방해하지 않도록 한다.
④ 샌드할 빵과 속 재료의 식감이나 맛이 조화로워야 한다.
⑤ 5대 영양소가 적절하게 충족되어야 한다.
⑥ 식어도 맛이나 식감이 변하지 않도록 조리한다.

02 샌드위치 요리 완성(담기)

🎓 기적의 Tip

포장 시 주의사항
• 먹는 사람이 편하게 샌드위치를 먹을 수 있도록 포장
• 속 재료가 쉽게 빠져 나오지 않도록 포장

① 먹는 사람의 편의성을 고려한다.
② 핫 샌드위치는 따뜻한 접시에 담는다.
③ 콜드 샌드위치는 차가운 접시에 담는다.
④ 샌드위치가 접시에 안정감 있게 담겨야 한다.
⑤ 스프레드 등이 지저분하게 흐르지 않도록 청결하게 담아 낸다.

조식 조리

01 조식의 종류

종류	특징과 형태
컨티넨탈 브렉퍼스트 (Continental breakfast)	• 유럽인들의 입맛에 맞춘 미국의 호텔 조식 • 빵, 잼, 커피로만 이루어진 간편한 구성 • 재료와 인건비가 저렴하고 관리하기가 쉬운 형식
아메리칸 브렉퍼스트 (American breakfast)	• 컨티넨탈 브렉퍼스트 형태에 과일, 시리얼, 달걀, 베이컨, 육류, 감자, 팬케이크 등 이 추가되어 더욱 푸짐한 구성의 조식 • 주로 따뜻한 음식으로 구성
잉글리시 브렉퍼스트 (English breakfast)	• 아메리칸 브렉퍼스트에 해산물과 각종 치즈 구성을 더한 타입 • 완벽하게 갖춰진 정식(Full breakfast)

02 달걀 요리 종류

1) 습열식 달걀 요리

포티드 에그	90℃ 위로 올라오지 않게 열 조절한 물에 식초를 넣고 껍질 제거한 달걀을 넣어 익히는 방법
보일드 에그	100℃ 이상의 끓는 물에 달걀을 넣고 익히는 방법 • 코들드 에그 : 100℃ 끓는 물에 30초 정도 삶기 • 반숙 달걀 : 100℃ 끓는 물에 3~4분 삶기 • 중반숙 달걀 : 100℃ 끓는 물에 5~7분 삶기 • 완숙 달걀 : 100℃ 끓는 물에 13분 삶기

2) 건열식 달걀 요리

달걀 프라이	프라이팬을 달궈 식용유를 두르고 익히는 방법 • 서니 사이드 업 : 달걀의 한쪽 면만 익은 것 • 오버 이지 : 달걀의 양쪽 면을 살짝 익힌 것으로 흰자는 익고 노른자는 익지 않은 것 • 오버 미디엄 : 노른자가 반 정도 익은 것 • 오버 하드 : 양면으로 완전히 익은 것
스크램블드 에그	달걀을 깨서 팬에 버터, 식용유를 두르고 넣어 빠르게 휘저어 만든 요리
오믈렛	달걀을 깨서 스크램블드 에그로 만들다가 프라이팬을 이용하여 럭비공 모양으로 만든 달걀 요리로 속 재료에 따라 치즈 오믈렛, 스페니시 오믈렛 등으로 구분
에그 베네딕트	구운 잉글리시 머핀에 햄, 포티드 에그를 얹고 홀랜다이즈 소스를 올린 미국의 달걀 요리

03 조찬용 빵류 조리

토스트 브레드	식빵을 1cm 두께로 썰어 구운 빵
호밀빵	호밀을 주원료로 만든 독일의 전통 빵
프렌치 브레드	밀가루, 이스트, 물, 소금만으로 만든 프랑스의 주식 빵으로 겉은 바삭하고 속은 말랑한 것이 특징
크루아상	버터를 켜켜이 넣어 만든 페스트리 반죽을 초승달 모양으로 정형해 구운 프랑스 빵
데니쉬 페스트리	다량의 유지를 켜켜이 끼워 만든 페스트리 반죽에 잼, 과일, 커스터드, 초콜릿 등을 채워 구운 빵
도넛	반죽을 기름에 튀겨 표면에 다양한 토핑을 입힌 빵
잉글리시 머핀	샌드위치로도 쓰이는 아침 식사에 서빙되는 달지 않고 납작한 빵
베이글	밀가루, 이스트, 물, 소금으로 반죽해서 발효시킨 후 끓는 물에 익혀 오븐에 다시 구운 빵
브리오슈	밀가루, 버터, 이스트, 설탕 등으로 달콤하게 만든 빵
스위트 롤	건포도, 향신료, 시럽 등을 넣어 롤 모양으로 만든 빵
소프트 롤	모닝빵이라고도 부르는 둥근 모양의 빵
프렌치 토스트	달걀, 계피 가루, 설탕, 우유를 섞은 것에 빵을 담가 버터를 두른 팬에 구운 빵으로 주로 딱딱해진 빵을 활용
팬케이크	밀가루, 달걀, 물 등으로 만들어 프라이팬에 구워 버터, 메이플 시럽을 곁들이거나 뿌려 먹는 요리
와플	달지 않은 반죽으로 벌집 모양 표면 위에 과일이나 휘핑크림 등으로 토핑하여 먹는 빵

04 시리얼류 조리

콘플레이크	옥수수를 얇게 구워서 으깨 만든 것
올 브랜	밀기울을 이용하여 만든 것으로 식이섬유가 풍부
뮤즐리	오트밀을 주로 이용하며 견과류 등을 넣어 섞은 것
쉬레디드 위트	밀을 으깨어 사각형 쿠키 모양으로 만든 것
라이스 크리스피	쌀을 튀겨 만든 것으로 손쉽게 먹을 수 있음
레이즌 브랜	밀기울에 건포도를 첨가한 것
오트밀	귀리를 볶아서 거칠게 부수거나 납작하게 누른 후 우유를 부어 죽의 형태로 만든 것

수프 조리

빈출 태그 루(Roux) • 수프의 종류

01 수프의 기본 구성 요소

① 육수 : 생선, 소고기, 닭고기, 각종 채소를 이용하여 맛이 나는 국물을 끓인다.

② 루(Roux) : 수프의 농도를 조절하며 풍미를 더해 주는 루는 버터와 밀가루를 약불로 볶아 만들며 수프에는 주로 화이트 루가 이용된다.

③ 리에종 : 달걀노른자와 크림을 섞은 것으로 걸죽한 농도를 내고 풍미를 향상시킨다.

④ 가니시 : 수프의 맛, 모양, 영양을 보충하는 역할을 한다. 주로 식빵을 주사위 모양으로 썰어 바삭하게 구운 크루통을 준비한다.

⑤ 허브, 향신료 : 식욕촉진, 방부효과, 소화기능을 강화하는 역할을 한다.

02 맑은 수프

1) 맑은 수프의 특징

① 수프의 색이 맑고 투명하며 깔끔하다.

② 루를 사용하지 않는다.

③ 중불 이하에서 거품을 제거하며 끓여야 혼탁하지 않다.

2) 대표적인 맑은 수프

① 비프 콘소메 수프 : 소고기로 맛을 낸다.

② 미네스트로니 수프 : 각종 채소로 맛을 낸다.

03 크림 수프

1) 크림 수프의 특징

① 맛이 부드럽고 고소하다.
② 루를 이용하여 농도를 걸쭉하게 한다.

2) 대표적인 크림 수프

① 베샤멜 수프 : 화이트 루에 우유를 넣고 만든 수프
② 벨루테 수프 : 블론드 루에 닭 육수를 넣고 만든 수프
③ 포타주 수프 : 농후제를 사용하지 않고 콩 자체 전분으로 농도를 조절한 수프
④ 차우더 수프 : 게살, 생선살, 감자 등을 작은 주사위 모양으로 썰어 만든 크림 수프

04 기타 수프

1) 비스크 수프

① 새우, 가재 등의 갑각류를 껍질째 으깨어 끓이는 수프이다.
② 장시간 끓여 껍질을 완전히 부수고 맛을 충분히 낸다.
③ 조리 시 마지막 단계에 크림을 넣어주기도 하지만 과다 첨가로 갑각류의 풍미를 저하시키지 않도록 주의가 필요하다.

2) 가스파초(차가운 수프)

① '물에 불린 빵'이란 의미이며 스페인에서 유래되었다.
② 토마토, 피망 등을 퓌레 형식으로 만든 것으로 식사 시 소화를 돕는다.

🎓 기적의 Tip

토마토 크림 수프 조리 : 토마토는 유기산이 포함되어 있으므로 조리의 나중 단계에 넣어 우유의 카제인에 의한 수프 응고를 막는다.

05 수프 요리 완성(담기)

① 수프의 온도와 담아 내는 용기의 온도가 같아야 한다.
② 수프가 밖으로 흐르지 않도록 높이가 너무 낮은 용기는 피한다.
③ 용기 주변에 수프가 묻어 있지 않도록 위생에 주의한다.
④ 균형감을 고려해 알맞은 양을 담는다.
⑤ 가니시는 수프의 양에 비해 지나치게 많거나 크지 않게 한다.
⑥ 가니시는 수프의 맛을 방해할 정도의 맛이어서는 안 된다.

육류 조리

빈출 태그 손질법 • 연화법 • 조리법

01 육류 재료

1) 소고기 조리 전처리

① 사육한 4~5세의 암소고기가 연하고 맛이 좋다.

② 붉은 살 속에 지방이 곱게 분산된 것이 가열하여도 쉽게 질겨지지 않는다.

③ 소고기의 육색은 선명한 선홍색이 신선한 것이다.

④ 윤기가 있고 탄력이 있는 것이 좋다.

⑤ 냉장 상태에서 숙성 보관하여 육질이 연해지도록 한다.

⑥ 이상적인 냉동보관 온도는 –18℃ 이하, 냉장보관 온도는 –2~0℃이다.

⑦ 이상적인 습도는 85% 정도이다.

⑧ 소분 보관 시 진공포장이나 비닐랩으로 감싼 후 조리별, 부위별로 표시해 놓는다.

2) 돼지고기 손질법

① 돼지고기는 사후 3~4일 지난 것이 가장 맛이 좋다.

② 돼지고기의 육색은 소고기보다 연한 분홍색이 좋고 암적색이나 지나치게 붉은색은 좋지 않다.

③ 지방 함량은 소고기보다 많고 지방색이 희며 윤기가 나는 것이 좋다.

④ 소고기에 비해 빨리 부패하므로 덩어리일 경우 냉장고에 3일 정도 보관, 다짐육의 경우 양념하여 냉동보관한다.

3) 닭고기 손질법

① 숙성기간 없이 바로 조리하는 것이 좋다.

② 육색은 깨끗한 연분홍색이 신선한 것이다.

③ 근육의 탄력성이 있고 수분기가 느껴지는 것이 좋다.

④ 소고기에 비해 부패 속도가 빠르므로 선도에 신경 쓰고 남은 것은 비닐랩으로 포장해 냉동보관한다.

⑤ 핏기와 수분, 목과 항문 주변의 기름을 제거한다.

연화법	내용
기계적인 연화	• 칼집을 넣거나 방망이로 두드림 • 조리기계로 갈아 냄
숙성	일정 시간 숙성
장시간 습열 처리	콜라겐의 젤라틴화
일정량의 설탕 첨가	지나치게 많이 넣으면 오히려 질겨짐
과일 이용	파인애플, 파파야, 무화과, 배즙, 생강 등

03 육류 요리 완성(담기)

① 재료가 잘 보이도록 담는다.
② 찜, 조림 등은 온도가 잘 유지되도록 담는다.
③ 국물이 있는 요리는 밖으로 흐르지 않도록 담는다.
④ 먹는 사람이 편하게 먹을 수 있도록 담는다.
⑤ 스테이크를 담을 때 가니시는 흰색-녹색-붉은색의 순서로 담는다.

파스타 조리

01 파스타 재료

1) 파스타 면의 종류

① 긴(Long) 파스타

• 카펠리니(Capellini) : '머리카락처럼 가늘다'라는 의미로 우리나라 소면처럼 가늘
며 주로 냉파스타나 냉수프, 가벼운 오일 소스에 사용된다.

• 스파게티(Spaghetti) : 한국인에게 가장 많이 알려진 파스타이며 전세계적으로도
일반적이다.

• 부카티니(Bucatini) : '구멍을 뚫다'라는 의미로 가운데 구멍이 난 파이프 형태 파
스타로 진한 고기소스와 어울린다.

• 베르미셀리(Vermicelli) : 얇은 파스타면이다.

• 카펠리니(Capellini) : 베르미셀리보다 더 가는 면이다.

• 링귀니(Linguine) : '작은 혀'라는 의미로 페투치니보다는 얇고 스파게티보단 넓은
면이다.

• 페투치니(Fettuccine) : 칼국수처럼 납작하고 넓은 면이다.

• 탈리아텔레(Tagliatelle) : 두께가 페투치니보다 얇고 납작하다.

• 파파르델레(Pappardelle) : 두께가 페투치니보다 두껍고 납작하다.

② 짧은(Short) 파스타

• 푸실리(Fusilli) : 꼬불꼬불하게 생겼고 3색으로도 판매된다.

• 펜네(Penne) : 펜이라는 뜻으로 끝이 사선으로 뾰족한 펜 모양이다.

• 리가토니(Rigatoni) : 펜네보다 크고 곡선이 잡혀 있는 파스타이다.

③ 그 외 파스타

• 파르팔레(Farfale) : 나비 모양의 파스타이다.

• 피오리(Fioli) : 꽃 모양의 파스타이다.

• 콘킬리에(Conchiglie) : 소라 모양의 파스타이다.

• 오레키에테(Orecchiette) : 작은 귀 모양의 파스타이다.

• 로텔레(Rotelle) : 작은 바퀴 모양의 파스타이다.

• 라비올리(Ravioli) : 속을 다양한 재료로 채워 낸 작은 만두 모양의 파스타이다.

• 토르텔리니(Tortellini) : 작고 둥글게 말린 파스타이다.

• 토르텔로니(Tortelloni) : 토르텔리니보다 큰 파스타이다.

• 뇨키(Gnocchi) : 밀가루와 감자가루를 섞어 반죽한 작은 매듭 모양의 파스타이다.

• 슈패츨(Spatzle) : '작은 참새'라는 뜻으로 수제비와 비슷한 모양의 파스타이다.

2) 파스타 소스의 종류

① 토마토가 모체가 되는 소스
- 뽀모도로 : '토마토'라는 뜻으로 담백하고 새콤한 토마토의 향을 즐길 수 있다.
- 아마트리치아나 : 매콤달콤한 맛이 나는 소스로 로마에서 즐겨 먹는 파스타 소스이다.
- 카프레즈 : 토마토 소스에 약간에 향을 첨가한 소스이다.
- 아라비아따 : '화가 난'이라는 뜻으로 입 안이 얼얼할 정도로 매운맛 소스이다.
- 볼로네즈 : 다진 고기를 토마토 퓌레와 함께 조리한 소스로 이탈리아의 볼로냐 (Bologna) 지방에서 처음 만들어졌기 때문에 지어진 이름이다.

② 크림, 화이트 루가 모체가 되는 소스
- 까르보나라 : '석탄'이라는 뜻으로 소스 위에 으깬 후추가 뿌려지며 크림 소스이지만 느끼하지 않고 개운하다.
- 알프레도 : 버터, 파르메산 치즈, 크림을 섞어 만든 크림 소스이다.

③ 올리브오일이 모체가 되는 소스
- 봉골레 : 조개류, 올리브유, 허브류가 들어가는 소스이다.
- 페스토 : 마늘 · 바질 · 올리브유 · 파르메산 치즈 등을 재료로 한 소스이다.
- 페스카토레 : 새우 · 오징어 등 해산물을 넣어 조리한 것으로 '어부'라는 뜻이다.
- 프리마베라 : 당근 · 버섯 · 피망 · 브로콜리 등 야채를 재료로 하여 만들며 '봄'이라는 뜻이다.

02 파스타 조리(삶기)

① 파스타를 삶는 물의 양은 면 100g당 물 1L 정도가 적당하다.
② 파스타를 삶을 때에는 소금과 올리브 오일을 넣고 삶아야 파스타에 간이 배고 탄력이 생긴다.
③ 올리브 오일이 소스 모체가 되는 파스타에 면수를 가미하면 맛이 상승한다.
④ 파스타 삶는 시간은 파스타 소스와 버무려지는 시간까지 포함한다.
⑤ 삶은 파스타는 찬물에 헹구면 식감이 저하된다.
⑥ 삶은 파스타는 바로 사용하지 않을 시 올리브 오일에 버무려 놓는다.
⑦ 건 파스타와 삶은 파스타의 무게 차이는 약 2.3~2.5배이다.

03 파스타 요리 완성(담기)

1) 파스타와 소스 선택

① 파스타 면은 소스에 따라 사용의 차이가 있으니 선택 시 고려한다.
② 넓은 면은 크림 소스, 가는 면은 올리브 오일이나 토마토 소스와 어울린다.
③ 생면 파스타의 경우 버터, 치즈 등을 사용하여 풍미를 진하게 한다.

2) 파스타 완성과 담기

① 따뜻한 파스타는 완성 접시도 따뜻하게 준비한다.
② 접시의 가이드 라인 안에 담아 소스가 밖으로 흐르지 않도록 한다.
③ 면의 양과 소스의 양이 적절히 배합되게 한다.
④ 크림 소스 파스타는 식으면 농도가 되직해지므로 먹기 직전에 담는다.

SECTION
08

난이도 상 중 하

기적의 3회독
1회 2회 3회

소스 조리

빈출 태그 농후제 · 조리 방법

01 소스 재료(농후제)

① 루(Roux) : 버터에 밀가루를 볶은 것으로 수프나 소스의 농도를 걸죽하게 하기 위
해 사용한다.

• 화이트 루(White roux) : 버터에 밀가루를 색이 나지 않을 정도로만 볶아 만들며
베샤멜 소스나 크림 수프 등에 활용한다.

• 블론드 루(Blonde roux) : 버터에 밀가루를 옅은 갈색이 될 때까지 볶아 만들며
벨루테 소스를 만들 때 사용한다.

• 브라운 루(Brown roux) : 버터에 밀가루를 진한 갈색이 될 때까지 볶아 만들며 스
테이크 소스를 만들 때 사용한다.

② 전분(Starch) : 찬물에 전분가루를 섞어 넣으면 소스의 농도가 되직해진다.

③ 달걀(Egg) : 홀랜다이즈 소스, 리에종 등은 난황을 농후제로 이용한 소스들이다.

02 소스 조리

① 앙글레즈 소스

• 커스터드 소스라고도 하며 후식 소스로 많이 사용된다.

• 바닐라 소스와 만드는 법이 비슷하며 노른자가 익지 않도록 해야 한다.

• 과일 향이 들어 있는 리큐르를 첨가해 맛과 향을 높이기도 한다.

② 베르 소스 : 파슬리, 시금치 등을 퓌레로 만들어 순수액만 마요네즈와 섞은 그린
마요네즈이다.

③ 벨루테 소스 : 프랑스 요리의 5가지 기본 소스 중 하나로 블론드 루에 스톡 등을
넣어 만든 것이다.

④ 브라운 소스 : 갈색으로 볶은 야채, 브라운 루, 각종 허브, 토마토 페이스트 등을
섞어 만든다.

⑤ 데미글라스 소스

• 브라운 루를 사용하여 바짝 졸인 소스이다.

• 재료, 맛, 색, 향기, 농도가 중요하므로 처음 기초 육수를 만들 때 제대로 준비해야
한다.

03 소스 완성(담기)

1) 소스에 따른 품질 평가

① 브라운 소스, 블론드 소스 : 루를 만들 때 타지 않도록 불 조절에 신경써야 소스의 맛이 좋다.

② 토마토 소스 : 토마토는 껍질과 씨를 제거하고 소스에 활용하여야 소화력이 높아지고 식감도 부드럽다.

③ 마요네즈 : 신선한 달걀 노른자와 신선한 식물성 기름을 이용하여야 마요네즈의 풍미가 좋다.

④ 홀랜다이즈 : 온도가 너무 낮으면 소스가 굳고 너무 높으면 유수분이 분리되므로 제조 시뿐 아니라 완성 후에도 온도 조절이 중요하다.

2) 소스의 담음과 제공

① 소스는 주재료의 맛을 잘 보완하고 상승시킬 수 있어야 한다.

② 소스의 맛과 향이 너무 강하거나 튀지 않도록 한다.

③ 소스의 양이 주재료에 비해 많거나 모자라지 않게 담는다.

④ 주재료가 뜨거우면 소스도 따뜻하게 준비한다.

⑤ 튀김 등에 서빙되는 소스는 미리 뿌려 놓으면 튀김이 눅눅해질 수 있으니 곁들이거나 먹기 직전에 뿌린다.

01 서양 조리 시 스톡(Stock)에 사용되는 재료가 <u>아닌</u> 것은?

① 뼈(Bone)
② 미르포아(Mirepoix)
③ 소금(Salt)
④ 부케가르니(Bouquet garni)

02 브라운 스톡과 화이트 스톡의 가장 큰 차이점은 무엇인가?

① 부케가르니(Bouquet garni)
② 불세기
③ 물량
④ 카라멜화

03 채소, 부케가르니에 식초, 백포도주 등을 넣어 끓이며 주로 해산물 등을 포우칭하는 데 사용되는 스톡은 무엇인가?

① 브라운 스톡(Brown stock)
② 화이트 스톡(White stock)
③ 쿠르 부용(Court bouillon)
④ 비프 콘소메(Beef consommé)

04 달걀의 다양한 성질을 이용한 조리 중 달걀의 성질과 조리의 연결이 적합하지 <u>않은</u> 것은?

① 기포제 – 머랭
② 농후제 – 커스터드
③ 유화제 – 마요네즈
④ 청정제 – 아이스크림

05 스톡 조리 시 주의사항이 <u>아닌</u> 것은?

① 재료는 물이 끓으면 투하하여 스톡이 탁하지 않게 한다.
② 중간중간 뜨는 거품과 불순물을 제거한다.
③ 끓기 시작한 후엔 불이 너무 강하지 않게 조절하여 뭉근히 끓인다.
④ 건더기를 건져 완성한 스톡은 수프나 소스 등의 모체가 되므로 소금 간 등을 하지 않는다.

06 서양식 전채 요리의 설명으로 적합하지 <u>않은</u> 것은?

① 짠맛이 있어야 한다.
② 신맛이 있어야 한다.
③ 단맛이 있어야 한다.
④ 시각적인 예술성이 있어야 한다.

07 다음 중 따뜻한 전채 요리에 속하는 것은?

① 푸아그라(Foie gras)
② 오이스터(Oyster)
③ 라비올리(Ravioli)
④ 트러플(Truffle)

08 전채 조리 시 고려할 사항과 거리가 가까운 것은?

① 메인요리와 전채요리는 식재료가 통일되어야 한다.
② 제철 식재료를 적절히 활용할 수 있어야 한다.
③ 소스는 3종 이상 뿌려 화려하게 담는다.
④ 작은 접시에 되도록 푸짐히 담는다.

09 전채 조리법 중 식재료에 치즈, 크림, 소스 등을 올려 오븐에 구워내는 조리법은 무엇인가?

① 블랜칭(Blanching)
② 그라탱(Gratin)
③ 삶기(Boiling)
④ 튀김(Frying)

10 샌드위치의 모양에 따른 분류와 거리가 먼 것은?

① 롤 샌드위치
② 클로즈드 샌드위치
③ 오픈형 샌드위치
④ 콜드 샌드위치

11 샌드위치에 사용되는 스프레드의 역할이 아닌 것은?

① 맛의 향상
② 재료 간의 밀착력
③ 보존 및 방부 역할
④ 촉촉한 식감 유지

12 샐러드 드레싱의 역할에 대한 설명으로 거리가 먼 것은?

① 식욕을 촉진시킨다.
② 온도를 유지해 준다.
③ 질감을 향상시킨다.
④ 소화를 촉진시킨다.

13 샐러드의 가니시에 대한 설명 중 가장 옳은 것은?

① 가니시는 5대 영양소가 갖춰져야 한다.
② 가니시는 넉넉히 담는다.
③ 가니시는 샐러드의 맛을 보충한다.
④ 가니시는 색이나 맛이 튀어야 한다.

14 다음 중 잉글리시 브렉퍼스트에 대한 설명과 거리가 먼 것은?

① 과일, 시리얼이 준비된다.
② 각종 치즈가 준비된다.
③ 완벽하게 갖춰진 정식이다.
④ 달걀, 베이컨이 준비된다.

15 잉글리시 머핀에 대한 설명 중 가장 올바른 것은 무엇인가?

① 모닝빵이라고도 하며 둥글게 만든 빵이다.
② 밀가루, 버터, 이스트, 설탕 등으로 달콤하게 만든다.
③ 밀가루, 이스트, 물, 소금으로 반죽하여 발효한 후 끓는 물에 익힌 다음 오븐에 구운 빵이다.
④ 달지 않고 납작한 빵이며 샌드위치용으로도 사용한다.

16 조식의 달걀 조리법 중 건열 조리법이 아닌 것은?

① 포티드 에그
② 오믈렛
③ 달걀 프라이
④ 서니 사이드 업 프라이

17 수프 조리 시 농도를 조절하는 농후제는 무엇인가?

① 가니시
② 크루통
③ 스톡
④ 리에종

18 다음 크림 수프 중 화이트 루에 우유를 넣어 만든 것을 무엇이라 하는가?

① 차우더 수프
② 비스크 수프
③ 미네스트로니 수프
④ 베샤멜 수프

19 다음 중 육류를 고를 때 <u>잘못된</u> 배경 지식은 무엇인가?

① 신선한 소고기는 육색이 붉은색이다.
② 신선한 돼지고기는 육색이 분홍색이다.
③ 신선한 닭고기는 육색이 연분홍색이다.
④ 신선한 닭고기는 탄력성이 좋다.

20 육류조리 후 담아 낼 때 고려할 점으로 옳은 것은?

① 조리한 육류와 담아 내는 접시의 온도가 따뜻하게 서빙되어야 한다.
② 스테이크 담음 시 가니시는 시금치-감자-당근 순서로 담는다.
③ 담아 낼 땐 무조건 푸짐한 것이 손님에 대한 예의이다.
④ 가니시의 양이 스테이크보다 조금 더 많아야 영양소가 고르게 충족된다.

21 스테이크의 가니시 담음새로 가장 올바른 것은?

① 아스파라거스-감자-레드빈
② 감자-당근-브로콜리
③ 콜리플라워-시금치-당근
④ 매시드 포테이토-프라이드 감자-당근

22 파스타 면에 대한 설명이다. 옳은 것은?

① 파스타 면은 삶으면 건면일 때보다 2~2.5배 무거워진다.
② 푸실리는 짧은 파스타로 구불구불한 형태이다.
③ 파스타 면은 삶을 때 설탕, 식초를 넣으면 탄력있게 삶아진다.
④ 면을 삶은 물은 지저분하므로 바로 폐기한다.

23 토마토가 모체가 되는 파스타 소스가 <u>아닌</u> 것은?

① 볼로네제 소스
② 뽀모도로 소스
③ 알프레도 소스
④ 아라비아따 소스

24 루에 대한 설명으로 옳지 <u>않은</u> 것은?

① 화이트 루는 되도록 오래 볶아 진한 갈색으로 만든다.
② 루를 볶을 땐 약불에서 타지 않게 볶는다.
③ 브라운 루는 버터와 밀가루를 이용하여 볶는다.
④ 루에 사용하는 버터는 신선한 것이어야 루의 풍미도 좋다.

25 주요리에 소스 준비 시 담음새에 대한 고려사항이 <u>아닌</u> 것은?

① 소스의 맛과 향이 너무 강하지 않도록 한다.
② 소스의 양이 주재료에 비해 너무 많거나 모자라지 않도록 한다.
③ 주재료가 뜨거우면 소스는 차게 준비한다.
④ 튀김과 서빙되는 소스는 뿌리지 말고 곁들인다.

01 ③	02 ④	03 ③	04 ④	05 ①
06 ③	07 ③	08 ②	09 ②	10 ④
11 ③	12 ②	13 ③	14 ①	15 ④
16 ①	17 ④	18 ④	19 ①	20 ①
21 ③	22 ②	23 ③	24 ①	25 ③

01 ③

스톡은 수프나 소스 조리 시 모체가 되므로 소금으로 간을 하지 않는다.

02 ④

브라운 스톡은 뼈와 미르포아를 갈색으로 볶아 캐러멜화하여 부케가르니를 넣어 끓인다.

03 ③

• **브라운 스톡** : 뼈와 미르포아를 갈색으로 볶아 캐러멜화한 후 부케가르니를 넣어 끓인다.
• **화이트 스톡** : 뼈와 미르포아, 부케가르니를 넣어 스티밍하여 색이 진해지지 않도록 뼈를 볶지 않고 조리한다.
• **비프 콘소메** : 소고기로 맛을 낸 수프의 일종이다.

04 ④

• **기포제** : 카스텔라, 머랭 등
• **농후제** : 알찜(달걀찜), 푸딩, 커스터드 등
• **유화제** : 마요네즈, 아이스크림 등
• **결합제** : 만두 속, 빵가루 등
• **청정제** : 비프 콘소메 수프 등

05 ①

스톡의 재료는 넉넉한 양의 찬물에 넣고 끓여야 재료 고유의 충분한 향과 깊은 맛이 우러난다.

06 ③

단맛은 주로 후식에 있는 것이 좋다.

07 ③

라비올리는 이탈리아식 만두로 따뜻하게 서빙된다.

08 ②

오답 피하기
• 메인요리와 전채요리는 식재료가 겹치지 않도록 한다.
• 소스는 많이 뿌리지 않는다.
• 접시에 적정량을 담아 먹는 이의 편리성을 돕는다.

09 ②

오답 피하기
• **블랜칭(Blanching)** : 주로 초록색 채소를 끓는 물에 재빨리 넣었다가 꺼내는 조리법이다.
• **삶기(Boiling)** : 끓는점 가까이로 가열된 물속에서 식품을 조리하는 법이다.
• **튀김(Frying)** : 식용유, 면실유, 올리브유 등을 이용하여 튀기는 조리법으로 고온의 기름에서 짧은 시간에 조리하므로 영양소의 파괴가 적다.

10 ④

온도에 따른 샌드위치 분류 : 핫 샌드위치, 콜드 샌드위치

11 ③

스프레드를 발라도 샌드위치의 보관 기한을 연장할 수는 없다.

12 ②

드레싱이 샐러드의 온도를 유지하는 역할을 하지는 않는다.

13 ③

오답 피하기
• 샐러드의 맛을 보충한다.
• 맛이나 향이 튀거나 담는 양이 많으면 좋지 않다.

14 ①

• 미국식 조식으로 빵, 커피, 과일, 시리얼, 달걀, 베이컨, 육류, 감자, 팬케이크, 해산물, 각종 치즈가 준비되는 Full breakfast 형태이다.
• 재료비 및 인건비가 높다.

15 ④

오답 피하기
• **소프트 롤** : 모닝빵이라고도 하며 둥글게 만든 빵이다.
• **브리오슈** : 밀가루, 버터, 이스트, 설탕 등으로 달콤하게 만든다.
• **베이글** : 밀가루, 이스트, 물, 소금으로 반죽하여 발효한 후 끓는 물에 익힌 다음 오븐에 구운 빵이다.

16 ①

포티드 에그는 90℃ 이상 오르지 않게 열조절한 물에 식초를 넣고 껍질 제거한 달걀을 넣어 익히는 방법이다.

17 ④

리에종은 달걀 노른자와 크림을 섞은 것으로 수프나 크림 소스 조리 시 걸쭉한 농도 및 풍미를 향상시키는 역할을 한다.

18 ④

오답 피하기
• **차우더 수프** : 게살, 생선살, 감자 등을 작은 주사위 모양으로 썰어 만든 크림 수프
• **비스크 수프** : 새우, 가재 등의 갑각류를 껍질째 으깨어 끓이는 수프
• **미네스트로니 수프** : 각종 채소를 넣어 끓인 맑은 수프

19 ①

신선한 소고기는 육색이 선홍색이며, 육색이 붉은색이거나 암적색인 것은 도살된 지 오래되었거나 건강하지 못한 소를 도살한 것이다.

20 ①

오답 피하기
• 스테이크의 가니시는 감자–시금치–당근 순서로 담는다.
• 담아낼 때 적당량 담아야 먹는 사람이 흘리지 않고 편하게 식사할 수 있다.
• 가니시의 양은 스테이크보다 적게 담는다.

21 ③

가니시는 세 가지가 중복되지 않아야 하며, 색은 흰색-녹색-붉은색 순서로 담아야 안정감이 있다.

22 ②

오답 피하기
- 파스타 면을 삶으면 2.3～2.5배 무거워진다.
- 소금, 올리브 오일을 넣으면 부드럽게 삶아진다.
- 면을 삶은 면수는 풍미가 있으므로 소스에 활용하기도 한다.

23 ③

알프레도 소스는 버터, 파르메산 치즈, 크림을 섞어 만든 크림 소스이다.

24 ①

화이트 루는 크림 수프나 크림 소스의 모체가 되므로 색이 나오지 않도록 볶는다.

25 ③

주재료가 뜨거우면 소스도 뜨겁게 준비해야 요리의 맛을 제대로 느낄 수 있다.

PART

04

해설과 따로 보는
기출문제

CONTENTS

01 양식에 사용되는 스톡(Stock)의 재료에 속하지 않는 것은?

① 송아지뼈
② 미르포아
③ 부케가르니
④ 퓌레

02 양식의 전채요리의 특징과 거리가 먼 것은?

① 단맛이 있어야 한다.
② 신맛이 있어야 한다.
③ 짠맛이 있어야 한다.
④ 예술성이 뛰어나야 한다.

03 식품을 조리 또는 가공할 때 생성되는 유해물질과 그 생성 원인을 잘못 짝지은 것은?

① 엔−니트로소아민(N−nitrosoamine) : 육가공품의 발색제 사용으로 인한 아질산과 아민과의 반응 생성물
② 방향족탄화수소(Polycyclicaromatic hydrocarbon) : 유기물질을 고온으로 가열할 때 생성되는 단백질 분해 생성물
③ 아크릴아미드(Acrylamide) : 전분식품 가열 시 아미노산과 당의 열에 의한 결합반응 생성물
④ 헤테로고리아민(Heterocyclic amine) : 주류 제조 시 에탄올과 카바밀기의 반응에 의한 생성물

04 복어 중독을 일으키는 독성분은?

① 테트로도톡신(Tetrodotoxin)
② 솔라닌(Solanine)
③ 베네루핀(Venerupin)
④ 무스카린(Muscarine)

05 과일 통조림으로부터 용출되어 구토, 설사, 복통 등의 중독 증상을 유발할 가능성이 있는 물질로 옳은 것은?

① 안티몬
② 주석
③ 크롬
④ 구리

06 화학성 식중독의 원인이 아닌 것은?

① 설사성 패류 중독
② 환경오염에 기인하는 식품 유독 성분 중독
③ 중금속에 의한 중독
④ 유해성 식품첨가물에 의한 중독

07 안식향산(Benzoic acid)의 사용 목적은?

① 식품의 산미를 내기 위해
② 식품의 부패를 방지하기 위해
③ 유지의 산화를 방지하기 위해
④ 식품의 향을 내기 위해

08 식중독 중 어패류를 통해 많이 발생하는 식중독은?

① 살모넬라균 식중독
② 클로스트리디움 보툴리눔균 식중독
③ 황색포도상구균 식중독
④ 장염비브리오균 식중독

09 색소를 함유하고 있지는 않지만 식품 성분과 결합하여 색을 안정화 및 선명화하는 식품첨가물로 옳은 것은?

① 착색료
② 보존료
③ 발색제
④ 산화방지제

10 식품의 부패 또는 변질과 관련이 적은 것은?

① 수분
② 온도
③ 압력
④ 효소

11 세균으로 인한 식중독 원인 물질이 아닌 것은?

① 살모넬라균
② 장염비브리오균
③ 아플라톡신
④ 보툴리눔독소

12 중온균 증식의 최적 온도는?

① 10~12℃
② 25~37℃
③ 55~60℃
④ 65~75℃

13 업종별 시설기준으로 틀린 것은?

① 휴게음식점은 주방 밖 객석에서 내부가 보여야 한다.
② 일반음식점의 객실에는 잠금장치를 설치할 수 있다.
③ 일반음식점의 객실 안에는 무대장치, 우주볼 등의 특수조명시설을 설치해서는 안 된다.
④ 일반음식점에는 손님이 이용할 수 있는 자동반주장치를 설치하여서는 아니 된다.

14 HACCP의 7가지 원칙에 해당하지 않는 것은?

① 위해요소분석
② 중요관리점(CCP) 결정
③ 개선조치 방법 수립
④ 회수명령의 기준 설정

15 아래의 내용을 보고해야 하는 대상으로 옳지 않은 것은?

> 판매의 목적으로 식품 등을 제조·가공·소분·수입 또는 판매한 영업자는 해당 식품이 식품 등의 위해와 관련이 있는 규정으로 위반하여 유통 중인 당해 식품 등을 회수하고자 할 때 회수계획을 보고해야 한다.

① 시·도지사
② 식품의약품안전처장
③ 보건소장
④ 시장·군수·구청장

16 식품위생법에 명시된 목적이 아닌 것은?

① 위생상의 위해 방지
② 건전한 유통·판매 도모
③ 식품영양의 질적 향상 도모
④ 식품에 관한 올바른 정보 제공

17 식품위생법상 영업에 종사하지 못하는 질병의 종류가 아닌 것은?

① 비감염성 결핵
② 세균성이질
③ 장티푸스
④ 화농성 질환

18 우유 가공품이 아닌 것은?

① 치즈
② 버터
③ 마시멜로우
④ 액상 발효유

19 육류의 사후경직을 설명한 것 중 틀린 것은?

① 근육에서 호기성 해당과정에 의해 산이 증가한다.
② 해당과정으로 생성된 산에 의해 pH가 낮아진다.
③ 경직 속도는 도살 전 동물의 상태에 따라 다르다.
④ 근육의 글리코겐이 젖산으로 된다.

20 효소의 주된 구성성분은?

① 지방
② 탄수화물
③ 단백질
④ 비타민

21 다음 냄새 성분 중 어류와 관계가 먼 것은?

① 트리메틸아민(Trimethylamine)
② 암모니아(Ammonia)
③ 피페리딘(Piperidine)
④ 디아세틸(Diacetyl)

22 식품에 존재하는 물의 형태 중 자유수에 대한 설명으로 틀린 것은?

① 식품에서 미생물의 번식에 이용된다.
② -20℃에서도 얼지 않는다.
③ 100℃에서 증발하여 수증기가 된다.
④ 식품을 건조시킬 때 쉽게 제거된다.

23 전분의 노화를 억제하는 방법으로 적합하지 않은 것은?

① 수분함량 조절
② 냉동
③ 설탕의 첨가
④ 산의 첨가

24 찹쌀의 아밀로오스와 아밀로펙틴에 대한 설명 중 맞는 것은?

① 아밀로오스 함량이 더 많다.
② 아밀로오스 함량과 아밀로펙틴의 함량이 거의 같다.
③ 아밀로펙틴으로 이루어져 있다.
④ 아밀로펙틴은 존재하지 않는다.

25 과일 향기를 이루는 주성분으로 옳은 것은?

① 알데히드(Aldehyde)류
② 함유황화합물
③ 테르펜(Terpene)류
④ 에스테르(Ester)류

26 불건성유에 속하는 것은?

① 들기름
② 땅콩기름
③ 대두유
④ 옥수수기름

27 채소의 가공 시 가장 손실되기 쉬운 비타민은?

① 비타민A
② 비타민D
③ 비타민C
④ 비타민E

28 붉은 양배추를 조리할 때 식초나 레몬즙을 조금 넣으면 어떤 변화가 일어나는가?

① 안토시아닌계 색소가 선명하게 유지된다.
② 카로티노이드계 색소가 변색되어 녹색이 된다.
③ 클로로필계 색소가 선명하게 유지된다.
④ 플라보노이드계 색소가 변색되어 청색이 된다.

29 단맛을 갖는 대표적인 식품과 가장 거리가 먼 것은?

① 사탕무
② 감초
③ 벌꿀
④ 곤약

30 신선한 달걀의 감별법으로 설명이 잘못된 것은?

① 햇빛(전등)에 비출 때 공기집의 크기가 작다.
② 흔들 때 내용물이 잘 흔들린다.
③ 6% 소금물에 넣으면 가라앉는다.
④ 깨트려 접시에 놓으면 노른자가 볼록하고 흰자의 점도가 높다.

31 열량급원 식품이 아닌 것은?

① 감자
② 쌀
③ 풋고추
④ 아이스크림

32 다음 조립법 중 비타민C 파괴율이 가장 적은 것은?

① 시금칫국
② 무생채
③ 고사리 무침
④ 오이지

33 어묵의 탄력성과 가장 연관이 깊은 것은?

① 염용성 단백질-미오신
② 결합 단백질-콜라겐
③ 색소 단백질-미오글로빈
④ 수용성 단백질-미오겐

34 급식 시설에서 주방면적을 산출할 때 고려해야 할 사항으로 가장 거리가 먼 것은?

① 피급식자의 기호
② 조리 기기의 선택
③ 조리 인원
④ 식단

35 생선의 비린내를 억제하는 방법으로 부적합한 것은?

① 물로 깨끗이 씻어 수용성 냄새 성분을 제거한다.
② 처음부터 뚜껑을 닫고 끓여 생선을 완전히 응고시킨다.
③ 조리 전에 우유에 담가 둔다.
④ 생선 단백질이 응고된 후 생강을 넣는다.

36 조리 시 첨가하는 물질의 역할에 대한 설명으로 틀린 것은?

① 식염 – 면 반죽의 탄성 증가
② 식초 – 백색 채소의 색 고정
③ 중조 – 펙틴 물질의 불용성 강화
④ 구리 – 녹색 채소의 색 고정

37 쇠고기의 부위 중 탕, 스튜, 찜 조리에 가장 적합한 부위는?

① 목심
② 설도
③ 양지
④ 사태

38 유지의 발연점이 낮아지는 원인에 대한 설명으로 틀린 것은?

① 낮은 유리지방산의 함량
② 튀김기의 넓은 표면적
③ 이물질이 과다한 기름
④ 지나치게 산패한 기름

39 김치의 연부현상 원인에 대한 설명으로 틀린 것은?

① 조직을 구성하고 있는 펙틴질이 분해되기 때문에
② 미생물이 펙틴분해효소를 생성하기 때문에
③ 용기에 꼭 눌러 담지 않아 생긴 내부 공기로 호기성 미생물이 번식하기 때문에
④ 김치가 국물에 잠겨 수분을 흡수하기 때문에

40 편육을 끓는 물에 삶는 이유는?

① 고기 냄새를 없애기 위해
② 육질을 단단하게 하기 위해
③ 지방 용출을 적게 하기 위해
④ 국물에 맛 성분이 적게 용출되도록 하기 위해

41 육류조리 시 열에 의한 변화로 맞는 것은?

① 불고기는 열의 흡수로 부피가 증가한다.
② 스테이크는 가열하면 질겨져서 소화가 어려워진다.
③ 미트로프(Meatloaf)는 가열하면 단백질이 응고, 수축, 변성된다.
④ 쇠꼬리의 젤라틴이 콜라겐화된다.

42 차, 커피, 코코아, 과일 등에서 수렴성 맛을 주는 성분은?

① 타닌(Tannin)
② 카로틴(Carotene)
③ 엽록소(Chlorophyll)
④ 안토시아닌(Anthocyanin)

43 식단을 작성하고자 할 때 식품의 선택요령으로 가장 적합한 것은?

① 영양보다는 경제적인 효율성을 우선으로 고려한다.
② 쇠고기가 비싸서 대체식품으로 닭고기를 선정하였다.
③ 시금치의 대체식품으로 값이 싼 달걀을 구매하였다.
④ 새롭고 경제적인 식단을 위해 제철일 때보다 일찍 식품을 구입했다.

44 우유의 카제인을 응고시킬 수 있는 것으로 되어 있는 것은?

① 타닌 – 레닌 – 설탕
② 식초 – 레닌 – 타닌
③ 레닌 – 설탕 – 소금
④ 소금 – 설탕 – 식초

45 칼슘(Ca)과 인(P)이 소변으로 유출되는 골연화증 현상을 유발하는 유해 중금속은?

① 납
② 카드뮴
③ 수은
④ 주석

46 실내공기오염의 지표로 이용되는 기체는?

① 산소
② 이산화탄소
③ 일산화탄소
④ 질소

47 기생충과 중간숙주의 연결이 틀린 것은?

① 십이지장충 – 모기
② 말라리아 – 사람
③ 폐흡충 – 가재, 게
④ 무구조충 – 소

48 감염병 중에서 비말감염과 관계가 먼 것은?

① 백일해
② 디프테리아
③ 발진열
④ 결핵

49 환경위생의 개선으로 발생이 감소되는 감염병과 가장 거리가 먼 것은?

① 장티푸스
② 콜레라
③ 이질
④ 인플루엔자

50 우리나라의 법정 감염병이 아닌 것은?

① 말라리아
② 유행성이하선염
③ 매독
④ 결막염

51 지역사회나 국가사회의 보건수준을 나타낼 수 있는 가장 대표적인 지표는?

① 모성사망률
② 평균수명
③ 질병이환율
④ 영아사망률

52 자외선에 의한 인체 건강 장해가 아닌 것은?

① 설안염
② 피부암
③ 폐기종
④ 결막염

53 고열장해로 인한 직업병이 아닌 것은?

① 열경련
② 일사병
③ 열쇠약
④ 참호족

54 개인위생 관리의 중요성으로 거리가 먼 것은?

① 식중독 예방
② 위생상 위해 방지
③ 영양가 상승
④ 고객 신뢰 및 만족

55 개인안전관리 시 사고에 대한 틀린 조치는 무엇인가?

① 선반의 물건을 꺼낼 땐 전용 사다리를 사용한다.
② 병, 캔 오픈은 전용 오프너를 사용한다.
③ 바닥의 기름, 물 등은 업장운영이 끝나면 한번에 제거한다.
④ 가스불 옆에 종이, 비닐 등을 방치하지 않는다.

56 샐러드 드레싱의 역할에 대한 설명으로 거리가 먼 것은?

① 식욕을 촉진시킨다.
② 온도를 유지시킨다.
③ 질감을 향상시킨다.
④ 소화를 촉진시킨다.

57 마요네즈 제조 시 필요한 재료로 볼 수 없는 것은?

① 식물성기름
② 달걀노른자
③ 수분
④ 소금

58 전채요리에 대한 설명과 재료 및 메뉴가 옳지 않게 연결된 것은?

① 오이스터 – 3~10월에 제공되는 석화
② 카나페 – 이탈리아식 만두
③ 캐비어 – 소금에 절인 철갑상어알
④ 트러플 – 송로버섯

59 다음의 조리법 중 주로 초록색 채소를 끓는 물에 재빨리 넣었다가 꺼내는 방법을 무엇이라 하는가?

① 삶기
② 블랜칭
③ 그라탱
④ 딥 프라잉

60 샐러드의 가니시(Garnish)에 대한 설명으로 거리가 먼 것은?

① 영양보충
② 맛의 증진
③ 시각적인 아름다움
④ 주요리의 온도 유지

01 식품 취급업무에 관여하는 사람의 복장 위생으로 옳지 않은 것은?

① 앞치마, 가운 등은 모든 조리 시 하루 동안 같은 것을 착용한다.
② 조리실 내에선 위생모 착용이 원칙이다.
③ 외부출입 시에는 위생화를 벗고 일반화를 착용한다.
④ 조리실 내에선 되도록 흰색 가운, 앞치마를 착용한다.

02 주방의 설비 중 후드의 가장 중요한 역할로 옳은 것은?

① 바람이 잘 들어오도록 한다.
② 실내온도 유지에 도움을 준다.
③ 냄새를 배출한다.
④ 실내습도 유지에 도움이 된다.

03 경구감염병과 세균성 식중독의 주요 차이점에 대한 설명으로 옳은 것은?

① 경구감염병은 다량의 균으로, 세균성 식중독은 소량의 균으로 발병한다.
② 세균성 식중독은 2차 감염이 많고, 경구감염병은 거의 없다.
③ 경구감염병은 면역성이 없고, 세균성 식중독은 있는 경우가 많다.
④ 세균성 식중독은 잠복기가 짧고, 경구감염병은 일반적으로 길다.

04 합성수지제 기구, 용기·표장제 등에서 검출될 수 있는 화학적 식중독 원인 물질은?

① 아플라톡신
② 솔라닌
③ 포름알데히드
④ 니트로사민

05 식품의 조리·가공 시 거품이 발생하여 작업에 지장을 주는 경우 사용하는 식품첨가물은?

① 규지수지(Silicone resin)
② N-헥산(N-hexane)
③ 유동파라핀(Liquid paraffin)
④ 몰포린지방산염

06 웰치균에 대한 설명으로 옳은 것은?

① 아포는 60℃에서 10분 가열 시 사멸한다.
② 혐기성 균주이다.
③ 냉장온도에서 잘 발육한다.
④ 당질 식품에서 주로 발생한다.

07 통조림용 공관을 통해 주로 중독될 수 있는 유해 금속은?

① 수은
② 주석
③ 비소
④ 바륨

08 식품의 변질 및 부패를 일으키는 주원인은?

① 미생물
② 기생충
③ 농약
④ 자연독

09 밀가루의 표백과 숙성을 위하여 사용하는 식품 첨가물은?

① 유화제
② 개량제
③ 팽창제
④ 점착제

10 다음 중 살모넬라에 오염되기 쉬운 대표적인 식품은?

① 과실류
② 해초류
③ 난류
④ 통조림

11 식물과 그 유독 성분이 잘못 연결된 것은?

① 감자 – 솔라닌
② 청매 – 프시로신
③ 피마자 – 리신
④ 독미나리 – 시큐톡신

12 영업허가를 받아야 할 업종이 아닌 것은?

① 단란주점영업
② 유흥주점영업
③ 식품조사처리업
④ 일반음식점영업

13 조리사를 두지 않아도 가능한 영업은?

① 복어를 조리 · 판매하는 영업
② 국가가 운영하는 집단급식소
③ 사회복지시설의 집단급식소
④ 식사류를 조리하지 않는 식품접객영업소

14 식품위생법상 집단급식소는 상시 1회 몇 인에게 식사를 제공하는 급식소인가?

① 20인 이상
② 40인 이상
③ 50인 이상
④ 100인 이상

15 다음 중 다당류에 속하는 탄수화물은?

① 전분
② 포도당
③ 과당
④ 갈락토오스

16 비타민A의 함량이 가장 많은 식품은?

① 쌀
② 당근
③ 감자
④ 오이

17 식품의 갈변현상을 억제하기 위한 방법과 거리가 먼 것은?

① 효소의 활성화
② 염류 또는 당 첨가
③ 아황산 첨가
④ 열처리

18 다음의 식품 중 이소티오시아네이트화합물에 의해 매운맛을 내는 것은?

① 양파
② 겨자
③ 마늘
④ 후추

19 다음 중 꽃 부분을 식용으로 하는 것과 거리가 먼 것은?

① 브로콜리(Broccoli)
② 콜리플라워(Cauliflower)
③ 비트(Beets)
④ 아티초크(Artiohoke)

20 식품의 색소에 관한 설명 중 옳은 것은?

① 클로로필은 마그네슘을 중성원자로 하고 산에 의해 클로로필린이라는 갈색 물질이 된다.
② 카로티노이드 색소에는 카로틴과 크산토필 등이 있다.
③ 플라보노이드 색소는 산성-중성-알칼리성으로 변함에 따라 적색-자색-청색이 된다.
④ 동물성 색소 중 근육색소는 헤모글로빈, 혈색소는 미오글로빈이다.

21 숙성에 의해 품질향상 효과가 가장 큰 것은?

① 생선
② 조개
③ 쇠고기
④ 오징어

22 다음 중 비타민D의 전구물질로 프로비타민D로 불리는 것은?

① 프로게스테론(Progesterone)
② 에르고스테롤(Ergosterol)
③ 시토스테롤(Sitosterol)
④ 스티그마스테롤(Stigmasterol)

23 전분의 호화에 대한 설명으로 맞는 것은?

① α-전분이 β-전분으로 변하는 현상이다.
② 전분의 미셀(Micelle)구조가 파괴된다.
③ 온도가 낮으면 호화시간이 빠르다.
④ 전분이 덱스트린(Dextrin)으로 분해되는 과정이다.

24 단백질의 분해효소로 식물성 식품에서 얻어지는 것은?

① 펩신(Pepsin)
② 트립신(Trypsin)
③ 파파인(Papain)
④ 레닌(Rennin)

25 찹쌀밥의 노화지연과 가장 관계가 깊은 것은?

① 아밀라아제
② 아밀로펙틴
③ 글리코겐
④ 글루코오스

26 다음 중 신선란의 특징으로 옳은 것은?

① 난황이 넓적하게 퍼진다.
② 기실부가 거의 생성되지 않았다.
③ 수양난백이 농후난백보다 많다.
④ 삶았을 때 난황표면이 쉽게 암록색으로 변한다.

27 다음 중 비결정형 캔디가 아닌 것은?

① 캐러멜(Caramel)
② 퐁당(Fondant)
③ 마시멜로(Marshmallow)
④ 태피(Taffy)

28 튀김요리를 할 때 바닥이 두꺼운 조리도구를 사용하는 이유는?

① 기름의 비중이 낮아 물 위에 쉽게 떠오른다.
② 기름의 비중이 높아 물 위에 쉽게 떠오른다.
③ 기름의 비열이 높아 온도가 쉽게 변한다.
④ 기름의 비열이 낮아 온도가 쉽게 변한다.

29 달걀의 기포형성을 돕는 물질은?

① 산, 수양난백
② 우유, 소금
③ 우유, 설탕
④ 지방, 소금

30 햇볕에 노출하여 자외선을 쪼이게 되면 피부에서 합성되는 비타민은?

① 비타민A
② 비타민B
③ 비타민C
④ 비타민D

31 당질의 기능에 대한 설명 중 틀린 것은?

① 당질은 평균 1g당 4kcal를 공급한다.
② 혈당을 유지한다.
③ 단백질 절약작용을 한다.
④ 당질을 섭취가 부족해도 체내 대사의 조절에는 큰 영향이 없다.

32 식품과 유지의 특성이 잘못 짝지어진 것은?

① 버터크림 – 크리밍성
② 쿠키 – 점성
③ 마요네즈 – 유화성
④ 튀김 – 열매체

33 식단을 작성하고자 할 때 식품의 선택요령으로 가장 적합한 것은?

① 경제적인 효율성보다는 영양을 우선으로 고려한다.
② 쇠고기가 비싸서 대체식품으로 콩나물을 선정하였다.
③ 시금치의 대체식품으로 값이 싼 달걀을 구매하였다.
④ 새롭고 경제적인 식단을 위해 제철일 때보다 일찍 식품을 구입했다.

34 식빵을 만드는 데 가장 적합한 밀가루는?

① 강력분
② 중력분
③ 혼합밀가루
④ 박력분

35 육류조리 방법에 대한 설명으로 옳은 것은?

① 돼지고기찜에 토마토는 처음부터 함께 넣는다.
② 편육은 끓는 물에 넣어 삶는다.
③ 탕을 끓일 때는 끓는 물에 소금을 약간 넣은 후에 고기를 넣는다.
④ 장조림을 할 때는 먼저 간장을 넣고 끓여야 한다.

36 김의 보관 중 변질을 일으키는 인자와 거리가 먼 것은?

① 산소
② 광선
③ 저온
④ 수분

37 식품의 풍미를 증진시키는 방법으로 적합하지 않은 것은?

① 부드러운 채소의 맛을 제대로 유지하려면 조리시간을 단축해야 한다.
② 갈색 빵을 위해서는 갈색반응이 일어날 때까지 건열로 충분히 구워야 한다.
③ 질긴 고기로 국물을 내기 위해서는 약한 불에 서서히 끓인다.
④ 빵은 증기로 찌거나 전자오븐으로 시간을 단축시켜 조리한다.

38 다음 중 저온저장의 효과가 아닌 것은?

① 미생물의 생육을 억제할 수 있다.
② 효소활성이 낮아져 수확 후 호흡, 발아 등의 대사를 억제할 수 있다.
③ 살균효과가 있다.
④ 영양가 손실을 저하시킨다.

39 쇠고기를 가열하지 않고 회로 먹을 때 생기는 기생충은?

① 민촌충
② 선모충
③ 유구조충
④ 회충

40 비말감염이 가장 잘 이루어질 수 있는 조건은?

① 군집
② 영양결핍
③ 피로
④ 매개곤충의 서식

41 리케차에 의해서 발생하는 감염병은?

① 세균성이질
② 파라티푸스
③ 발진티푸스
④ 디프테리아

42 피부온도의 상승이나 국소혈관의 확장작용을 일으키는 것은?

① 적외선
② 가시광선
③ 자외선
④ 감마선

43 환자나 보균자의 분뇨에 의해서 감염될 수 있는 경구감염병은?

① 장티푸스
② 결핵
③ 인플루엔자
④ 디프테리아

44 다음 중 대기오염이 원인이 되는 기상현상으로 옳은 것은?

① 고기압
② 저기압
③ 바람
④ 기온역전

45 하수처리 방법 중 혐기성처리 방법은?

① 살수여과법
② 활성오니법
③ 산화지법
④ 임호프탱크법

46 식재료 계량 중 옳지 않은 것은?

① 1C = 200ml
② 1T = 15ml
③ 1t = 5g
④ 1T = 20cc

47 조리 시 조미료 첨가의 순서로 가장 적합한 것은?

① 설탕 → 식초 → 소금 → 간장
② 간장 → 설탕 → 식초 → 소금
③ 설탕 → 소금 → 간장 → 식초
④ 식초 → 간장 → 설탕 → 소금

48 조리기기, 기구 중 칼의 종류에 따른 용도가 가장 옳게 연결된 것은?

① 페이링 나이프 : 스테이크 재단 시 사용
② 클리버 나이프 : 고기를 자를 때 사용
③ 카빙 나이프 : 생선의 비늘 제거 시 사용
④ 베지터블 나이프 : 칼날이 길고 둥근 곡선 모양

49 영양소의 파괴가 가장 적은 조리 방법은?

① 데치기
② 튀기기
③ 삶기
④ 끓이기

50 양식조리 시 스톡의 재료에 속하지 않는 것은?

① 부케가르니
② 올리브
③ 미르포아
④ 생선뼈

51 스톡조리 시 끓이는 방법은 어떤 조리법과 가장 가까운가?

① 포우칭
② 스티밍
③ 블랜칭
④ 시머링

52 전채요리의 특성과 거리가 먼 것은?

① 시각적인 예술성이 높다.
② 단맛, 신맛, 짠맛이 적당히 있다.
③ 먹음직한 사이즈로 준비한다.
④ 메인메뉴 재료와 반복되지 않게 한다.

53 샌드위치 조리 시 스프레드의 역할로 가장 거리가 먼 것은?

① 접착제 역할
② 맛 보완
③ 코팅제 역할
④ 이형제 역할

54 샐러드 제공 시 주의사항과 거리가 먼 것은?

① 드레싱은 야채와 미리 버무려 맛이 충분히 배도록 한다.
② 야채는 찬물에 담가 싱싱하게 준비한다.
③ 오일드레싱은 뿌리기 전에 충분히 섞는다.
④ 드레싱은 샐러드 재료와 어울리도록 한다.

55 수프에 농도를 조절하는 농후제는 무엇인가?

① 콩카세
② 크루통
③ 가니시
④ 리에종

56 토마토 크림 수프를 조리할 때 보이는 응고현상은?

① 레닌에 의한 우유 응고
② 염류에 의한 밀가루 응고
③ 산에 의한 우유 응고
④ 열에 의한 밀가루 응고

57 파스타면을 삶을 때의 설명 중 옳은 것은?

① 파스타 무게의 4배 물을 사용하여 삶는다.
② 삶는 물에 올리브 오일, 설탕을 넣는다.
③ 삶은 파스타는 찬물에 냉각한다.
④ 삶는 물에 소금을 넣어 면에 탄력을 준다.

58 먹물 파스타에 사용되는 검은 색소는 무엇인가?

① 미오글라민
② 헤모글로빈
③ 아스타잔틴
④ 멜라닌

59 건열식 달걀조리법이 아닌 것은?

① 오믈렛
② 반숙 달걀
③ 달걀 프라이
④ 스크램블드 에그

60 야채나 수프를 거를 때 사용하는 조리도구는?

① 스키머
② 알뜰 주걱
③ 스패츌러
④ 차이나캡

01 조리장의 기본조건과 거리가 먼 것은?

① 위생성
② 규모성
③ 경제성
④ 능률성

02 개인위생 관리의 중요성과 관련이 적은 것은?

① 고객 신뢰 및 만족
② 안전한 먹거리 조성
③ 위생상 위해 방지
④ 작업자 건강 개선

03 작업자의 복장 위생이 올바르지 못한 것은?

① 머리카락이 위생모 밖으로 나오지 않도록 한다.
② 손톱이 길지 않도록 관리한다.
③ 작업이 편하도록 위생화는 슬리퍼를 착용한다.
④ 작업 전후로 손세척, 샤워를 한다.

04 과일 통조림으로부터 용출되어 다량 섭취 시 구토, 설사, 복통 등을 일으키는 물질은?

① 아연(Zn)
② 납(Pb)
③ 구리(Cu)
④ 주석(Sn)

05 증식에 필요한 최적 수분활성도(Aw)가 높은 미생물부터 바르게 나열된 것은?

① 세균 – 효모 – 곰팡이
② 곰팡이 – 효모 – 세균
③ 효모 – 곰팡이 – 세균
④ 세균 – 곰팡이 – 효모

06 곰팡이 독으로서 간장에 장해를 일으키는 것은?

① 시트리닌(Citrinin)
② 파툴린(Patulin)
③ 아플라톡신(Aflatoxin)
④ 소랄렌(Psoralene)

07 맥각중독을 일으키는 원인 물질은?

① 루브라톡신(Rubratoxin)
② 오크라톡신(Ochratoxin)
③ 에르고톡신(Ergotoxin)
④ 파툴린(Patulin)

08 산업장, 소각장 등에서 발생하는 발암성 환경오염 물질은?

① 안티몬
② 벤조피렌
③ PBB
④ 다이옥신

09 혐기성균으로 열과 소독약에 저항성이 강한 아포를 생산하는 독소형 식중독은?

① 장염비브리오균
② 클로스트리디움 보툴리눔
③ 살모넬라균
④ 포도상구균

10 유해감미료에 속하는 것은?

① 둘신
② D-소르비톨
③ 자일리톨
④ 아스파탐

11 유지나 지질을 많이 함유한 식품이 빛, 열, 산소 등과 접촉하여 산패를 일으키는 것을 막기 위하여 사용하는 첨가물은?

① 피막제
② 착색제
③ 산미료
④ 산화방지제

12 식품 또는 식품첨가물의 완제품을 나누어 유통할 목적으로 재포장, 판매하는 영업은?

① 식품 제조가공업
② 식품운반업
③ 식품소분업
④ 즉석판매제조, 가공업

13 식품접객업 중 시설기준상 객실을 설치할 수 없는 영업은?

① 유흥주점영업
② 일반음식점영업
③ 단란주점영업
④ 휴게음식점영업

14 식품위생법규상 수입식품의 검사결과 부적합한 식품에 대해서 수입신고인이 취해야 하는 조치가 아닌 것은?

① 수출국으로의 반송
② 식품의약품안전처장이 정하는 경미한 위반 사항이 있는 경우 보완하여 재수입 신고
③ 관할 보건소에서 재검사 실시
④ 다른 나라로의 반출

15 우유 가공품이 아닌 것은?

① 치즈
② 버터
③ 마요네즈
④ 액상 발효유

16 튀김에 사용한 기름을 보관하는 방법으로 가장 적절한 것은?

① 식힌 후 그대로 서늘한 곳에 보관
② 공기와의 접촉면을 넓게 하여 보관
③ 망에 거른 후 갈색 병에 담아 보관
④ 철제 팬에 담아 보관

17 젤 형성을 이용한 식품과 젤 형성 요인의 연결이 바르게 된 것은?

① 양갱 - 펙틴
② 도토리묵 - 한천
③ 과일잼 - 전분
④ 족편 - 젤라틴

18 밀의 주요 단백질이 아닌 것은?

① 알부민(Albumin)
② 글리아딘(Gliadin)
③ 글루테닌(Glutenin)
④ 덱스트린(Dextrin)

19 육류나 어류의 구수한 맛을 내는 성분은?

① 이노신산
② 호박산
③ 알리신
④ 나린진

20 탈기, 밀봉의 공정과정을 거치는 제품이 아닌 것은?

① 통조림
② 병조림
③ 레토르트 파우치
④ CA저장 과일

21 식품의 가공, 저장 시 일어나는 마이야르(Maillard) 갈변 반응은 어떤 성분에 의한 것인가?

① 수분과 단백질
② 당류와 단백질
③ 당류와 지방
④ 지방과 단백질

22 다음 중 전분이 노화되기 가장 쉬운 온도는?

① 0~5℃
② 10~15℃
③ 20~25℃
④ 30~35℃

23 감미재료와 거리가 먼 것은?

① 사탕무
② 정향
③ 사탕수수
④ 스테비아

24 다음의 설명에 해당하는 것으로 바르게 짝지어진 것은?

> 전분에 물을 가하지 않고 160℃ 이상으로 가열하면 가용성 전분을 거쳐 덱스트린으로 분해되는 반응

① 호화 – 식빵
② 호화 – 또르띠아
③ 호정화 – 찐빵
④ 호정화 – 팝콘

25 다음 중 기름의 발연점이 낮아지는 경우는?

① 유리지방산 함량이 많을수록
② 기름을 사용한 횟수가 적을수록
③ 기름 속에 이물질의 유입이 적을수록
④ 튀김용기의 표면적이 좁을수록

26 쌀에서 섭취한 전분이 체내에서 에너지를 발생하기 위해서 반드시 필요한 것은?

① 비타민A
② 비타민B₁
③ 비타민C
④ 비타민D

27 과일의 조리에서 열에 의해 가장 영향을 많이 받는 비타민은?

① 비타민C
② 비타민A
③ 비타민B₁
④ 비타민E

28 다음 중 계량 방법이 잘못된 것은?

① 저울은 수평으로 놓고 눈금은 정면에서 읽으며 바늘은 0에 고정시킨다.
② 가루 상태의 식품은 계량기에 눌러 담고 윗면을 스패출러로 깎아 수평을 만들어 잰다.
③ 액체식품은 투명한 계량 용기를 사용하여 계량컵의 눈금과 눈높이를 맞추어서 계량한다.
④ 된장이나 다진 고기 등의 식품재료는 계량기구에 눌러 담아 빈 공간이 없도록 채워서 깎아 잰다.

29 생선의 조리 방법에 관한 설명으로 옳은 것은?

① 선도가 낮은 생선은 양념을 담백하게 하고 뚜껑을 닫아서 잠깐 끓인다.
② 지방함량이 높은 생선보다는 낮은 생선으로 구이를 하는 것이 풍미가 더 좋다.
③ 생선조림은 오래 가열해야 단백질이 단단하게 응고되어 맛이 좋다.
④ 양념간장이 끓을 때 생선을 넣어야 맛 성분의 유출을 막을 수 있다.

30 아래와 같은 현상에 해당하는 것은?

> 전분에 물을 붓고 열을 가하여 70~75℃ 정도가 되면 전분 입자가 크게 팽창하여 점성이 높은 반투명의 콜로이드 상태가 되는 현상

① 전분의 호화
② 전분의 노화
③ 전분의 호정화
④ 전분의 결정

31 다음 중 상온에서 보관해야 하는 식품은?

① 바나나
② 사과
③ 포도
④ 딸기

32 다음의 설명에 해당하는 조리도구로 알맞은 것은?

> 뜨거워진 공기를 팬(Fan)으로 강제 대류시키면 균일하게 열이 순환되어 조리되는 원리이다. 조리시간이 짧아 대량 조리에 적당하나 식품표면이 건조해지기 쉬운 조리기기이다.

① 틸팅튀김팬(Tilting fry pan)
② 튀김기(Fryer)
③ 증기솥(Steam kettles)
④ 컨벡션오븐(Convectioin oven)

33 직영급식과 비교하여 위탁급식의 단점에 해당하지 않는 것은?

① 인건비가 증가하고 서비스가 잘 되지 않는다.
② 기업이나 단체의 권한이 축소된다.
③ 급식경영을 지나치게 영리화하여 운영할 수 있다.
④ 영양관리에 문제가 발생할 수 있다.

34 다음 중 열량을 내지 않는 영양소로만 짝지어진 것은?

① 단백질, 당질
② 당질, 지질
③ 비타민, 무기질
④ 지질, 비타민

35 다음 중 신선한 달걀은?

① 후라이를 하려고 깨보니 난백이 넓게 퍼진다.
② 난황과 난백을 분리하려는데 난황막이 터져 분리가 어렵다.
③ 삶아 껍질을 벗겨보니 기공이 있는 부분이 움푹 들어갔다.
④ 삶아 반으로 잘라보니 노른자가 가운데에 있다.

36 채소류, 두부, 생선 등 저장성이 낮고 가격변동이 많은 식품 구매 시 적합한 계약 방법은?

① 수의계약
② 장기계약
③ 일반경쟁계약
④ 지명경쟁입찰계약

37 육류를 가열조리 할 때 일어나는 변화로 옳은 것은?

① 보수성의 증가
② 단백질의 변패
③ 육단백질의 응고
④ 미오글로빈이 옥시미오글로빈으로 변화

38 시금치의 녹색을 최대한 유지시키면서 데치려고 할 때 가장 좋은 방법은?

① 100℃ 다량의 조리수에서 뚜껑을 열고 데친다.
② 100℃ 다량의 조리수에서 뚜껑을 닫고 데친다.
③ 100℃ 소량의 조리수에서 뚜껑을 열고 데친다.
④ 100℃ 소량의 조리수에서 뚜껑을 닫고 데친다.

39 레이노드증후군에 대한 설명으로 옳은 것은?

① 손가락의 말초혈관 운동 장애로 일어나는 국소진통증이다.
② 각종 소음으로 일어나는 신경장애 현상이다.
③ 혈액순환 장애로 전신이 곧아지는 현상이다.
④ 소음에 적응을 할 수 없어 발생하는 현상을 총칭하는 것이다.

40 세계보건기구(WHO) 보건헌장에 의한 건강의 의미로 가장 적합한 것은?

① 질병과 허약의 부재상태를 포함한 육체적으로 완전무결한 상태
② 육체적으로 완전하며 사회적 안녕이 유지되는 상태
③ 단순한 질병이나 허약의 부재상태를 포함한 육체적, 정신적 및 사회적 안녕의 완전한 상태
④ 각 개인의 건강을 제외한 사회적 안녕이 유지되는 상태

41 검역질병의 검역기간의 그 감염병의 어떤 기간과 동일한가?

① 유행기간
② 최장 잠복기간
③ 이환기간
④ 세대기간

42 생활 쓰레기의 품목별 분류 중에서 동물의 사료로 이용 가능한 것은?

① 주개
② 가연성 진개
③ 불연성 진개
④ 재활용성 진개

43 분변 소독에 가장 적합한 것은?

① 과산화수소
② 알코
③ 생석회
④ 머큐로크롬

44 대기오염 중 2차 오염물질로만 짝지어진 것은?

① 먼지, 탄화수소
② 오존, 알데히드
③ 연무, 일산화탄소
④ 일산화탄소, 이산화탄소

45 돼지고기를 완전히 익히지 않을 경우 감염될 수 있는 기생충은?

① 아나사키스
② 무구낭미충
③ 선모충
④ 광절열두조충

46 복사선의 파장이 가장 크며, 열선이라고 불리는 것은?

① 자외선
② 가시광선
③ 적외선
④ 도르노선(Dorno ray)

47 병원체가 생활, 증식, 생존을 계속하여 인간에게 전파될 수 있는 상태로 저장되는 곳을 무엇이라 하는가?

① 숙주
② 보균자
③ 환경
④ 병원소

48 스톡재료 중 양파, 당근, 샐러리를 2:1:1 비율로 재단하여 넣는 것을 무엇이라 하는가?

① 부케가르니
② 미르포아
③ 블론드 루
④ 화이트 루

49 스톡의 문제점(A)과 원인(B)이 잘 연결된 것은?

	A	B
①	혼탁함	이물질 제거 미흡
②	옅은 색	뼈, 미르포아를 장시간 볶음
③	나쁜 향	월계수잎 과다
④	짠맛	장시간 강불 유지

50 샐러드의 드레싱 역할이 아닌 것은?

① 소화 촉진
② 질감 향상
③ 촉감 향상
④ 포만감 조성

51 샐러드의 가니시에 대한 설명 중 가장 옳은 것은?

① 가니시는 5대 영양소가 갖춰져야 한다.
② 가니시는 넉넉히 담는다.
③ 가니시는 샐러드의 맛을 보충한다.
④ 가니시는 색이나 맛이 튀어야 한다.

52 샌드위치에 이용되는 빵 중 아래 설명에 가까운 빵은 무엇인가?

> 긴 막대 모양으로 생긴 프랑스 빵으로 겉은 바삭하고 속은 촉촉하다.

① 크루아상
② 바게트
③ 치아바타
④ 잉글리시 머핀

53 샌드위치의 모양에 따른 분류와 거리가 먼 것은?

① 롤 샌드위치
② 클로즈드 샌드위치
③ 오픈형 샌드위치
④ 콜드 샌드위치

54 건파스타에 이용되는 세몰리나란 무엇인가?

① 듀럼밀을 제분한 가루이다
② 연질소맥을 제분한 가루이다.
③ 일반 밀과 듀럼밀을 혼합하여 제분한 가루이다.
④ 일반 밀을 제분한 가루이다.

55 파스타에 사용되는 토마토 소스에서 토마토의 껍질과 씨를 제거하는 과정을 무엇이라 하는가?

① 콩카세
② 필링
③ 미르포아
④ 줄리엔

56 줄리엔(Julienne)이란 어떤 썰기법을 말하는가?

① 잘게 다지기
② 육류, 곡류를 잘게 가루로 만드는 썰기
③ 얇은 채 썰기
④ 얇은 편 썰기

57 쌀의 도정도가 증가할수록 나타나는 특성과 거리가 먼 것은?

① 밥의 소화율이 높아진다.
② 영양분이 증가한다.
③ 밥맛이 증가한다.
④ 색이 윤택하고 깨끗해진다.

58 글루텐 형성 촉진인자가 아닌 것은?

① 수분
② 소금
③ 지방
④ 달걀

59 소스조리 시 사용되는 농후제 설명으로 잘못된 것은?

① 화이트 루는 아이보리 색으로 볶는다.
② 루는 중불 이상으로 볶아야 색이 곱다.
③ 브라운 루는 짙은 갈색이 되도록 볶는다.
④ 루를 만들 땐 두꺼운 소스 팬을 이용한다.

60 소스의 종류별 설명 중 틀리게 연결된 것은?

① 마요네즈 : 식용유와 난황이 주재료이다.
② 비네그레트 : 포도씨유보다 올리브유가 향이 부드럽다.
③ 홀랜다이즈 : 따뜻하게 보관한다.
④ 버터소스 : 온도에 민감하므로 온도관리가 중요하다.

01 식품 취급을 금해야 할 사람과 상관없는 사항은?

① 잇몸에 출혈이 있는 자
② 손에 출혈이 있는 자
③ 감염보균자
④ 피부질환자

02 감염병의 전파 방지를 위해 조리사가 일반적으로 지켜야 할 사항은?

① 식재료 가격 조절
② 외부조리사 섭외
③ 조리도구 및 취사기구 발주
④ 정기적인 건강검진

03 조리사 개인 안전수칙 사항과 거리가 먼 것은?

① 칼, 조리용 가위 등을 들고 장난치지 않는다.
② 병, 캔 오프너 대신 칼, 젓가락 등으로 뚜껑을 오픈하지 않는다.
③ 바닥의 기름, 물 등은 보이는 즉시 제거한다.
④ 끓는 물, 끓는 기름을 옮길 땐 방해가 되지 않도록 조용히 옮긴다.

04 다음 중 국내에서 허가된 인공감미료는?

① 둘신(Dulcin)
② 사카린나트륨(Sodium saccharin)
③ 사이클라민산나트륨(Sodium cyclamate)
④ 에틸렌글리콜(Ethylene glycol)

05 바이러스(Virus)에 의하여 발병되지 않는 것은?

① 돈단독증
② 유행성간염
③ 급성회백수염
④ 감염성 설사증

06 생육이 가능한 최적 수분활성도가 가장 높은 것은?

① 내건성포자
② 세균
③ 곰팡이
④ 효모

07 발아한 감자와 청색 감자에 많이 함유된 독성분은?

① 리신
② 엔테로톡신
③ 무스카린
④ 솔라닌

08 식품첨가물과 사용 목적을 표시한 것 중 잘못된 것은?

① 글리세린 – 용제
② 초산비닐수지 – 껌 기초제
③ 탄산암모늄 – 팽창제
④ 규소수지 – 이형제

09 식품위생법상에 명시된 식품위생감시원의 직무가 아닌 것은?

① 과대광고 금지의 위반 여부에 관한 단속
② 조리사 및 영양사의 법령준수사항 이행 여부 확인, 지도
③ 생산 및 품질관리일지의 작성 및 비치
④ 시설기준의 적합 여부의 확인, 검사

10 식품위생법상 영업신고를 하여야 하는 업종은?

① 유흥주점영업
② 즉석판매제조가공업
③ 식품조사처리업
④ 단란주점영업

11 과일이나 과채류 채취 후 선도 유지를 위해 표면에 막을 만들어 호흡 조절 및 수분 증발 방지의 목적에 사용되는 것은?

① 품질개량제
② 이형제
③ 피막제
④ 강화제

12 식품과 독성분의 연결이 틀린 것은?

① 복어 – 테트로도톡신
② 미나리 – 시큐톡신
③ 섭조개 – 베네루핀
④ 청매 – 아미그달린

13 호염성의 성질을 가지고 있는 식중독 세균은?

① 황색포도상구균
② 병원성 대장균
③ 장염 비브리오
④ 리스테리아모노사이토제네스

14 미생물의 생육에 필요한 조건과 거리가 먼 것은?

① 수분
② 산소
③ 온도
④ 자외선

15 비타민E에 대한 설명으로 틀린 것은?

① 물에 용해되지 않는다.
② 항산화작용이 있어 비타민A나 유지 등의 산화를 억제한다.
③ 버섯 등에 에르고스테롤(Ergosterol)로 존재한다.
④ 알파 토코페롤(α-tocopherol)이 가장 효력이 강하다.

16 청과물의 저장 시 변화에 대하여 옳게 설명한 것은?

① 청과물은 저장 중이나 유통과정 중에도 탄산가스와 열이 발생한다.
② 신선한 과일의 보존기간을 연장시키는 데 저장은 큰 역할을 하지 못한다.
③ 과일이나 채소는 수확하면 더 이상 숙성하지 않는다.
④ 감의 떫은 맛은 저장에 의해서 감소되지는 않는다.

17 달걀의 가공적성이 아닌 것은?

① 열응고성
② 기포성
③ 쇼트닝성
④ 유화성

18 식품의 갈변 현상 중 성질이 다른 것은?

① 고구마 절단면의 변색
② 사과의 변색
③ 간장의 갈색
④ 다진 양송이의 갈색

19 참기름이 다른 유지류보다 산패에 대하여 비교적 안정성이 큰 이유는 어떤 성분 때문인가?

① 레시틴(Lecithin)
② 세사몰(Sesamol)
③ 고시폴(Gossypol)
④ 인지질(Phospholipid)

20 우유에 함유된 단백질이 아닌 것은?

① 락토오스
② 카제인
③ 락토알부민
④ 락토글로불린

21 유지의 산패도를 나타내는 값으로 짝지어진 것은?

① 비누화가, 요오드가
② 요오드가, 아세틸가
③ 과산화물가, 비누화가
④ 산가, 과산화물가

22 결합수의 특징이 아닌 것은?

① 수증기압이 유리수보다 낮다.
② 압력을 가해도 제거하기 어렵다.
③ 0℃에서 매우 잘 언다.
④ 용질에 대해서 용매로서 작용하지 않는다.

23 훈연에 대한 설명으로 틀린 것은?

① 햄, 베이컨, 소시지 등이 있다.
② 훈연 목적은 육제품의 풍미와 외관 향상이다.
③ 훈연재료는 침엽수인 소나무가 좋다.
④ 훈연하면 보존성이 좋아진다.

24 탄수화물이 아닌 것은?

① 젤라틴
② 펙틴
③ 섬유소
④ 글리코겐

25 우유의 어떤 성분 때문에 마이야르 반응이 일어나는가?

① 리신
② 알기닌
③ 자당
④ 칼슘

26 토마토 크림 수프를 만들 때 일어나는 우유의 응고 현상을 바르게 설명한 것은?

① 산에 의한 응고
② 당에 의한 응고
③ 효소에 의한 응고
④ 염에 의한 응고

27 기름을 여러 번 재가열할 때 일어나는 변화에 대한 설명으로 맞는 것은?

> ㉠ 풍미가 좋아진다.
> ㉡ 색이 진해지고 거품 현상이 생긴다.
> ㉢ 산화중합반응으로 점성이 높아진다.
> ㉣ 가열분해로 황산화물질이 생겨 산패를 억제한다.

① ㉠, ㉡
② ㉠, ㉢
③ ㉡, ㉢
④ ㉢, ㉣

28 조리식품이나 반조리식품의 해동 방법으로 가장 적합한 방법은?

① 상온에서의 자연 해동
② 냉장고를 이용한 저온 해동
③ 흐르는 물에 담그는 청수 해동
④ 전자레인지를 이용한 해동

29 조리 시 강불로 가열한 후 약불로 세기를 조절하지 않는 것은?

① 생선조림
② 된장찌개
③ 밥
④ 새우튀김

30 단체급식 시설별 고유의 목적과 거리가 먼 것은?

① 학교급식 – 편식 교정
② 병원급식 – 건강회복 및 치료
③ 산업체급식 – 작업능률 향상
④ 군대급식 – 복지 향상

31 생선튀김의 조리법으로 가장 알맞은 것은?

① 180℃에서 2~3분간 튀긴다.
② 150℃에서 4~5분간 튀긴다.
③ 130℃에서 5~6분간 튀긴다.
④ 200℃에서 7~8분간 튀긴다.

32 당근 등의 녹황색 채소를 조리할 경우 기름을 첨가하는 조리 방법을 선택하는 주된 이유는?

① 색깔을 좋게 하기 위하여
② 부드러운 맛을 위하여
③ 비타민C의 파괴를 방지하기 위하여
④ 지용성 비타민의 흡수를 촉진하기 위하여

33 고기를 요리할 때 사용되는 연화제는?

① 소금
② 참기름
③ 파파인
④ 염화칼슘

34 달걀의 기포성을 이용한 것은?

① 달걀찜
② 푸딩
③ 머랭
④ 마요네즈

35 단백질의 구성단위로 옳은 것은?

① 아미노산
② 지방산
③ 과당
④ 포도당

36 사과나 딸기 등이 잼에 이용되는 가장 중요한 이유는?

① 과숙이 잘 되어 좋은 질감을 형성하므로
② 펙틴과 유기산이 함유되어 잼 제조에 적합하므로
③ 색이 아름다워 잼의 상품 가치를 높이므로
④ 새콤한 맛 성분이 잼 맛에 적합하므로

37 음식의 온도와 맛의 관계에 대한 설명으로 틀린 것은?

① 국은 식을수록 짜게 느껴진다.
② 커피는 식을수록 쓰게 느껴진다.
③ 차게 먹을수록 신맛이 강하게 느껴진다.
④ 녹은 아이스크림보다 얼어 있는 것의 단맛이 약하게 느껴진다.

38 재고회전율이 표준치보다 낮은 경우에 대한 설명으로 틀린 것은?

① 긴급구매로 비용 발생이 우려된다.
② 종업원들이 심리적으로 부주의하게 식품을 사용하여 낭비가 심해진다.
③ 부정 유출이 우려된다.
④ 저장기간이 길어지고 식품 손실이 커지는 등 많은 자본이 들어가 이익이 줄어든다.

39 채소조리 시 색의 변화로 맞는 것은?

① 시금치는 산을 넣으면 녹황색으로 변한다.
② 당근은 산을 넣으면 퇴색된다.
③ 양파는 알칼리를 넣으면 백색으로 된다.
④ 가지는 산에 의해 청색으로 된다.

40 다음 채소 중 기름 조리 시 영양소 흡수율이 증진되는 것은?

① 아스파라거스
② 당근
③ 감자
④ 샐러리

41 소금의 용도로 틀린 것은?

① 채소 절임 시 수분 제거
② 효소 작용 억제
③ 아이스크림 제조 시 빙점 강하
④ 생선구이 시 석쇠 금속의 부착 방지

42 생선조리 시 식초를 적당량 넣었을 때 장점이 아닌 것은?

① 생선의 가시를 연하게 한다.
② 어취를 제거한다.
③ 생산 살을 연하게 하여 맛을 좋게 한다.
④ 살균 효과가 있다.

43 비타민A가 부족할 때 나타나는 대표적인 증세는?

① 괴혈병
② 구루병
③ 불임증
④ 야맹증

44 접촉감염지수가 가장 높은 질병은?

① 유행성이하선염
② 홍역
③ 성홍열
④ 디프테리아

45 중간숙주 없이 감염이 가능한 기생충은?

① 아니사키스
② 회충
③ 폐흡충
④ 간흡충

46 기생충과 인체 감염원인 식품의 연결이 틀린 것은?

① 유구조충 – 돼지고기
② 무구조충 – 민물고기
③ 동양모양선충 – 채소류
④ 아니사키스 – 바다 생선

47 동물과 관련된 감염병의 연결이 틀린 것은?

① 소 – 결핵
② 고양이 – 디프테리아
③ 개 – 광견병
④ 쥐 – 페스트

48 법정 제3군 감염병이 아닌 것은?

① 결핵
② 세균성이질
③ 한센병
④ 후천성면역결핍증(AIDS)

49 국가의 보건수준이나 생활수준을 나타내는 데 가장 많이 이용되는 지표는?

① 병상이용률
② 건강보험 수혜자수
③ 영아사망률
④ 조출생률

50 다음의 조리도구 중 거품 등을 형성할 때 사용하는 것은?

① 그리들
② 스쿠퍼
③ 휘퍼
④ 슬라이서

51 조리기구 선택 시 유의사항이 아닌 것은?

① 조리시간과 인건비를 감소할 수 있는지의 판단
② 필요 여부를 판단
③ 가격, 모양, 크기, 디자인, 내구성 등을 판단
④ 편리성을 위하여 최신 조리도구는 반드시 구입하여 사용

52 브라운 스톡 조리에 대한 설명으로 옳지 않은 것은?

① 뼈는 찬물에 담가 핏물을 제거한다.
② 조리 시 떠오르는 불순물은 스키머로 제거한다.
③ 미르포아는 되도록 살짝만 볶아야 발암물질이 발생하지 않는다.
④ 스톡조리 시에는 불을 세게 하지 않고 뭉근히 끓인다.

53 스톡의 종류 중 캐러멜화와 가장 관련이 깊은 것은?

① 피시 스톡
② 쿠르부용
③ 브라운 스톡
④ 화이트 스톡

54 샌드위치의 구성요소에 대한 설명으로 옳지 않은 것은?

① 샌드위치 구성요소는 빵, 스프레드, 속 재료, 양념이다.
② 샌드위치 속 재료는 영양, 식감, 색감을 고려한다.
③ 샌드위치 빵은 되도록 얇은 것이 좋다.
④ 샌드위치 스프레드는 빵의 눅눅함을 방지한다.

55 루에 대한 설명이다. 가장 옳게 설명한 것은?

① 루는 바닥이 얇은 조리도구를 이용한다.
② 버터와 밀가루를 동량 넣고 볶는다.
③ 무염버터보다 가염버터를 주로 사용된다.
④ 되도록 강불로 볶는다.

56 수프조리 시 허브와 향신료를 넣는 이유는 무엇인가?

① 영양보충효과
② 완성수프의 보존성 증가
③ 농도 향상
④ 색을 진하게 함

57 아래의 조찬 빵에 대한 설명에 해당하는 빵은 무엇인가?

> • 표면이 벌집 모양이며 이스트를 넣어 발효시킨 반죽에 난백거품을 넣어 반죽한다.
> • 반죽이 달지 않으며 먹을 때 휘핑크림 등을 얹어 먹는다.

① 프렌치 토스트
② 하드 롤
③ 브리오슈
④ 와플

58 전채요리의 조리 특징과 가장 가까운 것은 무엇인가?

① 예술성이 뛰어나야 한다.
② 주요리와 반복되는 조리법과 재료가 필수이다.
③ 주요리보다 양을 조금 더 준비한다.
④ 단맛과 짠맛이 적당히 있어야 한다.

59 일반적으로 소금 1g에 해당하는 동일한 염미를 내려면 간장은 얼마의 양으로 대체 가능한가?

① 4g
② 5g
③ 6g
④ 12g

60 소스조리 시 사용되는 농후제에 대한 설명으로 맞지 않는 것은?

① 전분은 더운물에서 쉽게 호화된다.
② 달걀은 주로 흰자를 사용하여 농도를 낸다.
③ 화이트 루는 색이 나기 전까지만 볶는다.
④ 브라운 루는 진한 색이 나올 때까지 볶는다.

01 구매관리의 목표로 옳지 않은 것은?

① 필요한 물품과 용역을 지속적으로 공급해야 한다.
② 품질, 가격, 재반서비스 등 최적의 상태를 유지해야 한다.
③ 재고의 저장관리 시 이익을 최대화한다.
④ 신용이 있는 공급업체와 원만한 관계를 유지하면서 대체 공급업체를 확보하여야 한다.

02 다음 중 안전의 제일 이념에 해당하는 것은 무엇인가?

① 인간존중
② 생산성 향상
③ 품질 향상
④ 생명 보호

03 재해의 발생 원인 중 직접 원인에 해당하는 것은?

① 유전적 요인
② 사회적 환경
③ 불안전한 행동
④ 인간의 결함

04 식품위생법상 용어의 정의에 대한 설명 중 틀린 것은?

① '집단급식소'란 영리를 목적으로 하는 급식 시설을 말한다.
② '식품'이란 의약으로 섭취하는 것을 제외한 모든 음식물을 말한다.
③ '표시'란 식품, 식품첨가물, 기구 또는 용기 포장에 기재하는 문자, 숫자 또는 도형을 말한다.
④ '용기 포장'이란 식품을 넣거나 싸는 것으로서 식품을 주고받을 때 함께 건네는 물품을 말한다.

05 식품위생법상 영업의 신고 대상 업종이 아닌 것은?

① 일반음식점영업
② 단란주점영업
③ 휴게음식점영업
④ 식품 제조가공업

06 식품위생법상 조리사를 두어야 할 영업이 아닌 것은?

① 지방자치단체가 운영하는 집단급식소
② 복어조리 판매업소
③ 식품첨가물 제조업소
④ 병원이 운영하는 집단급식소

07 어패류의 신선도 판정 시 초기부패의 기준이 되는 물질은?

① 삭시톡신
② 베네루핀
③ 트리메틸아민
④ 아플라톡신

08 식품의 제조공정 중에 발생하는 거품을 제거하기 위해 사용되는 식품첨가물은?

① 소포제
② 발색제
③ 살균제
④ 표백제

09 미생물의 발육을 억제하여 식품의 부패나 변질을 방지할 목적으로 사용되는 것은?

① 안식향산나트륨
② 호박산이나트륨
③ 글루타민산나트륨
④ 유동파라핀

10 경구감염병과 비교하여 세균성식중독이 가지는 일반적인 특성은?

① 소량의 균으로도 발병한다.
② 잠복기가 짧다.
③ 2차 발병률이 매우 높다.
④ 수인성 발생이 크다.

11 식물성 자연독 성분이 아닌 것은?

① 무스카린
② 테트로도톡신
③ 솔라닌
④ 고시폴

12 독미나리에 함유된 유독 성분은?

① 무스카린
② 솔라닌
③ 아트로핀
④ 시큐톡신

13 장염비브리오 식중독균의 특징으로 틀린 것은?

① 해수에 존재하는 세균이다.
② 3~4%의 식염농도에서 잘 발육한다.
③ 특정 조건에서 사람의 혈구를 용혈시킨다.
④ 그람양성균이며 아포를 생성하는 구균이다.

14 화학물질에 의한 식중독으로 일반 중독 증상과 시신경의 염증으로 실명의 원인이 되는 물질은?

① 납
② 수은
③ 메틸알코올
④ 청산

15 세균성 식중독에 속하지 않는 것은?

① 노로바이러스 식중독
② 비브리오 식중독
③ 병원성 대장균 식중독
④ 장구균 식중독

16 과일의 주된 향기 성분이며 분자량이 커지면 향기도 강해지는 냄새 성분은?

① 알코올
② 에스테르류
③ 유황화합물
④ 휘발성 질소화합물

17 유화(Emulsion)에 의해 형성된 식품이 아닌 것은?

① 우유
② 마요네즈
③ 주스
④ 잣죽

18 다음 중 생선의 자가소화 원인으로 옳은 것은?

① 세균의 작용
② 단백질 분해효소
③ 염류
④ 질소

19 식품과 대표적인 맛 성분(유기산)의 연결 중 틀린 것은?

① 포도 – 주석산
② 감귤 – 구연산
③ 사과 – 사과산
④ 요구르트 – 호박산

20 육류의 연화작용에 관여하지 않는 것은?

① 파파야
② 파인애플
③ 레닌
④ 무화과

21 강화식품에 대한 설명으로 틀린 것은?

① 식품에 원래 적게 들어 있는 영양소를 보충한다.
② 식품의 가공 중 손실되기 쉬운 영양소를 보충한다.
③ 강화영양소로 비타민A, 비타민B, 칼슘(Ca) 등을 이용한다.
④ 알파미는 대표적인 강화식품이다.

22 다음 중 알칼리성 식품으로 옳은 것은?

① 육류
② 곡류
③ 해조류
④ 생선류

23 다음 중 다당류와 거리가 먼 것은?

① 젤라틴
② 글리코겐
③ 펙틴
④ 글루코만난

24 두부를 만드는 과정은 콩 단백질의 어떠한 성질을 이용한 것인가?

① 건조에 의한 변성
② 동결에 의한 변성
③ 효소에 의한 변성
④ 무기염류에 의한 변성

25 시설위생을 위한 사항으로 적합하지 않은 것은?

① 주방냄비를 세척 후 열처리를 한다.
② 주방의 천장, 바닥, 벽면도 주기적으로 청소한다.
③ 나무 도마는 사용 후 깨끗이 하고 일광소독을 하도록 한다.
④ 튀김기의 경우 기름을 매주 뽑아 내 걸러 찌꺼기를 제거한다.

26 다음의 설명에 해당하는 재고관리법으로 옳은 것은?

> 구매한 식품의 재고관리 시 최근에 구입한 식품부터 사용하는 것으로 가장 오래된 물품이 재고로 남는다.

① 선입선출법
② 후입선출법
③ 총 평균법
④ 최소-최대관리법

27 소금의 종류 중 불순물을 가장 많이 함유해 가정에서 배추를 절이거나 젓갈을 담글 때 주로 사용하는 것은?

① 호렴
② 재제염
③ 식탁염
④ 정제염

28 젤라틴에 대한 설명으로 옳은 것은?

① 과일젤리나 양갱의 제조에 이용한다.
② 해조류로부터 얻은 다당류의 한 성분이다.
③ 산을 아무리 첨가해도 젤 강도가 저하되지 않는 특징이 있다.
④ 3~10℃에서 젤화되며 온도가 낮을수록 빨리 응고한다.

29 김에 대한 설명 중 틀린 것은?

① 붉은색으로 변한 김은 불에 잘 구우면 녹색으로 변한다.
② 건조한 김은 조미김보다 지질함량이 높다.
③ 김은 칼슘, 칼륨이 풍부한 알칼리성 식품이다.
④ 김의 감칠맛은 단맛과 지미를 가진 시스틴, 만니톨 때문이다.

30 물품의 검수와 저장하는 곳에서 꼭 필요한 집기류는?

① 칼과 도마
② 대형 그릇
③ 저울과 온도계
④ 계량컵과 계량스푼

31 노화가 잘 일어나는 전분은 다음 중 어느 성분의 함량이 높은가?

① 아밀로오스
② 아밀로펙틴
③ 글리코겐
④ 한천

32 다음 중 습열 조리법으로 틀린 것은?

① 비프 스튜
② 비프 콘소메
③ 스페니시 오믈렛
④ 치킨아라킹

33 베이킹파우더의 팽창제 역할을 이용한 요리와 거리가 먼 것은?

① 초코 스콘
② 스파게티 면
③ 마들렌
④ 땅콩 비스킷

34 냄새 제거를 위한 향신료가 아닌 것은?

① 육두구(Nutmeg, 넛맥)
② 월계수잎(Bay leaf)
③ 마늘(Garlic)
④ 세이지(Sage)

35 고기를 연화시키기 위해 첨가하는 식품과 단백질 분해효소의 연결로 옳은 것은?

① 배 – 파파인
② 키위 – 피신
③ 무화과 – 액티니딘
④ 파인애플 – 브로멜린

36 유지류의 조리 이용 특성과 거리가 먼 것은?

① 열 전달매체로서의 튀김
② 밀가루 제품의 연화작용
③ 지방의 유화작용
④ 결합제로서의 응고성

37 조리 방법에 대한 설명으로 옳은 것은?

① 채소를 잘게 썰어 끓이면 빨리 익어 수용성 영양소의 손실이 적다.
② 전자레인지는 자외선에 의해 음식이 조리된다.
③ 콩나물국의 색을 맑게 만들기 위해 소금으로 간을 한다.
④ 푸른색을 최대한 유지하기 위해 소량의 물에 채소를 넣고 데친다.

38 단체급식시설의 작업장별 관리에 대한 설명으로 잘못된 것은?

① 개수대는 생선용과 채소용을 구분해야 식중독균의 교차오염을 방지하는 데 효과적이다.
② 가열, 조리하는 곳에는 환기장치가 필요하다.
③ 식품 보관창고는 바닥과 벽에 식품이 직접 닿지 않게 하여 오염을 방지한다.
④ 자외선 등은 모든 기구와 식품 내부의 완전살균에 매우 효과적이다.

39 생선 조리방법에 대한 설명으로 틀린 것은?

① 생강과 술은 비린내를 없애는 용도로 사용한다.
② 처음 가열 시 수분 동안은 뚜껑을 약간 열어 비린내를 휘발시킨다.
③ 모양 유지와 맛 성분 유지를 위해 양념간장이 끓을 때 생선을 넣기도 한다.
④ 선도가 저하된 생선은 조미를 약하게 하여 뚜껑을 덮고 짧은 시간에 끓인다.

40 육류를 가열할 때 일어나는 변화 중 틀린 것은?

① 중량 증가
② 풍미의 생성
③ 비타민의 손실
④ 단백질의 응고

41 채소류를 매개로 감염될 수 있는 기생충이 아닌 것은?

① 회충
② 유구조충
③ 구충
④ 편충

42 다음 설명 중 옳은 것은?

① 사람은 호흡 시 산소를 체외로 배출하고 이산화탄소를 체내로 흡입한다.
② 수중에서 작업하는 사람은 이상기압으로 인해 참호족염에 걸린다.
③ 조리장에서 작업 시 적절한 환기가 필요하다.
④ 정상 공기는 주로 수소와 이산화탄소로 구성되어 있다.

43 간디스토마는 제2중간숙주인 민물고기 내에서 어떤 형태로 존재하다가 인체에 감염을 일으키는가?

① 피낭유충
② 레디아
③ 유모유충
④ 포자유충

44 일반적인 인수공통감염병에 속하지 않는 것은?

① 탄저병
② 고병원성 조류인플루엔자
③ 홍역
④ 광견병

45 자외선의 작용과 거리가 먼 것은?

① 피부암 유발
② 안구진탕증 유발
③ 살균 작용
④ 비타민D 형성

46 환자나 보균자의 분뇨에 의해서 감염될 수 있는 경구감염병은?

① 장티푸스
② 결핵
③ 인플루엔자
④ 디프테리아

47 열사병의 원인이 될 수 있는 것은?

① 마이크로파
② 적외선
③ 자외선
④ 엑스선

48 각 식품에 대한 대체식품의 연결이 바르게 짝지어지지 않은 것은?

① 고등어 – 꽁치, 삼치, 참치
② 시금치 – 미나리, 깻잎, 상추
③ 돼지고기 – 두부, 소고기, 닭고기
④ 닭고기 – 요거트, 우유

49 다음 중 폐기율이 가장 높은 것은?

① 멥쌀
② 달걀
③ 가자미
④ 삼겹살

50 육류 연화에 사용하는 과일이 가진 단백질 분해 효소가 아닌 것은?

① 피신
② 브로멜린
③ 파파인
④ 아밀라아제

51 과일 저장고의 온도, 습도, 기체조성 등을 조절하여 장기간 과실을 저장하는 방법은?

① 산 저장
② 자외선 저장
③ 무균포장 저장
④ CA저장

52 다음 중 안 좋은 냄새나 연기를 배출시키기 위한 환기 시설은?

① 후드
② 트렌치
③ 컨베이어
④ 트랩

53 신체의 근육과 혈액을 합성하는 구성 영양소는?

① 물
② 비타민
③ 무기질
④ 단백질

54 스톡조리 시 향과 풍미가 적을 때 해결 방법으로 가장 적합한 것은 무엇인가?

① 소금을 소량 추가하여 풍미를 준다.
② 조리 시 불의 세기를 강하게 한다.
③ 스톡조리 후 소창 등으로 맑게 거른다.
④ 뼈를 더 추가하여 끓인다.

55 다음의 스톡조리 설명 중 틀린 것은 무엇인가?

① 부케가르니에 사용되는 후추는 향을 추출하기 위해 통으로 사용한다.
② 미르포아는 양파, 당근, 샐러리를 주로 사용한다.
③ 짧은 시간 끓이는 스톡은 미르포아를 크게, 오래 끓이는 스톡은 작게 재단한다.
④ 소뼈, 송아지뼈, 닭뼈 등 모두 다른 향을 가진다.

56 샌드위치 조리 시 스프레드를 사용하는 이유가 아닌 것은?

① 맛의 증진을 위해서
② 빵과 재료의 밀착력을 위해서
③ 열량의 감소를 위해서
④ 빵의 눅눅함을 방지하기 위해서

57 샌드위치 플레이팅 시 다음 중 옳지 않은 것은?

① 핫 샌드위치는 접시도 따뜻하게 준비한다.
② 접시의 모양과 색이 화려한 것을 선택한다.
③ 먹는 사람이 편한 플레이팅이 되어야 한다.
④ 샌드위치 크기에 알맞은 접시를 선택한다.

58 전채조리의 핑거볼(Finger bowl) 설명으로 옳은 것은?

① 식후에 손가락을 씻는 그릇
② 핑거푸드를 담는 그릇
③ 가재나 새우 등을 옮겨 담는 그릇
④ 닭뼈나 생선뼈를 버리는 그릇

59 샐러드 담기의 주의사항으로 틀린 것은?

① 드레싱은 미리 뿌리지 않고 제공 직전 뿌리거나 곁들인다.
② 야채의 물기는 촉촉히 남아 있도록 한다.
③ 부재료가 주재료를 가리지 않도록 한다.
④ 드레싱은 샐러드의 양을 고려하여 알맞게 담는다.

60 조식조리의 달걀조리에 대한 설명 중 연결이 옳지 않은 것은?

① 서니 사이드 업 : 달걀의 한쪽만 익혀 반대쪽 면은 노른자가 봉긋 올라와 있다.
② 오버하드 : 달걀을 양쪽으로 완전히 익힌 것이다.
③ 오믈렛 : 달걀을 스크램블드로 휘저어 치즈가 속 재료를 채워 타원형으로 모양낸 것이다.
④ 스크램블드 에그 : 구운 잉글리시 머핀에 홀랜다이즈 소스를 올린 달걀요리이다.

01 조리 작업자의 복장 위생 설명 중 옳지 않은 것은?

① 머리카락은 위생모 밖으로 나오지 않도록 한다.
② 위생복은 진한 색으로 하여 쉽게 더러움이 보이지 않도록 한다.
③ 위생장갑은 용도에 맞게 구분하여 착용한다.
④ 조리화는 작업자의 발에 딱 맞도록 한다.

02 다음 중 바이러스에 의한 감염이 아닌 것은?

① 폴리오
② 인플루엔자
③ 장티푸스
④ 유행성감염

03 식품의 위생과 관련된 곰팡이의 특징이 아닌 것은?

① 건조식품을 잘 변질시킨다.
② 대부분 생육에 산소를 요구하는 절대 호기성 미생물이다.
③ 곰팡이독을 생성하는 것도 있다.
④ 일반적으로 생육 속도가 세균에 비하여 빠르다.

04 다음 중 대장균의 최적증식온도 범위는?

① 0~5℃
② 5~10℃
③ 30~40℃
④ 55~75℃

05 모든 미생물을 제거하여 무균 상태로 하는 조작은?

① 소독
② 살균
③ 멸균
④ 정균

06 60℃에서 30분간 가열하면 식품 안전에 위해가 되지 않는 세균은?

① 살모넬라균
② 클로스트리디움 보틀리눔균
③ 황색포도상구균
④ 장구균

07 식품과 자연독의 연결이 맞는 것은?

① 독버섯 – 솔라닌
② 감자 – 무스카린
③ 살구씨 – 파세오루나틴
④ 목화씨 – 고시폴

08 식품첨가물 중 보존료의 목적을 가장 잘 표현한 것은?

① 산도 조절
② 미생물에 의한 부패 방지
③ 산화에 의한 변패 방지
④ 가공과정에서 파괴되는 영양소 보충

09 다음 중 알레르기성 식중독을 유발하는 세균은?

① 병원성 대장균
② 프로테우스 모르가니
③ 엔테로박터 사카자키
④ 비브리오 콜레라

10 구매시장 조사의 종류에 속하지 않는 것은?

① 기본 시장 조사
② 품목별 시장 조사
③ 소비자의 선호도 조사
④ 구매 거래처의 업태 조사

11 식품위생법상 식품위생 수준의 향상을 위하여 필요한 경우 조리사에게 교육을 받을 것을 명할 수 있는 자는?

① 관할시장
② 보건복지부장관
③ 식품의약품안전처장
④ 관할 경찰서장

12 식품위생법의 정의에 따른 기구에 해당하지 않는 것은?

① 식품 섭취에 사용되는 기구
② 식품 또는 식품첨가물에 직접 닿는 기구
③ 농산품 채취에 사용되는 기구
④ 식품 운반에 사용되는 기구

13 식품위생법상 조리사가 식중독이나 그 밖에 위생과 관련한 중대한 사고 발생의 직무상 책임에 대한 1차 위반 시 행정처분기준은?

① 시정명령
② 업무정지 1개월
③ 업무정지 2개월
④ 면허취소

14 카제인은 어떤 단백질에 속하는가?

① 당단백질
② 지단백질
③ 도단백질
④ 인단백질

15 전분 식품의 노화를 억제하는 방법으로 적합하지 않은 것은?

① 설탕을 첨가한다.
② 식품을 냉장보관한다.
③ 식품의 수분함량을 15% 이하로 한다.
④ 유화제를 사용한다.

16 과실 저장고의 온도, 습도, 기체 조성 등을 조절하여 장기간 과실을 저장하는 방법은?

① 산 저장
② 자외선 저장
③ 무균포장 저장
④ CA저장

17 신맛 성분과 주요 소재 식품의 연결이 틀린 것은?

① 구연산 – 감귤류
② 젖산 – 김치류
③ 호박산 – 늙은 호박
④ 주석산 – 포도

18 미생물의 생육에 필요한 수분활성도의 크기로 옳은 것은?

① 세균 〉효모 〉곰팡이
② 곰팡이 〉세균 〉효모
③ 효모 〉곰팡이 〉세균
④ 세균 〉곰팡이 〉효모

19 근채류 중 생식보다 기름에 볶는 것이 더 좋은 식품은?

① 무
② 고구마
③ 토란
④ 당근

20 다음 중 단백가가 가장 높은 것은?

① 쇠고기
② 달걀
③ 대두
④ 버터

21 가정에서 많이 사용되는 다목적 밀가루는?

① 강력분
② 중력분
③ 박력분
④ 초강력분

22 다음 중 산성 식품에 해당하는 것은?

① 곡류
② 사과
③ 감자
④ 시금치

23 아미노산, 단백질 등이 당류와 반응하여 갈색 물질을 생성하는 반응은?

① 폴리페놀 옥시다아제
② 마이야르 반응
③ 캐러멜화 반응
④ 티로시나아제 반응

24 제조 과정 중 단백질 변성에 의한 응고 작용이 일어나지 않는 것은?

① 치즈 가공
② 두부 제조
③ 달걀 삶기
④ 딸기잼 제조

25 난황에 주로 함유되어 있는 색소는?

① 클로로필
② 안토시아닌
③ 카로티노이드
④ 플라보노이드

26 튀김옷의 재료에 관한 설명으로 틀린 것은?

① 중조를 넣으면 탄산가스가 발생하면서 수분이 증발해 바삭해진다.
② 달걀을 넣으면 달걀 단백질의 응고로 수분흡수가 방해돼 바삭해진다.
③ 글루텐 함량이 높은 밀가루가 오랫동안 바삭한 상태를 유지한다.
④ 얼음물로 반죽하면 점도가 낮게 유지되어 바삭해진다.

27 달걀의 기능을 이용한 음식의 연결이 잘못된 것은?

① 응고성 – 달걀찜
② 팽창제 – 시폰케이크
③ 간섭제 – 맑은 장국
④ 유화성 – 마요네즈

28 냉장고 사용 방법으로 틀린 것은?

① 뜨거운 음식은 식혀서 냉장고에 보관한다.
② 문을 여닫는 횟수를 가능한 한 줄인다.
③ 온도가 낮으므로 식품을 장기간 보관해도 안전하다.
④ 식품의 수분이 건조되므로 밀봉하여 보관한다.

29 식품을 고를 때 채소류의 감별법으로 틀린 것은?

① 오이는 굵기가 고르고 만졌을 때 가시와 무거운 느낌이 있는 것이 좋다.
② 당근은 일정한 굵기로 통통하고 마디나 뿌리가 없는 것이 좋다.
③ 양배추는 가볍고 잎이 얇으며 신선하고 광택이 있는 것이 좋다.
④ 우엉은 껍질이 매끈하고 수염뿌리가 없는 것으로 굵기가 일정한 것이 좋다.

30 조리장의 설비에 대한 설명 중 부적합한 것은?

① 조리장의 내벽은 바닥으로부터 5cm까지 내수성 자재로 한다.
② 충분한 내구력이 있는 구조여야 한다.
③ 조리장에는 식품 및 식기류의 세척을 위한 위생적인 세척 시설을 갖춘다.
④ 조리원 전용의 위생적 수세 시설을 갖춘다.

31 마늘에 함유된 황화합물로 특유의 냄새를 가지는 성분은?

① 알리신(Allicin)
② 디메틸설파이드(Dimethyl sulfide)
③ 머스타드 오일(Mustard oil)
④ 캡사이신(Capsaicin)

32 조찬용 빵 중 다음 설명에 가장 근접한 것은 무엇인가?

> • 달걀, 계피 가루, 설탕, 우유를 섞어 빵을 담근 후 버터를 두른 팬에 굽는다.
> • 잼이나 메이플시럽을 곁들인다.

① 와플
② 팬케이크
③ 프렌치 토스트
④ 소프트 롤

33 화이트 루 조리 시 설명으로 옳지 않은 것은?

① 버터와 밀가루를 동량으로 사용한다.
② 루 조리 시 불세기는 센 불로 유지하며 볶는다.
③ 루 조리 시엔 바닥이 두꺼운 냄비가 유용하다.
④ 화이트 루는 크림소스, 크림스프 등의 농도를 걸쭉하게 만든다.

34 육류 조리에 대한 설명으로 맞는 것은?

① 육류를 오래 끓이면 질긴 지방 조직인 콜라겐이 젤라틴화 되어 국물이 맛있어진다.
② 스튜는 건열 방식으로 고깃덩어리를 기름에 강불로 굽는 것이다.
③ 시머링은 150℃의 온도를 유지하며 끓이는 방법이다.
④ 고기의 결 방향으로 잘라 조리하여야 육질이 연하다.

35 단체급식에서 식품의 재고관리에 대한 설명으로 틀린 것은?

① 각 식품에 적당한 재고기간을 파악하여 이용하도록 한다.
② 식품의 특성이나 사용 빈도 등을 고려하여 저장 장소를 정한다.
③ 비상시를 대비하여 가능한 한 많은 재고량을 확보할 필요가 있다.
④ 먼저 구입한 것은 먼저 소비한다.

36 우유 가열 시 표면에 얇은 피막이 생긴다. 이와 같은 열 변성이 나타나는 온도는?

① 40~45℃
② 50~55℃
③ 60~65℃
④ 70~75℃

37 중조를 넣어 콩을 삶을 때 가장 문제가 되는 것은?

① 비타민B_1의 파괴가 촉진됨
② 콩이 잘 무르지 않음
③ 조리수가 많이 필요함
④ 조리시간이 길어짐

38 고기를 연하게 하기 위해 사용하는 과일에 들어 있는 단백질 분해효소가 아닌 것은?

① 피신
② 브로멜린
③ 파파인
④ 아밀라아제

39 찹쌀떡이 멥쌀떡보다 더 늦게 굳는 이유는?

① pH가 낮기 때문에
② 수분함량이 적기 때문에
③ 아밀로오스의 함량이 많기 때문에
④ 아밀로펙틴의 함량이 많기 때문에

40 다음 중 가장 강한 살균력을 갖는 것은?

① 적외선
② 자외선
③ 가시광선
④ 근적외선

41 호흡기계 감염병이 아닌 것은?

① 폴리오
② 홍역
③ 백일해
④ 디프테리아

42 학교급식의 교육 목적으로 옳지 않은 것은?

① 편식 교육
② 올바른 식생활 교육
③ 빈곤 아동들의 급식 교육
④ 영양에 대한 올바른 교육

43 채소로부터 감염되는 기생충으로 짝지어진 것은?

① 편충, 동양모양선충
② 폐흡충, 회충
③ 구충, 선모충
④ 회충, 무구조충

44 다음 중 감각온도의 3요소가 아닌 것은?

① 기온
② 기습
③ 기류
④ 기압

45 다음 중 인수공통감염병에 속하지 않는 것은?

① 광견병
② 탄저
③ 고병원성 조류인플루엔자
④ 백일해

46 다음 중 아메바에 의해서 발생하는 질병은?

① 장티푸스
② 콜레라
③ 유행성 간염
④ 이질

47 폐기물 소각 처리 시의 가장 큰 문제점은?

① 악취가 발생하며 수질이 오염된다.
② 다이옥신이 발생한다.
③ 처리 방법이 불쾌하다.
④ 지반이 약화되어 균열이 생길 수 있다.

48 다음 중 공중보건사업과 거리가 먼 것은?

① 보건교육
② 인구보건
③ 감염병 치료
④ 보건행정

49 원가의 3요소 중 노무비에 속하지 않는 것은?

① 급식비
② 파트타임비
③ 직접노무비
④ 임금

50 식품별 계량법이다. 옳지 않게 연결된 것은?

① 흑설탕 : 용기에 눌러 담아 계량
② 버터 : 실온에 두어 부드러워진 후 용기에 눌러 담아 계량
③ 밀가루 : 고운 체에 내려 수북하게 담아 평평하게 깎아 측정
④ 된장, 고추장 : 듬뿍 떠서 계량

51 젤라틴의 응고에 관한 내용으로 틀린 것은?

① 젤라틴의 농도가 높을수록 빨리 응고된다.
② 설탕의 농도가 높을수록 빨리 응고된다.
③ 염류는 젤라틴이 물을 흡수하는 것을 막아 단단하게 응고시킨다.
④ 단백질 분해효소를 사용하면 응고력이 약해진다.

52 전분의 노화를 촉진시키는 요인이 아닌 것은?

① 아밀로오스 함량이 많을수록
② 수분함량이 30~60%일 때
③ 0~5℃ 냉장 상태
④ 30% 설탕 첨가 시

53 식품의 갈변현상 중 효소적 갈변현상과 관련이 없는 것은?

① 된장 갈변
② 바나나 갈변
③ 감자 갈변
④ 우엉의 갈변

54 다음 중 강력분을 사용하지 않는 것은?

① 케이크
② 식빵
③ 마카로니
④ 피자

55 파스타를 삶을 때의 방법 및 현상으로 올바르지 않은 것은?

① 파스타 삶을 물은 파스타량의 10배 정도가 적당하다.
② 건조 파스타를 삶으면 그 무게가 약 4배로 팽창한다.
③ 삶을 때 소금을 넣으면 파스타의 풍미가 높아진다.
④ 파스타를 삶을 때 사용한 물을 면수라고 한다.

56 얇은 팬을 이용하여 소량의 버터나 식용유지를 넣고 채소나 고기류 등을 고온에서 가볍게 볶는 조리법을 무엇이라 하는가?

① 소테
② 블랜칭
③ 딥펫 프라잉
④ 포칭

57 소의 부위별 조리법으로 연결이 잘못된 것은?

① 등심 : 구이, 스테이크 등
② 갈비 : 구이, 찜, 탕 등
③ 우둔 : 찌개, 국거리 등
④ 양지 : 조림, 편육, 국거리 등

58 질긴 고기를 부드럽게 하기 위해 효과적으로 사용할 수 있는 재료는?

① 참기름
② 올리브유
③ 레몬 주스
④ 화이트 와인

59 버터를 켜켜이 넣어 만든 페스트리 반죽을 초승달 모양으로 만든 빵은?

① 바게트
② 크루아상
③ 브리오슈
④ 잉글리시 머핀

60 달걀을 삶을 때 반숙으로 삶기 위해 적당한 시간은?

① 25초
② 3~4분
③ 5~7분
④ 12분

01 국가의 보건수준이나 생활수준을 나타내는데 가장 많이 이용되는 지표는?

① 병상이용률
② 건강보험수혜자수
③ 영아사망률
④ 조출생률

02 바지락 속에 들어 있는 독성분은?

① 베네루핀
② 솔라닌
③ 무스카린
④ 아마니타톡신

03 다음 중 잠복기가 가장 짧은 식중독은?

① 황색포도상구균 식중독
② 살모넬라균 식중독
③ 장염 비브리오 식중독
④ 장구균 식중독

04 세균 번식이 잘 되는 식품과 가장 거리가 먼 것은?

① 온도가 적당한 식품
② 수분을 함유한 식품
③ 영양분이 많은 식품
④ 산이 많은 식품

05 세균성 식중독과 병원성 소화기계 감염병을 비교한 것으로 틀린 것은?

	세균성 식중독	병원성 소화기계 감염병
①	많은 균량으로 발병	소량의 균량으로도 발병
②	2차 감염이 빈번	2차 감염이 없음
③	식품위생법으로 관리	감염병예방법으로 관리
④	비교적 짧은 잠복기	비교적 긴 잠복기

06 관능을 만족시키는 식품첨가물이 아닌 것은?

① 동클로로필린나트륨
② 질산나트륨
③ 아스파탐
④ 소르빈산

07 생선 및 육류의 초기부패 판정 시 지표가 되는 물질에 해당하지 않는 것은?

① 휘발성염기질소
② 암모니아
③ 트리메틸아민
④ 아크롤레인

08 다음 중 이타이이타이병과 관계있는 중금속 물질은?

① 수은(Hg)
② 카드뮴(Cd)
③ 크롬(Cr)
④ 납(Pb)

09 오래된 과일이나 산성 채소 통조림이 원인이 되는 화학성 식중독의 원인 물질은?

① 칼슘
② 주석
③ 철분
④ 아연

10 조리사 또는 영양사 면허의 취소처분을 받고 그 취소된 날부터 얼마의 기간이 경과되어야 면허를 받을 자격이 있는가?

① 1개월
② 3개월
③ 6개월
④ 1년

11 식품위생법상 출입·검사·수거에 대한 설명 중 틀린 것은?

① 관계 공무원은 영업소에 출입하여 영업에 사용하는 식품 또는 영업시설 등에 대하여 검사를 실시한다.
② 관계 공무원은 영업상 사용하는 식품 등을 검사를 위하여 필요한 최소량이라 하더라도 무상으로 수거할 수 없다.
③ 관계 공무원은 필요에 따라 영업에 관계되는 장부 또는 서류를 열람할 수 있다.
④ 출입·검사·수거 또는 열람하려는 공무원은 그 권한을 표시하는 증표를 지니고 이를 관계인에 내보여야 한다.

12 일반음식점의 모범업소의 지정기준이 아닌 것은?

① 화장실에 1회용 위생종이 또는 에어타월이 비치되어 있어야 한다.
② 주방에는 입식조리대가 설치되어 있어야 한다.
③ 1회용 물컵을 사용하여야 한다.
④ 종업원은 청결한 위생복을 입고 있어야 한다.

13 우리나라 식품위생법 등 식품위생 행정업무를 담당하고 있는 기관은?

① 환경부
② 고용노동부
③ 보건복지부
④ 식품의약품안전처

14 소분업 판매를 할 수 있는 식품은?

① 전분
② 식용유지
③ 식초
④ 빵가루

15 탄수화물의 조리가공 중 변화되는 현상과 가장 관계 깊은 것은?

① 거품생성
② 호화
③ 유화
④ 산화

16 색소를 보존하기 위한 방법 중 틀린 것은?

① 녹색 채소를 데칠 때 식초를 넣는다.
② 매실장아찌를 담글 때 소엽(차조기 잎)을 넣는다.
③ 연근을 조릴 때 식초를 넣는다.
④ 햄 제조 시 질산칼륨을 넣는다.

17 효소적 갈변반응에 의해 색을 나타내는 식품은?

① 분말 오렌지
② 간장
③ 캐러멜
④ 홍차

18 단맛 성분에 소량의 짠맛 성분을 혼합할 때 단맛이 증가하는 현상은?

① 맛의 상쇄현상
② 맛의 상승현상
③ 맛의 변조현상
④ 맛의 대비현상

19 브로멜린이 함유되어 있어 고기 연화에 이용되는 과일은?

① 사과
② 파인애플
③ 귤
④ 복숭아

20 지방의 경화에 대한 설명으로 옳은 것은?

① 물과 지방이 서로 섞여 있는 상태이다.
② 불포화지방산에 수소를 첨가하는 것이다.
③ 기름을 7.2℃까지 냉각시켜서 지방을 여과하는 것이다.
④ 반죽 내에서 지방층을 형성하여 글루텐 형성을 막는 것이다.

21 대두를 구성하는 콩단백질의 주성분은?

① 글리아딘
② 글루텔린
③ 글루텐
④ 글리시닌

22 간장, 다시마 등의 감칠맛을 내는 주된 아미노산은?

① 알라닌
② 글루탐산
③ 리신
④ 트레오닌

23 열에 의해 가장 쉽게 파괴되는 비타민은?

① 비타민C
② 비타민A
③ 비타민E
④ 비타민K

24 가열로 고유의 냄새 성분이 생성되지 않는 것은?

① 장어구이
② 스테이크
③ 커피
④ 포도주

25 연제품 제조에서 탄력성을 위해 꼭 첨가해야 하는 것은?

① 소금
② 설탕
③ 펙틴
④ 글루타민산소다

26 맥아당은 어떤 성분으로 구성되어 있는가?

① 포도당 2분자가 결합된 것
② 과당과 포도당 각 1분자가 결합된 것
③ 과당 2분자가 결합된 것
④ 포도당과 전분이 결합된 것

27 1g당 발생하는 열량이 가장 큰 것은?

① 당질   ② 단백질
③ 지방   ④ 알코올

28 냉동생선을 해동하는 방법으로 위생적이며 영양 손실이 가장 적은 경우는?

① 18~22℃의 실온에 둔다.
② 40℃의 미지근한 물에 담가 둔다.
③ 냉장고 속에서 해동한다.
④ 23~25℃의 흐르는 물에 담가 둔다.

29 다음의 식품의 감별법 중 틀린 것은?

① 쌀알은 투명하고 앞니로 씹었을 때 강도가 센 것이 좋다.
② 생선은 안구가 돌출되고 비늘이 단단하게 붙어 있는 것이 좋다.
③ 소고기의 육색은 검붉은 것이 신선육이다.
④ 돼지고기의 색이 검붉은 것은 늙은 돼지에서 도축된 것일 수 있다.

30 다음 중 신선한 달걀은?

① 달걀을 흔들어서 소리가 나는 것
② 삶았을 때 난황의 표면이 암녹색으로 쉽게 변하는 것
③ 껍질이 매끈하고 윤기 있는 것
④ 달걀을 깼을 때 노른자의 높이가 높고 너비가 좁은 것

31 우유를 데울 때 가장 좋은 방법은?

① 냄비에 담고 끓기 시작할 때까지 강한 불로 데운다.
② 이중냄비에 넣고 젓지 않고 데운다.
③ 냄비에 담고 약한 불에서 젓지 않고 데운다.
④ 이중냄비에 넣고 저으면서 데운다.

32 조리대 배치 형태 중 환풍기와 후드의 수를 최소화할 수 있는 것은?

① 일렬형
② 병렬형
③ ㄷ자형
④ 아일랜드형

33 아래의 3가지 요소 중 단체급식 조리장 신축 시 우선적으로 고려할 사항 순으로 배열된 것은?

㉠ 위생	㉡ 경제	㉢ 능률

① ㉢ → ㉡ → ㉠
② ㉡ → ㉠ → ㉢
③ ㉠ → ㉢ → ㉡
④ ㉡ → ㉢ → ㉠

34 스파게티와 국수 등에 이용되는 문어나 오징어 먹물의 색소는?

① 타우린
② 멜라닌
③ 미오글로빈
④ 히스타민

35 조리장의 입지조건으로 적당하지 않은 곳은?

① 급·배수가 용이하고 소음, 악취, 분진, 공해 등이 없는 곳
② 사고 발생 시 대피하기 쉬운 곳
③ 조리장이 지하층에 위치하여 조용한 곳
④ 재료의 반입, 오물의 반출이 편리한 곳

36 버터의 대용품으로 생산되고 있는 식물성 유지는?

① 쇼트닝
② 마가린
③ 마요네즈
④ 땅콩버터

37 조미의 기본 순서로 가장 옳은 것은?

① 설탕 → 소금 → 간장 → 식초
② 설탕 → 식초 → 간장 → 소금
③ 소금 → 식초 → 간장 → 설탕
④ 간장 → 설탕 → 식초 → 소금

38 매운맛의 성분명과 식재료의 연결이 옳지 못한 것은?

① 차비신 – 무
② 진저론 – 생강
③ 시니그린 – 고추냉이
④ 알리신 – 마늘

39 단체급식의 목적이 아닌 것은?

① 피급식자의 건강의 회복, 유지, 증진을 도모한다.
② 피급식자의 식비를 경감한다.
③ 피급식자에게 물질적 충족을 준다.
④ 영양교육과 음식의 중요성을 교육함으로써 바람직한 급식을 실현한다.

40 소화흡수가 잘 되도록 하는 방법으로 가장 적절한 것은?

① 짜게 먹는다.
② 동물성 식품과 식물성 식품을 따로따로 먹는다.
③ 식품을 잘고 연하게 조리하여 먹는다.
④ 한꺼번에 많은 양을 먹는다.

41 젤라틴과 한천에 관한 설명으로 틀린 것은?

① 한천은 보통 28~35℃에서 응고되는데 온도가 낮을수록 빨리 굳는다.
② 한천은 식물성 급원이다.
③ 젤라틴은 젤리, 양과자 등에서 응고제로 쓰인다.
④ 젤라틴에 생파인애플을 넣으면 단단하게 응고한다.

42 밀가루 반죽 시 넣는 첨가물에 관한 설명으로 옳은 것은?

① 유지는 글루텐 구조형성을 방해하여 반죽을 부드럽게 한다.
② 소금은 글루텐 단백질을 연화시켜 밀가루 반죽의 점탄성을 떨어뜨린다.
③ 설탕은 글루텐 망사구조를 치밀하게 하여 반죽을 질기고 단단하게 한다.
④ 달걀을 넣고 가열하면 단백질의 연화작용으로 반죽이 부드러워진다.

43 원가계산의 목적으로 옳지 않은 것은?

① 원가의 절감 방안을 모색하기 위해서
② 제품의 판매가격을 결정하기 위해서
③ 경영손실을 제품가격에서 만회하기 위해서
④ 예산 편성의 기초자료로 활용하기 위해서

44 다음 중 상수처리 과정에서 가장 마지막 단계는?

① 급수
② 취수
③ 정수
④ 도수

45 규폐증에 대한 설명으로 틀린 것은?

① 먼지 입자의 크기가 $0.5{\sim}5.0\,\mu\mathrm{m}$일 때 잘 발생한다.
② 대표적인 진폐증이다.
③ 암석가공업, 도자기공업, 유리제조업의 근로자들이 주로 많이 발생한다.
④ 일반적으로 위험요인에 노출된 근무 경력이 1년 이후부터 자각 증상이 발생한다.

46 공중보건학의 목표에 관한 설명으로 틀린 것은?

① 건강 유지
② 질병 예방
③ 질병 치료
④ 지역사회 보건수준 향상

47 생균을 사용하는 예방접종으로 면역이 되는 질병은?

① 파상풍
② 콜레라
③ 폴리오
④ 백일해

48 돼지고기를 날 것으로 먹거나 불완전하게 가열하여 섭취할 때 감염될 수 있는 기생충은?

① 유구조충
② 무구조충
③ 광절열두조충
④ 간디스토마

49 음식물이나 식수에 오염되어 경구적으로 침입되는 감염병이 아닌 것은?

① 유행성이하선염
② 파라티푸스
③ 세균성이질
④ 폴리오

50 매개 곤충과 질병이 잘못 연결된 것은?

① 이 – 발진티푸스
② 쥐벼룩 – 페스트
③ 모기 – 사상충증
④ 벼룩 – 렙토스피라증

51 스톡의 종류에 해당되지 않는 것은?

① 브라운 스톡
② 화이트 스톡
③ 브라운 그래비
④ 쿠르부용

52 식품구매관리의 시장기능으로 거리가 먼 것은?

① 구매정보
② 교환기능
③ 경영활동
④ 홍보활동

53 전채요리의 조리법 중 연결이 잘못된 것은?

① 그라탱 : 식품에 치즈, 크림, 달걀 등을 올려 오븐에 굽는 방법
② 볶음 : 얇은 팬을 이용하여 소량의 버터나 식용유지를 넣고 재료를 센 불에 살짝 볶는 방법
③ 포칭 : 재료를 스톡, 쿠르 부용에 잠기도록 하여 뚜껑을 열고 삶는 방법
④ 블랜칭 : 재료를 잘게 잘라 삶은 후 갈아내는 방법

54 전채요리를 접시에 담을 때의 고려사항 중 옳지 못한 것은?

① 일정한 간격과 질서를 두고 담는다.
② 여백 없이 푸짐하게 담는다.
③ 먹는 이의 편리성이 고려되어야 한다.
④ 요리의 맛, 풍미, 온도에 유의하여 담는다.

55 다음 중 조식요리에서의 달걀조리법 중 습식열을 이용한 방법은 무엇인가?

① 포티드 에그
② 스크램블드 에그
③ 오믈렛
④ 에그 베네딕트

56 갑각류가 주재료가 되어 끓이는 수프는 무엇인가?

① 미네스트로니 수프
② 비스크 수프
③ 퓌레 수프
④ 비프 콘소메 수프

57 육류조리 시 습열식 조리법에 속하지 않는 것은?

① 브로일링
② 포칭
③ 시머링
④ 글레이징

58 육류요리 플레이팅에 적합하지 않은 설명은?

① 스테이크는 따뜻한 소스가 완전히 덮여 있어야 한다.
② 적당한 양을 균형 있게 담는다.
③ 접시의 온도도 플레이팅이다.
④ 다양한 맛과 향이 공존해야 한다.

59 알칼리성 식품의 성분에 해당하는 것은?

① 유즙의 칼슘(Ca)
② 생선의 황(S)
③ 곡류의 염소(Cl)
④ 육류의 인(P)

60 물에 녹는 수용성 비타민은?

① 레티놀
② 토코페롤
③ 티아민
④ 칼시페롤

01 음식을 먹기 전에 가열하여도 식중독 예방이 가장 어려운 균은?

① 포도상구균
② 살모넬라균
③ 장염비브리오균
④ 병원성 대장균

02 미생물이 자라는 데 필요한 조건이 아닌 것은?

① 온도
② 햇빛
③ 수분
④ 영양분

03 황변미 중독을 일으키는 오염 미생물은?

① 곰팡이
② 효모
③ 세균
④ 기생충

04 식품첨가물 중 보존제의 목적과 가장 거리가 먼 것은?

① 수분 감소의 방지
② 신선도 유지
③ 식품의 영양가 보존
④ 변질 및 부패 방지

05 체내에서 흡수되면 신장의 재흡수장애를 일으켜 칼슘 배설을 증가시키는 중금속은?

① 납
② 수은
③ 비소
④ 카드뮴

06 소독의 지표가 되는 소독제는?

① 석탄산
② 크레졸
③ 과산화수소
④ 포르말린

07 감자, 고구마 및 양파와 같은 식품에 싹이 트는 것을 억제하는 효과가 있는 것은?

① 자외선 살균법
② 적외선 살균법
③ 일광 소독법
④ 방사선 살균법

08 아래에 설명과 일치하는 성분으로 옳은 것은?

- 주류 발효과정에서 존재한다.
- 포도주, 사과주 등에 메탄올이 생성되어 함유될 수 있다.
- 중독 증상은 구토, 복통, 설사 및 심하면 실명할 수 있다.

① 메틸알코올
② 구연산
③ 지방산
④ 아미노산

09 식품첨가물의 사용목적이 아닌 것은?

① 변질, 부패방지
② 관능개선
③ 질병예방
④ 품질개량, 유지

10 육류의 직화구이 및 훈연 중에 발생하는 발암물질은?

① 아크릴아마이드
② 니트로사민
③ 에틸카바메이트
④ 벤조피렌

11 식품위생수준 및 자질향상을 위하여 조리사 및 영양사에게 교육을 받을 것을 명할 수 있는 자는?

① 보건소장
② 시장 · 군수 · 구청장
③ 식품의약품안전처장
④ 보건복지부장관

12 일반음식점을 개업하기 위하여 수행하여야 할 사항과 관할 관청은?

① 영업허가 – 지방식품의약품안전청
② 영업신고 – 지방식품의약품안전청
③ 영업허가 – 특별자치도 · 시 · 군 · 구청
④ 영업신고 – 특별자치도 · 시 · 군 · 구청

13 식품위생법상 허위표시, 과대광고, 비방광고 및 과대포장의 범위에 해당하지 않는 것은?

① 허가 · 신고 또는 보고한 사항이나 수입신고한 사항과 다른 내용의 표시 · 광고
② 제조방법에 관하여 연구하거나 발견한 사실로서 식품학 · 영양학 등의 분야에서 공인된 사항의 표시
③ 제품의 원재료 또는 성분과 다른 내용의 표시 · 광고
④ 제조연월일 또는 유통기한을 표시함에 있어서 사실과 다른 내용의 표시 · 광고

14 식품위생법에서 사용하는 표시에 대한 정의는?

① 식품, 식품첨가물에 기재하는 문자, 숫자를 말한다.
② 식품, 식품첨가물에 기재하는 문자, 숫자 또는 도형을 말한다.
③ 식품, 식품첨가물, 기구 또는 용기·포장에 기재하는 문자, 숫자를 말한다.
④ 식품, 식품첨가물, 기구 또는 용기·포장에 적는 문자, 숫자 또는 도형을 말한다.

15 식품위생법상 조리사를 두어야 하는 영업장은?

① 유흥주점
② 단란주점
③ 일반 레스토랑
④ 복어조리점

16 불포화지방산을 포화지방산으로 변화시키는 경화유에는 어떤 물질이 첨가되는가?

① 산소
② 수소
③ 질소
④ 칼슘

17 치즈 제품을 굳기에 따라 구분할 때 일반적으로 가장 경도가 높은 것은?

① 체다 치즈
② 블루 치즈
③ 카망베르 치즈
④ 크림 치즈

18 식품의 수분활성도(Aw)란?

① 식품의 수증기압과 그 온도에서의 물의 수증기압의 비
② 자유수와 결합수의 비
③ 식품의 단위시간당 수분증발량
④ 식품의 상대습도와 주위의 온도와의 비

19 식품을 구성하는 성분 중 특수성분인 것은?

① 수분
② 효소
③ 섬유소
④ 단백질

20 신맛 성분과 주요 소재식품의 연결이 틀린 것은?

① 초산 – 식초
② 젖산 – 김치류
③ 구연산 – 바나나
④ 주석산 – 포도

21 카로티노이드에 대한 설명으로 옳은 것은?

① 클로로필과 공존하는 경우가 많다.
② 산화효소에 의해 쉽게 산화되지 않는다.
③ 자외선에 대해서 안정하다.
④ 물에 쉽게 용해된다.

22 한천의 용도가 아닌 것은?

① 훈연제품의 산화방지제
② 푸딩, 양갱의 겔화제
③ 유제품, 청량음료 등의 안정제
④ 곰팡이, 세균 등의 배지

23 당류 가공품 중 결정형 캔디는?

① 퐁당
② 캐러멜
③ 마시멜로
④ 젤리

24 간장이나 된장의 착색은 주로 어떤 반응이 관계하는가?

① 아미노 카르보닐 반응
② 캐러멜화 반응
③ 아스코르빈산 산화반응
④ 페놀 산화반응

25 검정콩밥을 섭취하면 쌀밥을 먹었을 때보다 쌀에서 부족한 어떤 영양소를 보충할 수 있는가?

① 단백질
② 탄수화물
③ 지방
④ 비타민

26 사과의 갈변촉진 현상에 영향을 주는 효소는?

① 아밀라아제
② 리파아제
③ 아스코르비나아제
④ 폴리페놀 옥시다아제

27 유화액의 상태가 같은 것으로 묶인 것은?

① 우유, 버터, 마요네즈
② 버터, 아이스크림, 마가린
③ 크림 수프, 마가린, 마요네즈
④ 우유, 마요네즈, 아이스크림

28 다음 식품 중 직접 가열하는 급속해동법이 많이 이용되는 것은?

① 생선류
② 육류
③ 반조리 식품
④ 계육

29 전분의 호화와 점성에 대한 설명 중 틀린 것은?

① 곡류는 서류보다 호화온도가 높다.
② 전분의 입자가 클수록 빨리 호화된다.
③ 소금은 전분의 호화와 점도를 억제한다.
④ 산 첨가는 가수분해를 일으켜 호화를 촉진시킨다.

30 난백에 기포가 생기는 것에 영향을 주는 것은?

① 난백에 거품을 낼 때 식초를 조금 넣으면 거품이 잘 생긴다.
② 난백에 거품을 낼 때 녹인 버터를 1큰술 넣으면 거품이 잘 생긴다.
③ 머랭을 만들 때 설탕은 맨 처음에 넣는다.
④ 난백은 0℃에서 가장 안정적이고 기포가 잘 생긴다.

31 필수지방산에 속하는 것은?

① 리놀렌산
② 올레산
③ 스테아르산
④ 팔미트산

32 우유를 응고시키는 요인과 거리가 먼 것은?

① 가열
② 레닌
③ 산
④ 당류

33 육류의 근원섬유에 들어 있으며 근육의 수축이완에 관여하는 단백질은?

① 미오겐
② 미오신
③ 미오글로빈
④ 콜라겐

34 해조류에서 추출한 성분으로 식품에 점성을 주고 안정제, 유화제로서 널리 이용되는 것은?

① 알긴산
② 펙틴
③ 젤라틴
④ 이눌린

35 습열 조리법으로 조리하지 않는 것은?

① 치킨 스튜
② 피시 차우더 스프
③ 서로인 스테이크
④ 비프 콘소메

36 햇볕에 말린 생선이나 버섯에 특히 많은 비타민은?

① 비타민C
② 비타민K
③ 비타민D
④ 비타민E

37 어취 제거 방법에 대한 설명으로 틀린 것은?

① 식초나 레몬즙을 이용하여 어취를 약화시킨다.
② 된장, 고추장의 흡착성은 어취 제거 효과가 있다.
③ 술을 넣으면 알코올에 의하여 어취가 더 심해진다.
④ 우유에 미리 담가두면 어취가 약화된다.

38 밀가루로 빵을 만들 때 첨가하는 다음 물질 중 글루텐 형성을 돕는 것은?

① 설탕
② 지방
③ 중조
④ 달걀

39 콩이나 콩나물을 삶을 때 뚜껑을 닫으면 콩 비린 내 생성이 방지되는 이유는?

① 건조를 방지해서
② 산소를 차단해서
③ 색의 변화를 차단해서
④ 오래 삶을 수 있어서

40 식품을 계량하는 방법으로 틀린 것은?

① 밀가루 계량은 부피보다 무게가 더 정확하다.
② 흑설탕은 계량 전 체에 내린 다음 계량한다.
③ 고체 지방은 계량 후 고무주걱으로 잘 긁어 옮긴다.
④ 꿀같이 점성이 있는 것은 계량컵을 이용한다.

41 기름 성분이 하수구로 들어가는 것을 방지하기 위해 가장 바람직한 하수관의 형태는?

① S 트랩
② P 트랩
③ 드럼
④ 그리스 트랩

42 일반적인 식품의 구매 방법으로 가장 옳은 것은?

① 고등어는 2주일분을 한꺼번에 구입한다.
② 느타리버섯은 3일에 한 번씩 구입한다.
③ 쌀은 1개월분을 한꺼번에 구입한다.
④ 소고기는 1개월분을 한꺼번에 구입한다.

43 급식시설의 유형 중 1인 1식 제공 기준 사용하는 물의 양이 가장 많은 곳은?

① 학교급식
② 병원급식
③ 사업체급식
④ 기숙사급식

44 고기의 질긴 결합조직 부위를 물과 함께 장시간 끓였을 때 연해지는 이유는?

① 엘라스틴이 알부민으로 변화되어 용출
② 엘라스틴이 젤라틴으로 변화되어 용출
③ 콜라겐이 알부민으로 변화되어 용출
④ 콜라겐이 젤라틴으로 변화되어 용출

45 무기질만으로 짝지어진 것은?

① 지방, 나트륨, 비타민A
② 칼슘, 인, 철
③ 지방산, 염소, 비타민B
④ 아미노산, 요오드, 지방

46 질병의 감염 경로로 틀린 것은?

① 아메바성이질 – 환자, 보균자의 분변이나 음식물
② 유행성 간염 A형 – 환자, 보균자의 분변이나 음식물
③ 폴리오 – 환자, 보균자의 콧물과 분변, 음식물
④ 세균성이질 – 환자, 보균자의 콧물, 재채기 등의 분비물과 음식물

47 회복기 보균자에 대한 설명으로 옳은 것은?

① 병원체에 감염되어 있지만 임상증상이 아직 나타나지 않은 상태의 사람
② 병원체를 몸에 지니고 있으나 겉으로는 증상이 나타나지 않는 건강한 사람
③ 질병의 임상 증상이 회복되는 시기에도 여전히 병원체를 지닌 사람
④ 몸에 세균 등 병원체를 오랫동안 보유하고 있으면서 자신은 병의 증상을 나타내지 아니하고 다른 사람에게 옮기는 사람

48 간디스토마와 폐디스토마의 제1중간숙주를 순서대로 짝지어 놓은 것은?

① 우렁이 – 다슬기
② 잉어 – 가재
③ 사람 – 가재
④ 붕어 – 참게

49 다음 감염병 중 바이러스가 병원체인 것은?

① 세균성이질
② 폴리오
③ 파라티푸스
④ 장티푸스

50 만성감염병과 비교할 때 급성감염병의 역학적 특성은?

① 발생률은 낮고 유병률은 높다.
② 발생률은 높고 유병률은 낮다.
③ 발생률과 유병률이 모두 높다.
④ 발생률과 유병률이 모두 낮다.

51 집단감염이 잘 되며 항문 부위의 소양증을 유발하는 기생충은?

① 회충
② 구충
③ 요충
④ 간흡충

52 중독될 경우 소변에서 코프로포르피린(Coproprophyrin)이 검출될 수 있는 중금속은?

① 철
② 크롬
③ 납
④ 시안화합물

53 다음 중 자외선의 작용과 거리가 먼 것은?

① 피부암 유발
② 관절염 유발
③ 살균작용
④ 비타민D 형성

54 물의 자정작용에 해당되지 않는 것은?

① 희석작용
② 침전작용
③ 소독작용
④ 산화작용

55 다음 중 따뜻한 전채요리에 속하는 것은?

① 푸아그라
② 오이스터
③ 라비올리
④ 트러플

56 전채요리를 담아 내는 접시 중 기본 접시로 분류
되며 안정감과 익숙함을 주는 모양은?

① 둥근 접시
② 정사각 접시
③ 타원형 접시
④ 삼각형 접시

57 식품 취급을 하지 말아야 할 사람에 속하지 않는
것은?

① 소화력 저하 환자
② 감염질환자
③ 피부질환자
④ 염증 환자

58 스톡조리 시 미르포아에 사용되는 재료들로 틀린
것은?

① 샐러리, 양파
② 양파, 당근
③ 당근, 샐러리
④ 생강, 마늘

59 건식열을 이용한 달걀요리 시 서니 사이드 업이
란 어떤 방법인가?

① 달걀의 한쪽 면만 익힌 것
② 달걀의 양쪽 면을 익힌 것
③ 노른자가 완전히 익은 것
④ 흰자가 완전히 익은 것

60 수프의 농도로 분류할 때 맑은 수프로 짝지어진
것은?

① 피시차우더 수프, 콘소메 수프
② 콘소메 수프, 미네스트로니 수프
③ 콘소메 수프, 포타주
④ 피시차우더 수프, 포타주

01 다음 중 공중보건사업과 가장 거리가 먼 것은?

① 환자치료사업
② 환경위생사업
③ 검역사업
④ 방역사업

02 다음 중 재해예방의 4원칙에 해당하지 않는 것은?

① 예방가능의 원칙
② 손실우연의 원칙
③ 원인계기의 원칙
④ 선취해결의 원칙

03 조리도구 선정 시 구입결정과 관련된 기준에서 거리가 가장 먼 것은?

① 필요성
② 안전성과 위생
③ 업체와의 관계
④ 성능성

04 결함이 의심되는 경우나, 사용제한 중인 시설물의 상용 여부 등을 판단하기 위해 실시하는 점검은?

① 일상점검
② 정기점검
③ 긴급점검
④ 특별점검

05 조리 작업 시 착용해야 하는 개인 안전보호구로 가장 거리가 먼 것은?

① 안전화
② 위생모
③ 위생장갑
④ 방진마스크

06 화재분류 중 옳지 않은 것은?

① A급 화재는 재가 남지 않는 일반화재이다.
② B급 화재는 석유류화재이다.
③ C급 화재는 전기를 취급하는 장소에서 일어나는 전기화재이다.
④ D급 화재는 금속류 화재이다.

07 우리나라에서 허가된 발색제가 아닌 것은?

① 아질산나트륨
② 황산제1철
③ 질산칼륨
④ 아질산칼륨

08 다환방향족 탄화수소이며, 훈제육이나 태운 고기에서 다량 검출되어 발암 작용을 일으키는 것은?

① 질산염
② 알코올
③ 벤조피렌
④ 포름알데히드

09 에탄올 발효 시 생성되는 메탄올의 가장 심각한 중독 증상은?

① 구토
② 경기
③ 실명
④ 환각

10 식품의 변질현상에 대한 설명 중 틀린 것은?

① 통조림 식품의 부패에 관여하는 세균에는 내열성인 것이 많다.
② 우유의 부패 시 세균류가 관계하여 적변을 일으키기도 한다.
③ 식품의 부패에는 대부분 한 종류의 세균이 관계한다.
④ 가금육은 주로 저온성 세균이 주된 부패균 이다.

11 일반적으로 식품 1g 중 생균수가 약 얼마 이상일 때 초기부패로 판정하는가?

① 10^2개
② 10^4개
③ 10^7개
④ 10^{15}개

12 독소형 세균성 식중독으로 짝지어진 것은?

① 살모넬라 식중독, 장염 비브리오 식중독
② 리스테리아 식중독, 복어독 식중독
③ 황색포도상구균 식중독, 클로스트리디움 보툴리눔균 식중독
④ 맥각독 식중독, 콜리균 식중독

13 복어독 중독의 치료법으로 적합하지 않은 것은?

① 호흡촉진제 투여
② 진통제 투여
③ 위세척
④ 최토제 투여

14 식품 취급자의 화농성 질환에 의해 감염되는 식중독은?

① 살모넬라 식중독
② 황색포도상구균 식중독
③ 장염비브리오 식중독
④ 병원성 대장균 식중독

15 과실류, 채소류 등 식품의 살균목적으로 사용되는 것은?

① 초산비닐수지
② 이산화염소
③ 규소수지
④ 차아염소산나트륨

16 다음 중 내인성 위해 식품은?

① 지나치게 구운 생선
② 푸른곰팡이에 오염된 쌀
③ 싹이 튼 감자
④ 농약을 많이 뿌린 채소

17 식품위생법상 허위표시, 과대광고의 범위에 해당하지 않는 것은?

① 국내산을 주된 원료로 하여 제조, 가공한 메주, 된장, 고추장에 대하여 식품영양학적으로 공인된 사실이라고 식품의약품안전처장이 인정한 내용의 표시, 광고
② 질병치료에 효능이 있다는 내용의 표시, 광고
③ 외국과 기술 제휴한 것으로 혼동할 우려가 있는 내용의 표시, 광고
④ 화학적 합성품의 경우 그 원료의 명칭 등을 사용하여 화학적 합성품이 아닌 것으로 혼동할 우려가 있는 광고

18 우리나라 식품위생법의 목적과 거리가 먼 것은?

① 식품으로 인한 위생상의 위해 방지
② 식품영양의 질적 향상 도모
③ 국민보건의 증진에 이바지
④ 부정식품 제조에 대한 가중처벌

19 식품위생법상에서 정의하는 집단급식소에 대한 정의로 옳은 것은?

① 영리를 목적으로 하는 모든 급식시설을 일컫는 용어이다.
② 영리를 목적으로 하지 않고 비정기적으로 1개월에 1회씩 음식물을 공급하는 급식시설도 포함된다.
③ 영리를 목적으로 하지 아니하면서 특정 다수인에게 계속하여 음식을 공급하는 급식시설을 말한다.
④ 영리를 목적으로 하지 않고 계속적으로 불특정 다수인에게 음식물을 공급하는 급식시설을 말한다.

20 마이야르 반응에 영향을 주는 인자가 아닌 것은?

① 수분
② 온도
③ 당의 종류
④ 효소

21 다음 중 쌀 가공식품이 아닌 것은?

① 현미
② 강화미
③ 팽화미
④ 알파미

22 다음 중 발효식품으로 옳은 것은?

① 치즈
② 수정과
③ 사이다
④ 우유

23 채소와 과일의 가스저장(CA저장) 시 필수 요건이 아닌 것은?

① pH 조절
② 기체의 조절
③ 냉장온도 유지
④ 습도 유지

24 단백질에 관한 설명 중 옳은 것은?

① 인단백질은 단순단백질에 인산이 결합한 단백질이다.
② 지단백질은 단순단백질에 당이 결합한 단백질이다.
③ 당단백질은 단순단백질에 지방이 결합한 단백질이다.
④ 핵단백질은 단순단백질 또는 복합단백질이 화학적 또는 산소에 의해 변화된 단백질이다.

25 한천의 용도로 틀린 것은?

① 훈연제품의 산화방지제
② 푸딩, 양갱 등의 응고제
③ 유제품, 청량음료 등의 안정제
④ 곰팡이, 세균 등의 배지

26 식품의 수분활성도(Aw)에 대한 설명으로 틀린 것은?

① 식품이 나타내는 수증기압과 순수한 물의 수증기압의 비를 말한다.
② 일반적인 식품의 Aw값은 1보다 크다.
③ Aw의 값이 작을수록 미생물의 이용이 쉽지 않다.
④ 어패류의 Aw값은 0.98~0.99 정도이다.

27 장기간의 식품보존 방법과 가장 관계가 먼 것은?

① 배건법
② 염장법
③ 산저장법(초지법)
④ 냉장법

28 대표적인 콩 단백질인 글로불린이 가장 많이 함유하고 있는 성분은?

① 글리시닌
② 알부민
③ 글루텐
④ 제인

29 라면류, 건빵류, 비스킷 등은 상온에서 비교적 장시간 저장해 두어도 노화가 잘 일어나지 않는 주된 이유는?

① 낮은 수분함량
② 낮은 pH
③ 높은 수분함량
④ 높은 pH

30 신맛 성분에 유기산인 아미노기(−NH₂)가 있으면 어떤 맛이 가해진 산미가 되는가?

① 단맛
② 신맛
③ 쓴맛
④ 짠맛

31 유지의 발연점에 영향을 주는 인자와 거리가 먼 것은?

① 용해도
② 유리지방산의 함량
③ 노출된 유지의 표면적
④ 불순물의 함량

32 다음의 당류 중 단맛이 가장 약한 것은?

① 포도당
② 과당
③ 맥아당
④ 설탕

33 다음 쇠고기 성분 중 일반적으로 살코기에 비해 간에 특히 더 많은 것은?

① 비타민A, 무기질
② 단백질, 전분
③ 섬유소, 비타민C
④ 전분, 비타민A

34 오징어 먹물의 주색소는?

① 안토잔틴
② 클로로필
③ 유멜라닌
④ 플라보노이드

35 단체급식이 갖는 운영상의 문제점이 아닌 것은?

① 단시간 내에 다량의 음식 조리
② 식중독 등 대형 위생사고
③ 대량구매로 인한 재고관리
④ 적온급식의 어려움으로 음식의 맛 저하

36 완두콩을 조리할 때 정량의 황산구리를 첨가하면 특히 어떤 효과가 있는가?

① 비타민 보강
② 무기질 보강
③ 냄새 유지
④ 녹색 유지

37 신선한 달걀의 감별법 중 틀린 것은?

① 햇빛(전등)에 비출 때 공기집의 크기가 작다.
② 흔들 때 내용물이 흔들리지 않는다.
③ 6% 소금물에 넣을 시 떠오른다.
④ 깨뜨려 접시에 놓으면 노른자가 볼록하고 흰자의 점도가 높다.

38 다음 중 계량 방법이 올바른 것은?

① 마가린은 실온에서 계량컵에 눌러 담고 직선으로 된 칼이나 스패출러로 깎아 계량한다.
② 밀가루를 잴 때는 측정 직전에 체로 친 뒤 눌러서 담아 직선 스패출러로 깎아 측정한다.
③ 흑설탕을 측정할 때는 체로 친 뒤 누르지 말고 가만히 수북하게 담고 직선 스패출러로 깎아 측정한다.
④ 쇼트닝을 계량할 때는 냉장온도에서 계량컵에 꼭 눌러 담은 뒤, 직선 스패출러로 깎아 측정한다.

39 육류, 생선류, 알류 및 콩류에 함유된 주된 영양소는?

① 단백질
② 탄수화물
③ 지방
④ 비타민

40 난백으로 거품을 만들 때의 설명으로 옳은 것은?

① 레몬즙을 1~2방울 떨어뜨리면 거품 형성에 용이하다.
② 지방은 거품 형성을 용이하다.
③ 소금은 거품의 안정성에 기여한다.
④ 묵은 달걀보다 신선란이 거품 형성에 용이하다.

41 다음 중 간장의 지미 성분은?

① 포도당
② 전분
③ 글루탐산
④ 아스코리빈산

42 홍조류에 속하며 무기질과 단백질도 많이 함유된 해조류는?

① 김
② 미역
③ 우뭇가사리
④ 다시마

43 다음에서 설명하는 개념으로 옳은 것은?

식품의 구매 방법으로 필요한 품목, 수량을 표시하여 업자에게 견적서를 제출받고 품질이나 가격을 검토한 후 낙찰자를 정하여 계약을 체결하는 것

① 수의계약
② 경쟁입찰
③ 대량구매
④ 계약구입

44 달걀의 열응고성에 대한 설명 중 옳은 것은?

① 식초는 응고를 지연시킨다.
② 소금은 응고온도를 낮춘다.
③ 설탕은 응고온도를 내려주어 응고물을 연하게 한다.
④ 온도가 높을수록 가열시간이 단축되어 응고물은 연해진다.

45 우유에 산을 넣으면 응고물이 생기는데 이 응고물의 주체는?

① 유당
② 레닌
③ 카제인
④ 유지방

46 육류조리 과정 중 색소의 변화 단계가 바르게 연결된 것은?

① 미오글로빈 – 메트미오글로빈 – 옥시미오글로빈 – 헤마틴
② 메트미오글로빈 – 옥시미오글로빈 – 미오글로빈 – 헤마틴
③ 미오글로빈 – 옥시미오글로빈 – 메트미오글로빈 – 헤마틴
④ 옥시미오글로빈 – 메트미오글로빈 – 미오글로빈 – 헤마틴

47 머랭을 만들고자 할 때 설탕 첨가는 어느 단계에 하는 것이 가장 효과적인가?

① 처음 젓기 시작할 때
② 거품이 생기려고 할 때
③ 충분히 거품이 생겼을 때
④ 거품이 없어졌을 때

48 마요네즈를 만들 때 기름의 분리를 막는 것은?

① 난황
② 난백
③ 소금
④ 식초

49 고체화한 지방을 여과 처리하는 방법으로 샐러드유 제조 시 이용되며 유화상태를 유지하기 위한 가공처리 방법은?

① 용출처리
② 동유처리
③ 정제처리
④ 경화처리

50 주방의 바닥조건으로 옳은 것은?

① 산이나 알칼리에 약하고 습기, 열에 강해야 한다.
② 바닥 전체의 물매는 1/20이 적당하다.
③ 조리 작업을 드라이 시스템화할 경우 물매는 1/100 정도가 적당하다.
④ 고무타일, 합성수지타일 등이 잘 미끄러지지 않으므로 적당하다.

51 다음 중 돼지고기에만 존재하는 부위명은?

① 사태살
② 갈매기살
③ 채끝살
④ 안심살

52 상수도와 관계된 보건 문제가 아닌 것은?

① 수도열
② 반상치
③ 레이노드병
④ 수인성 감염병

53 다음 중 규폐증과 관계가 먼 것은?

① 유리규산
② 암석가공업
③ 골연화증
④ 폐조직의 섬유화

54 감염병 관리상 환자의 격리를 요하지 않는 것은?

① 콜레라
② 디프테리아
③ 파상풍
④ 장티푸스

55 실내공기의 오염지표로 사용되는 것은?

① 일산화탄소
② 이산화탄소
③ 질소
④ 오존

56 수인성 감염병의 특징을 설명한 것 중 틀린 것은?

① 단시간에 다수의 환자가 발생한다.
② 환자의 발생은 그 급수지역과 관계가 깊다.
③ 발생율이 남녀노소, 성별, 연령별로 차이가 크다.
④ 오염원의 제거로 일시에 종식될 수 있다.

57 기생충과 인체감염원인 식품의 연결이 틀린 것은?

① 유구조충 – 돼지고기
② 무구조충 – 쇠고기
③ 동양모양선충 – 민물고기
④ 아니사키스 – 바다생선

58 감염병 발생의 3대 요인이 아닌 것은?

① 병인
② 환경
③ 숙주
④ 예방접종

59 기생충에 오염된 논, 밭에서 맨발로 작업할 때 감염 가능성이 가장 높은 것은?

① 간흡충
② 폐흡충
③ 구충
④ 광절열두조충

60 4대 온열요소에 속하지 않은 것은?

① 기류
② 기압
③ 기습
④ 복사열

01 개인 위생 관리의 방법에 대한 설명 중 옳지 않은 것은?

① 조리 작업자는 시간이 허락될 때 위생교육을 이행한다.
② 조리 작업 전후 손세척 및 샤워를 한다.
③ 위생모, 조리복, 앞치마, 위생화, 위생마스크를 착용한다.
④ 손목시계를 착용하지 않는다.

02 식품위생법상 영업에 종사하지 못하는 질병이 아닌 것은?

① 장출혈성 대장균 감염증
② 결핵
③ 소화기계 질병
④ 화농성 질환

03 안전관리 재해 요소의 원인이 될 수 없는 것은?

① 수면부족
② 좋지 않은 인간관계
③ 매뉴얼 미사용
④ 빈번한 건강검진

04 오염된 미생물이 증식하여 생성한 독소에 의해 유발되는 대표적인 식중독은?

① 살모넬라균 식중독
② 황색 포도상구균 식중독
③ 리스테리아 식중독
④ 장염비브리오 식중독

05 복어와 모시조개가 가진 독성물질을 순서대로 나열한 것은?

① 엔테로톡신, 사포닌
② 테트로도톡신, 베네루핀
③ 테트로도톡신, 듀린
④ 엔테로톡신, 아플라톡신

06 곰팡이 독소와 독성을 나타내는 곳을 잘못 연결한 것은?

① 아플라톡신 – 신경독
② 오클라톡신 – 간장독
③ 시트리닌 – 신장
④ 스테리그마토시스틴 – 간장독

07 식품과 독성분의 연결이 틀린 것은?

① 독보리 – 테물린
② 섭조개 – 삭시톡신
③ 독버섯 – 무스카린
④ 매실 – 베네루핀

08 식품의 부패 시 생성되는 물질과 거리가 먼 것은?

① 암모니아
② 트리메틸아민
③ 글리코겐
④ 아민류

09 카드뮴이나 수은 등의 중금속 오염 가능성이 가장 큰 식품은?

① 육류
② 어패류
③ 식용유
④ 통조림

10 살모넬라균에 의한 식중독의 특징 중 틀린 것은?

① 장독소에 의해 발생한다.
② 잠복기는 보통 12~24시간이다.
③ 주요 증상은 메스꺼움, 구토, 복통, 발열이다.
④ 원인 식품은 대부분 동물성 식품이다.

11 통조림관의 주성분으로 과일이나 채소류 통조림에 의한 식중독을 일으키는 것은?

① 주석
② 아연
③ 구리
④ 카드뮴

12 도마의 사용방법에 관한 설명 중 잘못된 것은?

① 합성세제를 사용하여 43~45℃의 물로 씻는다.
② 염소소독, 열탕소독, 자외선살균 등을 실시한다.
③ 식재료 종류별로 전용의 도마를 사용한다.
④ 세척, 소독 후에는 건조시킬 필요가 없다.

13 과채, 식육 가공 등에 사용하여 식품 중 색소와 결합하여 식품 본래의 색을 유지하게 하는 식품 첨가물은?

① 식용타르색소
② 천연색소
③ 발색제
④ 표백제

14 식품위생법상 판매를 목적으로 하거나 영업상 사용하는 식품 및 영업시설 등 검사에 필요한 최소량의 식품 등을 무상으로 수거할 수 없는 자는?

① 국립의료원장
② 시 · 도지사
③ 시장 · 군수 · 구청장
④ 식품의약품안전처장

15 수출을 목적으로 하는 식품 또는 식품첨가물의 기준과 규격은 식품위생법의 규정 외에 어떤 기준과 규격에 의할 수 있는가?

① 수입자가 요구하는 기준과 규격
② 국립검역소장이 정하여 고시한 기준과 규격
③ FDA의 기존과 규격
④ 산업통상자원부장관의 별도 허가를 득한 기준과 규격

16 다음 중 식품위생법상 식품위생의 대상은?

① 식품, 약품, 기구, 용기, 포장
② 조리법, 조리시설, 기구, 용기, 포장
③ 조리법, 단체급식, 기구, 용기, 포장
④ 식품, 식품첨가물, 기구, 용기, 포장

17 식품접객업소의 조리판매 등에 대한 기준 및 규격에 의한 요리용 칼, 도마, 식기류의 미생물 규격은? (단, 사용 중의 것은 제외)

① 살모넬라 음성, 대장균 양성
② 살모넬라 음성, 대장균 음성
③ 황색포도상구균 양성, 대장균 음성
④ 황색포도상구균 음성, 대장균 양성

18 식품위생법상 식품 등의 위생적 취급에 관한 기준으로 틀린 것은?

① 식품 등의 보관, 운반, 진열 시에는 식품 등의 기준 및 규격이 정하고 있는 보존 및 유통기준에 적합하도록 관리하여야 한다.
② 식품 등의 제조, 가공, 조리에 직접 사용되는 기계, 기구 및 음식기는 세척, 살균하는 등 항상 청결하게 유지, 관리하여야 하며 어류, 육류, 채소류를 취급하는 칼, 도마는 공통으로 사용한다.
③ 식품 등의 제조, 가공, 조리 또는 포장에 직접 종사하는 자는 위생모를 착용하는 등 개인위생 관리를 철저히 하여야 한다.
④ 제조, 가공(수입품 포함)하여 최소판매단위로 포장된 식품 또는 식품첨가물을 영업허가 또는 신고하지 아니 하고 판매의 목적으로 포장을 뜯어 분할하여 판매하여서는 아니 된다.

19 인산을 함유하는 복합지방질로서 유화제로 사용되는 것은?

① 레시틴
② 글리세롤
③ 스테롤
④ 글리콜

20 전분의 호정화를 이용한 식품은?

① 스프
② 치즈
③ 맥주
④ 팝콘

21 어묵의 탄력과 가장 관계 깊은 것은?

① 수용성 단백질 – 미오겐
② 염용성 단백질 – 미오신
③ 결합 단백질 – 콜라겐
④ 색소 단백질 – 미오글로빈

22 달걀 저장 중에 일어나는 변화로 옳은 것은?

① pH 저하
② 중량 감소
③ 난황계수 증가
④ 수양난백 감소

23 사과를 깎아 방치했을 때 나타나는 갈변현상과 관계 없는 것은?

① 산화효소
② 산소
③ 페놀류
④ 섬유소

24 생식기능 유지와 노화방지의 효과가 있고 화학명이 토코페롤인 비타민은?

① 비타민A
② 비타민C
③ 비타민D
④ 비타민E

25 다음 중 알리신이 가장 많이 함유된 식품은?

① 마늘
② 사과
③ 고추
④ 무

26 다음 중 과일, 채소의 호흡작용을 조절하여 저장하는 방법은?

① 건조법
② 냉장법
③ 통조림법
④ 가스저장법

27 젤라틴의 원료가 되는 식품은?

① 한천
② 과일
③ 동물의 연골
④ 쌀

28 두류 가공품 중 발효과정을 거치는 것은?

① 두유
② 피넛버터
③ 유부
④ 된장

29 영양소와 급원 식품의 연결이 옳은 것은?

① 동물성 단백질 - 두부, 쇠고기
② 비타민A - 당근, 미역
③ 필수지방산 - 대두유, 버터
④ 칼슘 - 우유, 치즈

30 염지에 의해서 원료육의 미오글로빈으로부터 생성되며 비가열 식육제품인 햄 등의 고정된 육색을 나타내는 것은?

① 니트로소헤모글로빈
② 옥시미오글로빈
③ 니트로소미오글로빈
④ 메트미오글로빈

31 다음의 당류 중 케톤기를 가진 것은?

① 프룩토오스
② 만노오스
③ 갈락토오스
④ 글루코오스

32 다음 중 레토르트 식품의 가공과 관계가 없는 것은?

① 통조림
② 파우치
③ 플라스틱 필름
④ 고압솥

33 육류의 가열 변화에 의한 설명으로 틀린 것은?

① 생식할 때보다 풍미와 소화성이 향상된다.
② 근섬유와 콜라겐은 45℃에서 수축하기 시작한다.
③ 가열한 고기의 색은 메트미오글로빈이다.
④ 고기의 지방은 근수축과 수분손실을 적게 한다.

34 식단 작성 시 고려할 사항으로 틀린 것은?

① 피급식자의 영양소요량을 충족시켜야 한다.
② 좋은 식품의 선택을 위해서 식재료 구매는 예산의 1.5배 정도로 계획한다.
③ 급식인수와 형태를 고려해야 한다.
④ 기호에 따른 양과 질, 변화, 계절을 고려해야 한다.

35 생선을 씻을 때 주의사항으로 틀린 것은?

① 물에 소금을 10% 정도 타서 씻는다.
② 냉수를 사용한다.
③ 체표면의 점액을 잘 씻도록 한다.
④ 어체에 칼집을 낸 후에는 씻지 않는다.

36 자색 양배추, 가지 등 적색 채소를 조리할 때 색을 보존하기 위한 가장 바람직한 방법은?

① 뚜껑을 열고 다량의 조리수를 사용
② 뚜껑을 열고 소량의 소리수를 사용
③ 뚜껑을 덮고 다량의 조리수를 사용
④ 뚜껑을 덮고 소량의 조리수를 사용

37 냉동보관에 대한 설명으로 틀린 것은?

① 냉동된 닭을 조리할 때 뼈가 검게 변하기 쉽다.
② 떡의 장시간 노화방지를 위해서는 냉동보관하는 것이 좋다.
③ 급속냉동 시 얼음 결정이 크게 형성되어 식품의 조직 파괴가 크다.
④ 서서히 동결하면 해동 시 드립현상을 초래하여 식품의 질을 저하시킨다.

38 녹색 채소를 데칠 때 소다를 넣을 경우 나타나는 현상이 아닌 것은?

① 채소의 질감이 유지된다.
② 채소의 색을 푸르게 고정시킨다.
③ 비타민C가 파괴된다.
④ 채소의 섬유질을 연화시킨다.

39 감자의 효소적 갈변 억제 방법이 아닌 것은?

① 아스코르빈산 첨가
② 아황산 첨가
③ 질소 첨가
④ 물에 침지

40 조리용 기기의 사용법이 틀린 것은?

① 필러 : 채소 다지기
② 슬라이서 : 일정한 두께로 썰기
③ 세미기 : 쌀 세척하기
④ 블랜더 : 액체 교반하기

41 원가계산의 목적이 아닌 것은?

① 가격 결정의 목적
② 원가 관리의 목적
③ 예산 편성의 목적
④ 기말재고량 측정의 목적

42 조리 시 나타나는 현상과 그 원인 색소의 연결이 옳은 것은?

① 산성 성분이 많은 물로 지은 밥의 색은 누렇다. - 클로로필계
② 식초를 가한 양배추의 색이 짙은 갈색이다. - 플라보노이드계
③ 커피를 경수로 끓여 그 표면이 갈색이다. - 타닌계
④ 데친 시금치나물이 누렇게 되었다. - 안토시안계

43 고기를 연화시키려고 생강, 키위, 무화과 등을 사용할 때 관련된 설명으로 틀린 것은?

① 단백질의 분해를 촉진시켜 연화시키는 방법이다.
② 두꺼운 로스트용 고기에 적당하다.
③ 즙을 뿌린 후 포크로 찔러주고 일정시간 둔다.
④ 가열 온도가 85℃ 이상이 되면 효과가 없다.

44 전분의 가수분해에 해당되지 않는 것은?

① 식혜, 엿 등이 전분의 가수분해의 결과이다.
② 전분의 당화이다.
③ 효소를 넣어 최적 온도를 유지시키면 탈수축합반응에 의해 당이 된다.
④ 전분을 산과 함께 가열하면 가수분해 되어 당이 된다.

45 쌀 전분을 빨리 α-화하려고 할 때 조치사항은?

① 아밀로펙틴 함량이 많은 전분을 사용한다.
② 수침시간을 짧게 한다.
③ 가열온도를 높인다.
④ 산성의 물을 사용한다.

46 유지를 가열할 때 유지 표면에서 엷은 푸른 연기가 나기 시작할 때의 온도는?

① 팽창점
② 연화점
③ 용해점
④ 발연점

47 호화와 노화에 대한 설명으로 옳은 것은?

① 쌀과 보리는 물이 없어도 호화가 잘 된다.
② 떡의 노화는 냉장고보다 냉동고에서 더 잘 일어난다.
③ 호화된 전분을 80℃ 이상에서 급속건조하면 노화가 촉진된다.
④ 설탕의 첨가는 노화를 지연시킨다.

48 아래 설명에 해당하는 조미료로 옳은 것은?

> • 수란을 만들 때 끓는 물에 넣고 달걀을 넣으면 난백의 응고를 돕는다.
> • 작은 생선을 사용할 때 소량 가하면 뼈가 부드러워진다.
> • 기름기 많은 재료에 사용하면 맛이 부드럽고 산뜻해진다.

① 설탕
② 후추
③ 식초
④ 소금

49 전분이 효소작용을 거쳐 가수분해되어 단맛이 증가해 조청, 물엿이 만들어지는 과정은?

① 호화
② 노화
③ 호정화
④ 당화

50 직업병과 관련 원인의 연결이 틀린 것은?

① 잠함병 - 자외선
② 난청 - 소음
③ 진폐증 - 석면
④ 미나마타병 - 수은

51 고온작업환경에서 작업할 경우 말초혈관의 순환장애로 혈관신경의 부조절, 심박출량 감소가 생길 수 있는 열중증은?

① 열허탈증
② 열경련
③ 열쇠약증
④ 울열증

52 먹는 물에서 다른 미생물이나 분변 오염을 추측할 수 있는 지표는?

① 증발잔류량
② 탁도
③ 경도
④ 대장균

53 음식물로 매개될 수 있는 감염병이 아닌 것은?

① 유행성간염
② 폴리오
③ 일본뇌염
④ 콜레라

54 감염경로와 질병과의 연결이 틀린 것은?

① 공기 감염 - 공수병
② 비말 감염 - 인플루엔자
③ 우유 감염 - 결핵
④ 음식물 감염 - 폴리오

55 세균성이질을 앓고 난 아이가 얻는 면역에 대한 설명으로 옳은 것은?

① 인공면역
② 수동면역
③ 영구면역
④ 면역을 거의 획득하지 않는다.

56 쥐와 관계가 가장 적은 감염병은?

① 페스트
② 신증후군출혈열(유행성 출혈열)
③ 발진티푸스
④ 렙토스피라증

57 다수가 밀집한 장소에서 발생하며 화학적 조성이나 물리적 조성의 큰 변화를 일으켜 불쾌감, 두통, 권태, 현기증, 구토 등의 생리적 이상을 일으키는 현상은?

① 빈혈
② 일산화탄소 중독
③ 분압 현상
④ 군집독

58 작업장의 조명 불량으로 발생할 수 있는 질환이 아닌 것은?

① 안구진탕증
② 안정피로
③ 결막염
④ 근시

59 샐러드에 사용되는 마요네즈의 제조 시 필요한 재료가 아닌 것은?

① 식물성기름
② 달걀노른자
③ 소금
④ 알코올

60 샌드위치 조리 시 주의할 사항이 아닌 것은?

① 빵은 토스팅한다.
② 속 재료는 수분이 촉촉하게 남아 있어야 한다.
③ 스프레드 사용 시 속 재료의 맛을 방해하지 않도록 한다.
④ 5대 영양소가 적절하게 충족되어야 한다.

PART 05

정답 및 해설

CONTENTS

01 ④	02 ①	03 ④	04 ①	05 ②
06 ①	07 ②	08 ④	09 ③	10 ③
11 ③	12 ②	13 ②	14 ④	15 ③
16 ②	17 ①	18 ③	19 ①	20 ③
21 ④	22 ②	23 ④	24 ②	25 ④
26 ②	27 ③	28 ①	29 ③	30 ②
31 ③	32 ②	33 ①	34 ①	35 ②
36 ③	37 ④	38 ①	39 ④	40 ④
41 ③	42 ①	43 ②	44 ②	45 ②
46 ②	47 ①	48 ③	49 ④	50 ④
51 ④	52 ③	53 ④	54 ②	55 ③
56 ②	57 ③	58 ②	59 ②	60 ④

01 ④

스톡 재료로는 뼈, 미르포아, 부케가르니가 있으며, 퓌레는 각종 야채나 곡류 등을 삶아 걸쭉하게 만든 것을 말한다.

02 ①

전채요리는 주요리 전에 먹는 음식으로 짠맛과 신맛이 적절히 가미되어 식욕을 촉진시키는 역할을 한다.

오답 피하기

단맛은 주로 후식의 특징이다.

03 ④

헤테로고리아민은 음식을 고온에서 요리할 때 생기는 발암물질이다.

04 ①

② 솔라닌 : 감자의 싹이 난 부분
③ 베네루핀 : 모시조개
④ 무스카린 : 독버섯

05 ②

주석 중독 : 통조림에 도금된 주석이 산성이 강한 내용물에 의해 용출되어 중독되는 것

06 ①

설사성 패류 독소는 유독성 플랑크톤을 섭취한 패류를 다시 사람이 섭취해 발생하며 중독 증상은 설사, 메스꺼움, 복통 등 소화기계 이상 등이 있다.

07 ②

미생물 발육을 억제하여 부패를 방지하기 위해 사용되는 보존료로는 안식향산, 안식향산나트륨, 안식향산칼륨, 안식향산칼슘 등이 있다.

08 ④

식중독의 발생원인 식품
• 살모넬라균 : 육류 및 가공품
• 클로스트리디움 보툴리눔균 : 미흡하게 살균된 통조림
• 황색포도상구균 : 유가공품
• 장염비브리오균 : 어패류

09 ③

발색제의 종류
• 식물 발색제 : 황산제일철, 클루콘산철, 소명반
• 육류 발색제 : 아질산나트륨, 질산나트륨, 질산칼륨

10 ③

미생물 증식의 3대 조건
• 영양소
• 수분
• 온도

11 ③

식중독과 원인 물질
• 살모넬라, 장염비브리오 – 감염형 세균성 식중독
• 아플라톡신 – 곰팡이 독소
• 보툴리눔독소 – 독소형 세균성 식중독

12 ②

균 증식의 적정 온도
• 저온균 : 15~20℃
• 중온균 : 25~37℃
• 고온균 : 50~60℃

13 ②

일반음식점에 객실을 설치할 경우 객실에는 잠금장치를 설치할 수 없다.

14 ④

HACCP 7원칙	
1	위해요소분석
2	중요관리점(CCP) 결정
3	CCP 한계기준 설정
4	CCP 모니터링체계 확립
5	개선조치 방법 수립
6	검증 절차 및 방법 수립
7	문서화, 기록유지 방법 설정

15 ③

영업자는 회수계획을 식품의약품안전처장, 시도지사, 시장, 군수, 구청장에게 미리 보고해야 하며 회수결과를 보고받은 시도지사, 시장, 군수, 구청장은 이를 지체 없이 식품의약품안전처장에게 보고해야 한다.

16 ②

식품위생법은 식품으로 인해 생기는 위생상의 위해를 방지하고 식품영양의 질적 향상을 도모하며 식품에 관한 올바른 정보를 제공하여 국민보건의 증진에 이바지함을 목적으로 한다.

17 ①

영업에 종사하지 못하는 질병의 종류
- 피부병 및 화농성 질환자
- 콜레라, 장티푸스, 세균성이질, 장출혈성 대장균감염, A형간염, 감염성결핵환자
- 후천성면역결핍증

18 ③

우유 가공품에는 치즈, 버터, 액상 발효유 등이 있으며, 마시멜로우는 당류 가공품에 해당된다.

19 ①

동물이 도살되면 호흡과 혈액순환이 정지되기 때문에 각 조직에 전해지던 산소공급이 중단된다.

20 ③

효소는 각종 화학반응에서 자체 변화 없이 반응속도를 빠르게 하는 단백질을 말한다.

21 ④

디아세틸은 신선한 버터의 냄새 성분이다.

22 ②

유리수(자유수)	결합수
• 용질에 대해 용매로 작용 가능	• 용질에 대해 용매의 작용 불가능
• 건조에 의해 쉽게 분리	• 건조에 의해 쉽게 분리 불가
• 미생물 증식이 가능	• 미생물 증식이 불가능
• 0℃ 이하에서 동결	• 0℃ 이하에서 동결하지 않음
• 4℃에서 비중이 가장 높음	• 유리수보다 밀도가 큼
• 표면장력, 점성, 비열이 큼	

23 ④

전분의 노화가 촉진되는 조건
- 산성일수록
- 60℃ 이하에서
- 30~60% 사이의 수분함량

24 ③

찹쌀은 아밀로펙틴 100%로 구성되어 있다.

25 ④

과일은 휘발성 방향물질에 의해 향기가 나며 에스테르 화합물이 주된 성분이다.

26 ②

요오드가에 따른 기름 분류
- 건성유 : 들기름, 아마인유, 호두 등
- 반건성유 : 대두유, 면실유, 유채기름, 해바라기씨유, 참기름, 옥수수기름 등
- 불건성유 : 낙하생유, 동백유, 올리브유, 땅콩기름 등

27 ③

수용성 비타민은 물에 잘 녹고 열에 잘 파괴된다.

28 ①

수용성 안토시아닌 색소는 적색, 자색, 청색을 보이며 산성에서는 붉은색, 중성에서는 보라색, 알칼리성에서는 청색으로 나타난다.

29 ④

곤약은 당질이 3% 정도인 저칼로리 식품이다.

30 ②

신선한 달걀은 흔들었을 때 내용물이 흔들리지 않는다.

31 ③

열량급원 식품은 탄수화물, 단백질, 지방으로 각각 1g당 4kcal, 4kcal, 9kcal의 열량을 낸다.

32 ②

비타민C는 열, 수분 등에 의해 쉽게 파괴되므로 이를 유지하기 위해서는 생채나 날 것으로 조리하는 방법이 적합하다.

33 ①

어묵의 제조법 : 미오신(염용성 단백질)+소금 = 탄력있는 어묵

34 ①

주방면적은 식단, 배식 수, 조리 기기의 종류, 조리 인원 등을 고려하여 설정한다.

35 ②

생선의 어취는 뚜껑을 열고 가열하여 휘발되도록 한다.

36 ③

중조 첨가는 펙틴의 불용성을 약화시키며 펙틴질의 중합도를 저분자화해 조직을 연화시킨다.

37 ④

사태 부위는 운동량이 많아 육색이 짙고 힘줄 등의 결체조직 함량이 높으므로 국, 찌개, 찜 등의 조리에 적합하다.

38 ①

유지의 발연점이 높아지는 원인
- 수차례 반복해서 사용한 경우
- 유지의 순도가 낮을 경우
- 유리지방산의 함량이 높을 경우
- 기름이 공기와 닿는 면적이 넓을 경우

39 ④

연부현상이란 김치가 물렁해지는 현상으로 김치 보관 온도가 높거나, 공기와 맞닿거나, 가스를 제거하지 않았을 경우 빠르게 진행된다.

40 ④

편육은 물이 끓을 때 넣어야 맛 성분이 빠지지 않아 맛이 좋다.

41 ③

어류, 육류는 열처리 시 수분이 빠지면서 부피가 줄어들고, 쇠꼬리를 가열하면 콜라겐이 젤라틴화된다.

42 ①

타닌은 혀 점막의 미각 신경이 단백질을 응고시켜 떫은 맛을 느끼게 하며 주로 미숙한 과일, 차, 커피, 코코아 등에 널리 분포되어 있다.

43 ②

식단을 위한 식품 선택 시에는 영양을 우선으로 하며 대체식품은 같은 영양소 위주의 것으로, 제철식품으로 구성하는 것이 영양과 경제적으로 효율적이다.

44 ②

우유단백질 카제인은 산이나 레닌에 의해 응고된다.

45 ②

카드뮴은 칼슘과 인의 대사에 이상을 주어 골연화증, 골다공증 등을 유발시킨다.

46 ②

이산화탄소는 실내공기의 전반적인 상태를 알 수 있는 실내공기오염의 지표이다.

47 ①

십이지장충은 동물의 분변이 원인이며 경구침입하여 소장상부에 기생한다.

48 ③

비말감염이란 기침, 재채기, 대화 등을 통해 감염되며 호흡기계 감염이다.

49 ④

인플루엔자는 바이러스에 의한 호흡기계 감염병이다.

50 ④

결막염은 염증성 안구질환으로 법정 감염병에 속하지 않는다.

51 ④

영아사망률은 국가의 건강수준을 나타내는 가장 대표적인 지표로 사용된다.

52 ③

폐기종은 분진, 흡연, 대기오염 등이 원인이 되어 발생하는 만성 폐질환이다.

53 ④

발을 오랜 시간에 걸쳐 축축하고 비위생적이며 차가운 상태에 노출함으로써 일어나는 질병이다.

54 ③

개인위생 관리와 식품의 영양가 상승은 무관하다.

55 ③

바닥에 기름이나 물 등이 떨어지면 안전을 위해 즉시 처리한다.

56 ②

드레싱이 샐러드의 온도를 유지하는 역할을 하지는 않는다.

57 ③

마요네즈 제조 시 수분, 이물질 등의 혼입은 유화를 방해한다.

58 ②

온도	식재료	설명
차가운 전채요리	캐비어(Caviar)	소금에 절인 철갑상어 알
	푸아그라(Foie gras)	거위의 간
	트러플(Truffle)	송로 버섯
	오이스터(Oyster)	주로 석화로 3~10월 제공
	카나페(Canapé)	바싹 구운 식빵이나 바게트 위에 치즈, 연어, 캐비어, 과일 등을 얹어 작은 크기로 제공
따뜻한 전채요리	에스카르고(Escargot)	식용 달팽이
	라비올리(Ravioli)	이탈리아식 만두

59 ②

조리법
- 삶기(Boiling) : 끓는점 가까이로 가열된 물속에서 식품을 조리
- 그라탱(Gratin) : 식재료에 치즈, 크림, 소스 등을 올려 오븐에 굽는 조리법
- 튀김(Deep-frying) : 식용유, 면실유, 올리브유 등을 이용하여 튀기는 조리법

60 ④

가니시(Garnish)의 역할로는 훌륭한 비주얼, 영양보충, 맛의 증진 등이 있다.

01 ①	02 ③	03 ④	04 ③	05 ①
06 ②	07 ②	08 ①	09 ②	10 ③
11 ②	12 ④	13 ④	14 ③	15 ①
16 ②	17 ①	18 ②	19 ③	20 ②
21 ③	22 ②	23 ②	24 ③	25 ②
26 ②	27 ②	28 ④	29 ①	30 ④
31 ④	32 ②	33 ①	34 ①	35 ②
36 ③	37 ④	38 ③	39 ①	40 ①
41 ③	42 ①	43 ①	44 ④	45 ④
46 ④	47 ③	48 ②	49 ②	50 ②
51 ④	52 ③	53 ④	54 ①	55 ④
56 ③	57 ④	58 ④	59 ②	60 ④

01 ①

앞치마, 가운 등은 조리, 설거지, 서빙 등 용도에 맞게 구분하여 사용한다.

02 ③

조리실 내 후드의 역할은 냄새, 증기, 연기 등을 배출시키는 것이다.

03 ④

경구감염병은 소량의 균으로도 발병 가능하며 2차 감염이 있으며 면역력이 있다.

04 ③

① 아플라톡신 : 재래식 된장, 곶감, 땅콩 등이 원인이 되는 곰팡이 식중독 독소
② 솔라닌 : 오래된 감자의 싹이 난 부분에서 발견되는 물질
④ 니트로사민 : 어육류의 고단백질 식품에서 발견되는 물질

05 ①

② N-헥산(N-hexane) : 추출제
③ 유동파라핀(Liquid Paraffin) : 이형제
④ 몰포린지방산염 : 피막제

06 ②

웰치균

원인균	내열성균
잠복기	8~22시간
원인 식품	육류 및 가공품, 튀김 식품, 통조림 등
증상	복통, 심한 설사
예방법	저온 보관 및 가열 처리

07 ②

주석 : 통조림의 유해물질이며 중독 증상은 구토, 설사, 복통이다.

08 ①

식품의 변질 및 부패 원인은 미생물이다.

09 ②

소맥분 계량제 : 소맥을 표백 및 숙성하여 품질을 높이는 물질로서 과산화벤조일, 이산화염소, 브롬산칼륨 등이 있다.

10 ③

살모넬라의 원인 물질은 육류와 알류이며 증상은 복통, 설사 등이 있다.

11 ②

청매(덜 익은 매실) – 아미그달린

12 ④

- 영업허가대상
  - 식품의약품안전처장 : 식품첨가물제조업 및 식품조사처리업
  - 시, 군, 구청장 : 단란주점업, 유흥주점업
- 영업신고대상
  - 식품의약품안전처장 : 식품 등 수입판매업
  - 시, 군, 구청장 : 식품 제조 및 가공업, 즉석판매 제조업, 식품운반업, 식품소분, 판매업
  - 냉동냉장업, 용기 및 포장 제조업, 휴게음식점, 일반음식점, 위탁급식업, 제과점

13 ④

조리사를 두어야 할 영업

- 식품접객영업소
- 집단급식소
- 복어조리영업소

14 ③

집단급식소란 1회 50인 이상의 특정 다수인에게 비영리로 식사를 제공하는 급식소를 말한다.

15 ①

포도당, 과당, 갈락토오스는 단당류에 해당한다.

16 ②

비타민A : 녹황색 채소류에 다량 포함되어 있다.

17 ①

효소의 활성이 높아지면 갈변 현상도 높아진다.

18 ②

이소티오시아네이트(Isothiocyanates)는 무, 겨자의 매운맛 성분이이다.

19 ③

비트는 뿌리를 식용으로 하는 근채류에 속한다.

20 ②

오답 피하기

동물성 색소 중 근육색소는 미오글로빈이고, 혈색소는 헤모글로빈이다.

21 ③

육류는 일정한 온도 및 기간에 의해 풍미가 향상된다.

22 ②

비타민D
• 에르고스테롤 → 자외선 → 에르고칼시페롤
• 피부에서 합성되어 신체의 뼈 영양에 영향을 미친다.

23 ②

① β─전분이 α─전분으로 변하는 현상이다.
③ 온도가 높을 때 호화시간이 빠르다.
④ 전분이 덱스트린으로 분해되는 과정은 호정화이다.

24 ③

파파인은 파파야에서 얻어지는 단백질 분해효소이다.

25 ②

찹쌀은 아밀로펙틴 100%로 구성되어 있으며 노화속도가 느리다.

26 ②

달걀의 보관기간이 길어질수록 기실부가 넓어진다.

27 ②

결정형 캔디에는 퐁당, 퍼지, 얼음사탕 등이 포함된다.

28 ④

튀김 시 바닥이 두꺼운 조리도구를 사용해야 온도가 쉽게 변하지 않아 바삭한 튀김을 만들 수 있다.

29 ①

기포저해요인으로는 지방, 설탕, 우유 등이 있다(단, 설탕은 기포가 형성된 후 첨가하면 안정화에 기여).

30 ④

지용성 비타민D는 피부에서 합성되어 신체에 흡수되어 골연화증, 골다공증, 구루병, 관절염 등을 예방한다.

31 ④

당질은 필수영양소 중 하나이며 간의 해독작용에 중요한 역할을 한다.

32 ②

쿠키 제조 시 유지는 쇼트닝성, 연화성을 준다.

33 ①

식단을 위한 식품 선택 시에는 영양을 우선으로 하며 대체식품은 같은 영양소 위주의 것으로, 제철식품으로 구성하는 것이 영양과 경제적으로 효율적이다.

34 ①

용도별 밀가루
• 강력분 : 식빵, 스파게티 등에 적합
• 중력분 : 칼국수, 만두피, 수제비 등 다목적용
• 박력분 : 타르트, 파이, 쿠키 등에 적합

35 ②

편육은 끓는 물에 넣어 익혀야 육즙이 손실되지 않고 모양도 좋다.

36 ③

김의 변질 요인으로는 산소(공기), 광선, 수분이 있으며 저온 보관은 김의 변질을 막아준다.

37 ④

빵은 서서히 구워야 풍미, 질감, 외관이 좋다.

38 ③

냉장, 냉동 등의 저온저장은 보관성을 높이고 영양손실을 저하시키며 살균효과를 높이는 것은 가열처리이다.

39 ①

유구조충과 선모충은 돼지고기를 가열하지 않고 먹을 때 생길 수 있는 기생충이다.

40 ①

좁은 공간에 다수의 사람이 밀집되어 있는 조건에서 비말감염이 쉽게 이루어진다.

41 ③

리케차에 의해서 발생하는 감염병에는 발진티푸스, 발진열, Q열 등이 있다.

42 ①

적외선은 신체피부온도 상승과 홍반, 열사병, 열경련, 두통, 백내장 등을 발생시킬 수 있다.

43 ①

분변에 의한 소화기계 질병으로는 장티푸스, 세균성이질, 콜레라 등이 있다.

44 ④

기온역전현상이란 대기오염이 원인이 되어 상부기온이 하부기온보다 높은 현상을 말한다. 예 LA스모그, 런던스모그

45 ④

하수처리 방법
• 호기성처리(산소 작용) : 활성오니법, 살수여과법
• 혐기성처리(무산소 작용) : 부패조처리법, 임호프탱크법

46 ④

1T = 15g = 15cc = 15ml

47 ③

분자량이 큰 설탕을 먼저 넣어 침투시키고 식초는 마지막에 넣어 불필요한 냄새를 없앤다.

48 ②

① 페어링 나이프 : 과일이나 채소 껍질 제거 시 사용
③ 카빙 나이프 : 스테이크, 소시지, 햄 등을 자를 때 사용
④ 베지터블 나이프(과도) : 과일이나 채소용 칼, 칼날이 작고 단단함

49 ②

튀기기는 고온에서 단시간 조리하므로 영양소 파괴가 적다.

50 ②

스톡 재료
- 부케가르니 : 수프, 스튜, 소스 등을 만드는 데 사용할 스톡에 향기를 내기 위해 넣는 향료 재료의 묶음
- 미르포아 : 양파, 당근, 샐러리 등
- 뼈 : 스톡에 향을 부여하는 소고기, 송아지, 닭고기, 생선 등의 뼈

51 ④

① 포우칭 : 데치기
② 스티밍 : 찜
③ 블랜칭 : 끓는 물이나 기름에 단시간 데치기
④ 시머링 : 85℃의 약한 불에 끓임

52 ③

전채요리는 메인요리 전 서빙되는 음식으로 입맛을 돋우는 역할을 하며 작은 사이즈로 소량 준비하는 것이 보통이다.

53 ④

샌드위치 조리 시 스프레드는 빵이 눅눅해지는 것을 방지하고 재료와 빵이 잘 밀착되도록 하며 부족한 맛을 높인다.

54 ①

야채에 드레싱을 미리 버무려 놓으면 야채의 아삭함은 떨어지고 드레싱의 맛은 희석된다.

55 ④

리에종이란 난황, 생크림을 섞어 만들며 수프의 농도를 조절한다.

56 ③

토마토의 유기산이 우유의 단백질 카제인을 응고시킨다.

57 ④

① 파스타 양의 8~10배 정도의 물을 사용한다.
② 파스타 삶는 물에 올리브 오일, 소금을 넣는다.
③ 파스타를 삶은 후 뜨거울 때 올리브 오일에 버무려 놓는다.

58 ④

오징어 먹물 색소는 멜라닌에 해당된다.

59 ②

달걀 삶기는 습열식 조리 방법이다.

60 ④

① 스키머 : 스톡, 소스 등 조리 시 생기는 거품을 제거한다.
② 알뜰 주걱 : 소스, 스프레드 등을 말끔하게 뜰 수 있다.
③ 스패출러 : 크림 등을 바르거나 옮길 때 사용한다.

---

01 ②	02 ④	03 ③	04 ④	05 ①
06 ③	07 ④	08 ④	09 ②	10 ①
11 ④	12 ③	13 ④	14 ③	15 ③
16 ③	17 ④	18 ④	19 ①	20 ④
21 ②	22 ④	23 ②	24 ④	25 ①
26 ②	27 ④	28 ②	29 ④	30 ②
31 ①	32 ④	33 ②	34 ③	35 ④
36 ①	37 ④	38 ①	39 ①	40 ③
41 ②	42 ①	43 ④	44 ②	45 ③
46 ③	47 ④	48 ②	49 ①	50 ④
51 ③	52 ②	53 ④	54 ①	55 ①
56 ③	57 ②	58 ③	59 ②	60 ②

01 ②

조리장의 기본조건은 위생성, 능률성, 경제성이며 가장 중요한 조건은 위생성이다.

02 ④

개인위생 관리의 중요성
- 식중독 예방 및 안정성 유지
- 위생상 위해 방지
- 고객 신뢰 및 만족
- 안전한 먹거리 조성

03 ③

조리화는 발등을 덮을 수 있는 것으로 착용하여 뜨거운 기름이나 물이 쏟아졌을 때에 대비한다.

04 ④

주석은 통조림에서 용출되며 증상은 구토, 설사, 복통 등의 증상이 있다.

05 ①

보통 40% 정도의 수분함량이 필요하며 세균 > 효모 > 곰팡이 순으로 수분을 필요로 한다.

06 ③

종류	독소	증상	원인 식품
아플라 톡신 중독	아스퍼질러스 플라버스 (Aspergilius flavre)	간장독 등	재래식 된장, 곶감, 땅콩, 견과류
황변미 중독	시트리닌(Citrinin), 시트레오비리딘 (Citreoviridin)	신장독, 간장독, 신경독 등	저장미 (푸른곰팡이가 저장미에 번식)
맥각 중독	에르고톡신(Ergotoxin : 간장독), 에르고타민 (Ergotamine)	간장독, 신경 증상 등	밀, 보리, 호밀

07 ③

맥각중독의 원인 물질에는 에르고톡신(간장독), 에르고타민 등이 있다.

08 ④

다이옥신은 배기가스, 폐수 등에서 발생하는 환경오염 물질이다.

09 ②

(클로스트리디움)보툴리누스식중독	원인균	보툴리누스균, 내열성 아포균 등 (독소 A, B 및 E형)
	원인 독소	뉴로톡신
	잠복기	8~30시간
	원인 식품	통조림, 병조림 등의 밀폐된 포장 식품
	증상	• 시력장애, 동공확대, 언어장애, 신경마비 • 치사율 40% 이상
	예방법	• 통조림, 병조림 식품위생적 보관 • 철저한 가열 처리

10 ①

감미료란 소량 첨가로 큰 감미를 주는 물질이며, 둘신은 설탕의 250배 감미성분으로 몸 안에서 혈액독을 일으키므로 사용금지 대상이다.

11 ④

• 피막제 : 과채류 수확 후 선도를 유지하기 위해 표면막을 만들어 호흡을 억제하는 물질이다.
• 착색제 : 제조 과정 중 상실되는 색을 복원하거나 향상시키기 위해 첨가하는 물질이다.
• 산미료 : 소량 첨가만으로도 산미를 내는 물질이다.

12 ③

식품소분업이란 보건복지부령이 정하는 식품 및 첨가물의 완제품을 나누어 유통목적으로 재포장, 판매하는 영업을 말한다.

13 ④

휴게음식점은 아이스크림, 패스트푸드, 분식점 형태의 영업점을 말하며 객실을 설치할 수 없다.

14 ③

관할 보건소에서는 수입식품 관리를 하지 않는다.

15 ③

마요네즈는 식물성 기름에 난황을 첨가하여 만든 수중유적형 유지 가공품이다.

16 ③

유지의 주요 산패요인으로는 공기, 산소, 수분, 사용 빈도 등이 있으므로, 기름을 사용한 후에는 망에 걸러 불순물을 제거한 후 갈색 병에 담아 보관한다.

17 ④

젤라틴은 동물의 뼈 및 가죽에 존재하며 젤리, 아이스크림, 족편 등의 제조에 이용된다.

18 ④

덱스트린은 전분의 가수분해 산물이다.

19 ①

② 호박산 : 조개류의 감칠맛
③ 알리신 : 마늘의 매운맛
④ 나린진 : 귤 껍질의 쓴맛

20 ④

CA저장이란 과채류의 호흡 작용을 없애 저장기간을 늘리는 방법이다.

21 ②

마이야르 반응은 비효소적 갈변 현상으로 당류와 단백질이 관여한다.

22 ①

전분은 0~5℃에서 노화가 쉽게 일어나 딱딱해진다.

23 ②

정향은 나쁜 향을 제거하기 위해 사용되는 향신료의 종류이다.

24 ④

호정화(덱스트린화)에 관한 설명이며 뻥튀기, 건빵, 팝콘 등에 이용된다.

25 ④

발연점이 낮아지는 요인

• 유리지방산이 많다.
• 수차례 반복해서 사용했다.
• 기름에 이물질이 들어가 있다.
• 조리기구의 표면적이 넓다.

26 ②

비타민B₁(티아민)은 당질대사에 관여하며 산에 안정적이다.

27 ①

비타민C(아스코르브산)는 항산화제로 공기 중에서 산화되고 열에 불안정하다.

28 ②

식품별 계량법

• 가루식품 : 체에 친 후 수북하게 담은 다음 평평하게 깎아서 계량
• 액체식품 : 용기에 가득 담아 평평한 곳에 올린 후 계량
• 버터, 마가린 : 실온에 두어 부드럽게 만든 후 용기에 눌러 담아 계량
• 흑설탕 : 용기에 눌러 담아 계량

29 ④

① 선도가 낮은 생선은 양념을 진하게 하고 뚜껑을 열고 끓여야 비린내가 휘발된다.
② 지방함량이 높은 생선이 풍미가 고소하고 부드럽다.
③ 생선조림은 지나치게 오래 가열하면 살이 퍽퍽해져 맛이 떨어진다.

30 ①

날전분에 수분을 넣고 가열하면 전분이 호화되어 소화되기 좋은 상태 및 콜로이드 상태가 된다.

31 ①

열대과일은 냉장에서 보관 시 갈변 및 노화현상이 촉진되므로 상온에서 후숙하는 것이 좋다.

32 ④

오답 피하기

- 틸팅튀김팬(Tilting fry pan)은 바닥이 두꺼운 철판으로 만들어진 팬으로 다양한 조리을 활용할 수 있는 조리도구이다.
- 튀김기 : 음식을 튀길 수 있을 만큼 기름의 온도를 올리는 열선이 있는 조리도구이다.
- 증기솥 : 증기로 음식 따위를 익히는 조리도구이다.

33 ①

급식의 종류

- 위탁급식 : 급식운영을 전문으로 하는 업체에 의뢰하여 맡기는 형태의 급식
- 직영급식 : 사업체자체의 지원을 받아 운영. 품질 우선. 원가통제 가능

34 ③

영양소 1g당 열량

- 단백질 – 4kcal
- 탄수화물 – 4kcal
- 지방 – 9kcal

35 ④

오래된 달걀은 수양난백의 양이 증가하며 농도가 묽어져 삶은 후 노른자가 한 쪽으로 쉽게 치우친다.

36 ①

수의계약이란 경쟁 및 입찰의 방법을 쓰지 않으며 임의로 상대방을 골라서 체결하는 방식으로 사립학교의 경우 수의계약으로 매점 등을 운영한다.

37 ③

육색의 변화

- 미오글로빈(적자색) + 산소 → 옥시미오글로빈(선홍색) + 가열 및 산화 → 메트미오글로빈(갈색)
- 미오글로빈(적자색) + 염지 → 니트로소미오글로빈(선명한 적색)

38 ①

시금치는 다량의 조리수에서 뚜껑을 열어 수산을 날리고 단시간에 데쳐 재빨리 헹궈야 선명한 녹색을 낼 수 있다.

39 ①

레이노드증후군이란 순환기 계통의 질환으로 진동에 노출된 작업을 가진 사람들에게 생길 수 있는 질환이다.

40 ③

세계보건기구(WHO)는 건강을 육체적. 정신적. 사회적으로 모두 안녕한 상태로 정의하였다.

41 ②

검역질병의 검역기간은 그 감염병의 최장 잠복기간과 동일하다.

42 ①

주개란 주로 가정 쓰레기로 주방에서 배출되는 음식물 쓰레기를 일컫는다.

43 ③

소독의 종류

- 생석회 : 분뇨, 하수도, 진개, 오물소독
- 약용비누 : 손의 살균. 소독
- 과산화수소 : 피부, 상처소독
- 표백분 : 우물, 수영장, 야채, 식기소독

44 ②

2차 오염물질에는 오존, 알데히드, 스모그 현상 등이 있다.

45 ③

돼지고기로 감염되는 기생충에는 선모충, 유구조충이 있다.

46 ③

적외선은 피부 온도를 상승시키는 일광으로 일사병을 일으키기도 한다.

47 ④

질병의 전파

- 병인. 감염원 : 질병의 발생 원인이다.
- 환경 : 질병의 전파 경로이다.
- 숙주 : 병원체 침입에 손상을 당하는 생물체를 말한다.

48 ②

미르포아란 스톡을 만들기 위해 양파, 당근. 샐러리를 2:1:1 비율로 재단하여 넣는 것으로 오래 끓일 용도로는 크게 썰고 단시간 끓일 용도로는 잘게 썰어 준비한다.

49 ①

② 엷은 색 : 뼈, 미르포아를 제대로 볶지 않았을 때
③ 나쁜 향 : 뼈의 핏물 제거가 미흡할 때
④ 짠맛 : 소금을 넣었을 때

50 ④

드레싱의 역할

- 샐러드의 맛을 증진시킨다.
- 식욕을 촉진시킨다.
- 소화를 촉진시킨다.
- 질감과 촉감 등을 향상시킨다.

51 ③

가니시

- 음식의 맛을 보충한다.
- 맛이나 향이 튀지 않아야 한다.
- 담아 내는 양이 많지 않아야 한다.

52 ②

① 크루아상 : 페스트리 프랑스 빵으로 맛이 부드럽고 버터의 풍미가 강하다.
③ 치아바타 : 이탈리아 빵으로 속에 치즈, 햄 등을 채워 파니니 기계에 눌러 핫 샌드위치로 즐긴다.
④ 잉글리시 머핀 : 영국인들이 아침식사로 즐기는 빵으로 납작하고 동그란 모양이다.

53 ④

핫 샌드위치, 콜드 샌드위치는 온도에 따른 분류에 해당된다.

54 ①

건파스타에는 경질소맥(듀럼밀)을 제분한 세몰리나를 주로 이용한다.

55 ①

콩카세는 토마토의 씨와 껍질을 제거하는 것을 말하여 이를 제거하는 이유는 식감을 향상시키고 소화를 돕기 위함이다.

56 ③

① 잘게 다지기 – 찹(Chop)
② 육류, 곡류를 잘게 가루로 만드는 썰기 – 그라인드(Grind)
③ 얇은 편 썰기 – 슬라이스(Slice)

57 ①

쌀의 도정도가 증가할수록 영양분은 저하된다.

58 ③

대표적인 글루텐 방해인자는 지방, 설탕이다.

59 ②

루를 볶을 땐 중약불로 타지 않게 볶아야 색과 풍미가 좋다.

60 ②

비네그레트는 향이 강하지 않은 포도씨유나 일반 샐러드유를 사용한다.

기출문제 04회 171p

01 ①	02 ④	03 ④	04 ②	05 ①
06 ②	07 ④	08 ④	09 ③	10 ②
11 ③	12 ③	13 ③	14 ④	15 ③
16 ①	17 ③	18 ③	19 ②	20 ①
21 ④	22 ③	23 ③	24 ①	25 ①
26 ①	27 ④	28 ④	29 ③	30 ④
31 ①	32 ④	33 ③	34 ③	35 ①
36 ②	37 ③	38 ①	39 ①	40 ②
41 ④	42 ③	43 ④	44 ②	45 ②
46 ②	47 ②	48 ②	49 ③	50 ③
51 ④	52 ③	53 ③	54 ③	55 ②
56 ②	57 ③	58 ①	59 ③	60 ②

01 ①

식품 취급을 금해야 하는 사람
• 손의 상처, 종기, 상처가 있는 자의 조리 및 식재료 취급을 금한다.
• 감염질환자 및 관련된 보균자의 식재료 취급을 금한다.
• 피부질환자, 심한 외상, 염증 등을 가진 자의 조리 및 식재료 취급을 금한다.

02 ④

감염병 전파 방지와 예방을 위한 정기적인 건강검진은 조리사에게 필수적이다.

03 ④

끓는 물, 끓는 기름 등을 옮길 땐 주변 사람들이 위험에 대비할 수 있도록 큰소리로 옮기고 있음을 알린다.

04 ②

사카린나트륨은 젓갈류, 절임식품, 조리식품, 음료류 등에 쓰일 수 있으며 사용기준을 준수하여 사용한다.

05 ①

돈단독증은 돼지를 통해 전파되는 인수공통감염병에 해당된다.

06 ②

보통 40%의 수분 함량이 필요하며 세균 〉 효모 〉 곰팡이의 순으로 수분을 필요로 한다.

07 ④

독성분
① 리신 – 피마자
② 엔테로톡신 – 포도상구균
③ 무스카린 – 광대버섯

08 ④

규소수지는 식품 제조 시 발생되는 거품을 소멸이나 억제시키는 목적으로 사용되는 소포제이다.

09 ③

식품위생감시원의 직무
• 행정처분 이행 여부 확인
• 표시기준 및 과대광고 금지 위반 단속
• 시설기준 적합 여부 확인 및 검사
• 출입 및 검사에 관한 식품 수거
• 영업자 및 종업원 건강진단과 위생교육 이행 여부 확인
• 식품 등의 압류 및 폐기
• 영업소의 폐쇄를 위한 간판 제거 등의 조치

10 ②

위생법상 영업신고를 하여야 하는 업종
식품 등 수입판매업, 식품 제조 및 가공업, 즉석판매 제조업, 식품운반업, 식품소분, 판매업, 냉동냉장업, 용기 및 포장 제조업, 휴게음식점, 일반음식점, 위탁급식업, 제과점

11 ③

피막제는 과실, 채소 등의 표면에 피막을 형성시킴으로써 호흡 작용을 억제하고 수분 증발을 막아 저장 중 외관을 좋게 하고 신선도를 유지시키기 위해 사용되는 물질이다.

12 ③

식품별 독성분
- 섭조개 – 삭시톡신
- 모시조개 – 베네루핀

13 ③

장염 비브리오 식중독은 원인균이 호염성세균, 그람음성간균으로 어패류 및 오염된 칼, 도마 등이 원인이 된다.

14 ④

미생물의 생육에 필요한 조건
- 수분
- 온도
- 산소
- 영양분

15 ③

비타민E(토코페롤)
- 기능 : 항산화, 알칼리에 불안정
- 결핍증 : 빈혈, 노화
- 함유식품 : 견과류, 녹황색 채소, 곡류 배아

16 ①

과채류는 수확 후 지속적인 호흡작용으로 후숙을 하여 성분변화를 일으킨다. 가스저장은 탄산가스, 질소가스 등을 투하시켜 산소함량을 줄이고 호흡작용을 억제하는 저장 방법이다.

17 ③

쇼트닝성은 기름의 가공적성이다.

18 ③

간장, 된장은 산과 가열에 의한 비효소적 갈변으로 아미노카보닐반응이다.

19 ②

참기름의 주성분은 세사몰이며 이 덕분에 산패에 대하여 비교적 안정성이 크다.

20 ①

락토오스는 포도당과 갈락토오스의 결합 성분이다.

21 ④

유지의 산패도 측정법에는 산가, 과산화물가, TBA가, 카르보닐가, 활성산소법 등이 있다.

22 ③

0℃에서 매우 잘 어는 것은 자유수이다.

23 ③

훈연에는 수지가 적은 나무를 사용하며 수지가 적은 나무로는 벚나무, 밤나무, 떡갈나무, 참나무 등이 있다.

24 ①

젤라틴은 유도 단백질로서 물을 넣고 가열 시 생성된다.

25 ①

우유의 리신이 높은 온도로 가열 시 갈변현상을 일으킨다.

26 ①

산에 의해 우유단백질 카제인이 응고되는 것을 이용해 토마토 크림 수프를 조리한다.

27 ③

산패된 기름의 변화
- 둔탁한 거품이 형성된다.
- 점성이 증가한다.
- 풍미가 저하된다.
- 변질된 이취가 생긴다.
- 발연점이 낮아진다.

28 ④

조리식품이나 반조리식품은 전자레인지를 이용하여 급속해동을 하는 것이 옳다.

29 ④

튀김은 단시간 고온조리법에 해당한다.

30 ④

군대급식과 복지 향상은 거리가 멀다.

31 ①

생선튀김은 180℃에서 2~3분간 조리해야 탈수현상 없이 고유의 맛을 잃지 않고 튀길 수 있다.

32 ④

지용성 비타민은 기름과 같이 조리, 섭취 시 흡수량이 증가한다.

33 ③

고기의 과일효소 연화제
- 파파야 – 파파인
- 파인애플 – 브로멜린
- 무화과 – 피신
- 배 – 프로테아제

34 ③

머랭은 달걀흰자에 설탕을 섞은 후에 거품을 내어 만든 디저트의 일종이다.

35 ①

단백질은 아미노산이 펩티드 결합으로 구성되어 있다.

36 ②

잼의 구성요소
- 펙틴 1~1.5% 이상
- 당 60% 이상
- 산 pH2.8~3.5

37 ③

신맛은 온도의 영향을 받지 않는다.

38 ①

재고회전율이 낮다는 것은 재고량이 많이 남아 있다는 것을 의미한다.

39 ①

② 당근 : 카로티노이드 색소 – 산, 알칼리에 안정
③ 양파 : 플라보노이드 색소 – 알칼리에 황색
④ 가지 : 안토시아닌 색소 – 알칼리에 청색

40 ②

지용성 비타민(A, D, E, F, K)은 기름과 함께 조리 시 영양소 흡수율이 증가하므로, 지용성 비타민을 함유한 당근은 기름과 함께 조리하면 영양소의 흡수율이 빠르다.

41 ④

생선구이 시 석쇠에 기름칠을 하면 금속의 부착을 막을 수 있다.

42 ③

생선조리 시 식초는 생선 살을 단단하게 해 부서짐을 막는다.

43 ④

① 비타민C 결핍 – 괴혈병
② 비타민D 결핍 – 구루병
③ 비타민E 결핍 – 불임증

44 ②

접촉감염지수는 홍역이 95%로 가장 높다.

45 ②

회충, 요충, 편충, 구충, 동양모양선충 등은 중간숙주가 존재하지 않는다.

46 ②

무구조충은 소고기가 감염원인인 기생충이다.

47 ②

디프테리아는 호흡기계 감염병으로 고양이와는 관련이 없다.

48 ②

법정 제3군 감염병에는 결핵, 한센병, 후천성면역결핍증, 급성설사, 뎅기열, 급성출혈열, 에볼라, 야토병이 속한다.

49 ③

영아사망률
- 영아 : 생후 12개월 미만인 아기
- 영아사망원인 : 폐렴, 기관지염, 장염, 설사, 신생아 고유질환, 사고

50 ③

① 그리들 : 두꺼운 철판을 뜨겁게 달궈 재료를 익힌다.
② 스쿠퍼 : 아이스크림, 샐러드 등을 모양 있게 퍼낸다.
④ 슬라이서 : 재료를 얇게 저며 낸다.

51 ④

최신 제품이라 하더라도 불필요한 조리도구는 구입하지 않는 것이 효율적이다.

52 ③

미르포아는 불 조절을 하면서 충분히 볶아야 색이 좋게 나온다.

53 ③

브라운 스톡은 뼈와 미르포아를 열에 충분히 볶아 색을 진하게 캐러멜화한 것이다.

54 ③

샌드위치 빵은 속 재료와 형태에 따라 두께, 식감 등의 차이가 있다.

55 ②

① 루는 바닥이 두꺼운 조리도구를 사용하여야 타지 않는다.
③ 버터는 무염버터를 이용한다.
④ 중약불로 볶아야 루가 타지 않는다.

56 ②

수프조리 시 허브와 향신료의 역할
- 식품의 풍미를 향상
- 식욕 촉진
- 방부효과와 산화방지
- 식품의 보존성 증가
- 소화 기능 향상

57 ④

① 프렌치 토스트 : 달걀에 계피 가루, 설탕, 우유를 섞어 빵을 적셔 버터를 두른 팬에 굽는다.
② 하드 롤 : 껍질은 바삭하고 속은 부드럽다.
③ 브리오슈 : 밀가루, 버터, 이스트, 설탕 등을 넣어 반죽하여 달콤하다.

58 ①

전채요리의 특징
- 신맛과 짠맛이 적당히 있다.
- 주요리보다 소량으로 만든다.
- 예술성이 뛰어나야 한다.
- 주요리에 사용되는 재료와 조리법이 반복되지 않는다.

59 ③

소금과 간장의 염미 차이는 약 6배 정도이다.

60 ②

달걀을 이용한 농후제는 리에종으로 달걀 노른자와 생크림을 배합한 것이다.

01 ③	02 ④	03 ③	04 ①	05 ②
06 ③	07 ③	08 ①	09 ①	10 ②
11 ②	12 ④	13 ④	14 ③	15 ①
16 ②	17 ③	18 ②	19 ④	20 ③
21 ④	22 ③	23 ①	24 ④	25 ④
26 ②	27 ①	28 ④	29 ③	30 ③
31 ①	32 ③	33 ②	34 ①	35 ④
36 ④	37 ③	38 ④	39 ④	40 ①
41 ②	42 ③	43 ①	44 ③	45 ②
46 ①	47 ②	48 ④	49 ③	50 ④
51 ④	52 ①	53 ④	54 ④	55 ③
56 ③	57 ②	58 ①	59 ②	60 ④

01 ③

재고의 저장관리 시 손실을 최소화하는 것이 구매관리의 목표이다.

02 ④

안전관리란 재해로부터 인간의 생명과 재산을 보존하기 위한 계획적이고 체계적인 활동을 의미한다.

03 ③

재해의 직접 원인으로는 불안전한 행동, 불안전한 상태가 있다.

04 ①

집단급식소란 50명 이상의 특정 다수인에게 비영리를 목적으로 급식을 제공하는 시설이다.

05 ②

식품위생법상 영업의 허가를 받아야 하는 업종에는 식품조사처리업, 단란주점영업, 유흥주점영업이 있다.

06 ③

식품위생법상 조리사를 두어야 하는 영업으로는 단체 급식소, 복어음식점이 있다.

07 ③

① 삭시톡신 – 섭조개
② 베네루핀 – 모시조개
④ 아플라톡신 – 재래식 된장

08 ①

② 발색제 : 식품과 반응하여 색을 발현시킨다.
③ 살균제 : 식품미생물을 사멸시킨다.
④ 표백제 : 식품 자체의 색을 분해하여 하얗게 한다.

09 ①

보존제의 종류로는 안식향산, 안식향산나트륨, 안식향산칼륨, 안식향산칼슘이 있다.

10 ②

세균성식중독의 일반적인 특성
• 다량의 균으로 발생한다.
• 2차 감염이 없다.
• 잠복기가 짧다.
• 면역이 없다.

11 ②

테트로도톡신은 복어의 독성분이므로 식물성 자연독에 해당하지 않는다.

12 ④

① 무스카린 – 독버섯
② 솔라닌 – 감자의 싹이 난 부분
③ 아트로핀 – 미치광이풀

13 ④

장염비브리오 식중독균은 그람음성간균에 해당한다.

14 ③

① 납 – 지각손실
② 수은 – 미나마타병
④ 청산 – 구토, 복통, 현기증

15 ①

노로바이러스란 바이러스성 식중독의 일종으로 2~3일 내에 대부분 자연 치료된다.

16 ②

과일의 주된 향기 성분으로는 에스테르화합물, 알데히드 알코올 등이 있다.

17 ③

• 수중유적형 : 우유, 마요네즈, 아이스크림, 잣죽
• 유중수적형 : 마가린, 버터

18 ②

생선의 자가소화는 자체 단백질 분해효소에 의한 생선 단백질 분해 작용에 해당된다.

19 ④

호박산은 조개류 등의 감칠맛 성분이며 요구르트의 맛 성분은 유산이 담당한다.

20 ③

과일의 연육효소로는 파파야의 파파인, 파인애플의 브로멜린, 무화과의 피신이 있으며 레닌은 치즈 제조 시 이용되는 우유 응고단백질이다.

21 ④

강화미는 일반미에 비타민B_1을 더한 것이며 알파미는 건조시켜 중량과 수분을 줄인 전투용 비상식량이다.

22 ③

산성 식품에는 육류, 생선류, 곡류 등이 포함된다.

23 ①

젤라틴은 유도단백질에 속한다.

24 ④

두부는 콩의 단백질(글리시닌)에 무기염류(황산칼슘, 황산마그네슘, 염화칼슘, 염화마그네슘)를 첨가해 만드는 식품이다.

25 ④

튀김기의 경우 기름을 매일 뽑아 내 걸러 찌꺼기가 남아 있는 일이 없도록 한다.

26 ②

선입선출법은 먼저 구입한 식품을 먼저 사용하는 방법이고, 후입선출법은 나중에 구입한 식품을 먼저 사용하는 방법이다.

27 ①

재제염은 천일염을 정제한 소금, 정제염과 식탁염은 순수 염화나트륨만 분리하여 정제한 소금을 말한다.

28 ④

- 해조류로부터 얻은 다당류로서, 젤리나 양갱의 제조에 이용하는 것은 한천이다.
- 13℃ 이하의 온도에서 잘 응고된다.

29 ③

김의 감칠맛을 내는 성분에는 글루타민산이 있으므로 알칼리성 식품으로 볼 수 없다.

30 ③

물품의 검수 시에는 주문량이 정확히 도착했는지 확인하고 물품의 신선도에 신경을 써야 하므로 저울과 온도계가 필수이다.

31 ①

노화를 촉진시키는 요인
- 아밀로오스 함량이 많을수록
- 30~60%의 수분함량
- 0~5℃에서의 냉장상태
- 산성상태

32 ③

습열조리법에는 데치기, 끓이기, 삶기, 찌기 등이 있다.

33 ②

베이킹파우더는 빵, 쿠키 등을 만들 때 재료를 부풀게 하는 이스트 대용으로 사용된다.

34 ①

육두구는 음식에 넣으면 독특한 맛과 향을 낸다.

35 ④

① 배 : 프로테아제
② 키위 : 액티니딘
③ 무화과 : 피신

36 ④

유지류는 조리 시 응고작용과는 관련이 없다.

37 ③

① 채소를 잘게 썰면 단면이 넓어져 수용성 영양소의 손실이 크다.
② 전자레인지는 전자파에 의해 조리된다.
④ 넉넉한 양의 물에 채소를 데쳐야 푸른색이 최대한 유지된다.

38 ④

자외선 살균으로 완전살균을 기대하기는 어렵다.

39 ④

선도가 저하된 생선은 조미를 강하게 하며 뚜껑을 열어 비린 냄새를 휘발시키는 것이 좋다.

40 ①

육류를 가열하면 육즙이 빠지므로 중량이 줄어든다.

41 ②

유구조충은 돼지, 무구조충은 소를 매개로 감염되는 기생충이다.

42 ③

① 사람은 호흡 시 이산화탄소를 배출하고 산소를 흡입한다.
② 참호족염은 비위생적인 환경의 냉기·습기에 의한 병이다.
④ 정상 공기는 주로 산소와 질소로 구성되어 있다.

43 ①

간디스토마의 전파 경로
충란 → 제1중간숙주(왜우렁이) → 제2중간숙주(민물고기-피낭유충) → 인체감염 → 간에 기생

44 ③

인수공통감염병에는 장출혈성 대장균 감염증, 일본뇌염, 탄저병, 공수병, 광견병, 브루셀라증, 결핵, 조류인플루엔자 등이 속한다.

45 ②

안구진탕증이란 의지와는 관계없이 눈동자가 움직이고 떨리는 증상으로, 가시광선의 작용에 의해 발생한다.

46 ①

경구감염병에는 콜레라, 장티푸스, 파라티푸스, 이질, 파상열 등이 해당된다.

47 ②

적외선은 신체 피부온도 상승, 홍반, 열경련, 열사병, 두통, 백내장 등을 발생시킬 수 있다.

48 ④

닭고기는 돼지고기, 소고기, 달걀 등 단백질 식품으로 대체해야 한다.

49 ③

폐기율은 가식부를 제외한 부분으로 생선류인 가자미는 폐기율이 약 38% 정도이며, 맵쌀은 10%, 달걀은 13%, 육류는 10% 정도이다.

50 ④

아밀라아제는 녹말을 가수분해하는 효소의 총칭이다.

51 ④

가스저장법(CA저장)은 과일의 후숙을 억제하기 위해 가스를 주입하여 효소를 불활성화하고 호흡속도를 줄여 미생물의 번식을 억제하여 저장하는 방법이다.

52 ①

조리장에선 4방형 후드를 설치하여 조리 시 발생하는 연기, 냄새를 배출시킨다.

53 ④

단백질은 1g당 4kcal의 열량을 내는 에너지 공급원이며 성장 및 신체조직을 구성한다.

54 ④

스톡엔 소금 간을 하지 않으며 강불로 계속 끓이면 국물이 탁해지므로 지양한다.

55 ③

짧은 시간 끓이는 스톡은 미르포아를 작게, 오래 끓이는 스톡은 크게 재단한다.

56 ③

샌드위치 스프레드의 역할
• 코팅제 역할
• 접착제 역할
• 맛의 향상
• 촉촉한 식감

57 ②

접시의 모양과 색이 지나치게 화려하면 샌드위치가 상대적으로 돋보이지 않으며 산만함으로 인해 식욕이 저하된다.

58 ①

핑거볼이란 식후에 손가락을 씻는 그릇으로 보통 식탁 왼쪽에 놓는다.

59 ②

샐러드 야채는 물기를 제거하고 담아야 드레싱이 겉돌지 않으며 야채의 식감도 좋다.

60 ④

구운 잉글리시 머핀에 포티드 에그, 홀랜다이즈 소스를 올린 미국의 대표 조식 메뉴는 에그 베네딕트이다.

01 ②	**02** ③	**03** ④	**04** ③	**05** ③
06 ①	**07** ④	**08** ②	**09** ②	**10** ③
11 ③	**12** ③	**13** ②	**14** ④	**15** ②
16 ④	**17** ③	**18** ①	**19** ④	**20** ②
21 ②	**22** ①	**23** ④	**24** ④	**25** ③
26 ③	**27** ③	**28** ②	**29** ③	**30** ①
31 ①	**32** ③	**33** ②	**34** ①	**35** ③
36 ③	**37** ①	**38** ④	**39** ④	**40** ②
41 ①	**42** ③	**43** ①	**44** ④	**45** ④
46 ④	**47** ③	**48** ③	**49** ①	**50** ④
51 ②	**52** ④	**53** ①	**54** ①	**55** ②
56 ①	**57** ③	**58** ③	**59** ②	**60** ②

01 ②

위생복은 흰색으로 착용하여 이물질의 확인이 용이하도록 한다.

02 ③

바이러스는 세균여과기를 통과할 정도로 크기가 작아 세균 여과성 미생물이라고도 한다. 천연두, 인플루엔자, 광견병, 폴리오, 소아마비, 유행성 감염 등이 바이러스에 의한 감염에 속하며 장티푸스는 세균성 위장장애를 일으키는 미생물이다.

03 ④

일반적으로 곰팡이균의 성장속도는 세균보다 느리다.

04 ③

대장균의 최적증식온도는 37℃이다.

05 ③

① 소독 : 병원미생물의 활동을 제거하여 감염을 방지하는 것
② 살균 : 약품, 열 등으로 미생물을 죽이는 것
④ 정균 : 세균의 성장을 멈추게 하는 것

06 ①

살모넬라균은 60℃에서 30분간 가열 시 사멸된다.

07 ④

• 독버섯 – 무스카린
• 감자 – 솔라닌
• 살구씨, 청매실 – 아미그달린

08 ②

식품첨가물 중 보존료(보존제)의 목적은 미생물의 증식 방지에 있다.

09 ②

알레르기성 식중독을 유발하는 세균은 프로테우스 모르가니라는 단백질 부패균으로 히스티딘 함유량이 많은 어패류에 증식하여 다량의 히스티딘만을 유발시킨다.

10 ③

구매시장 조사의 종류
- 기본 시장 조사
- 품목별 시장 조사
- 구매 거래처의 업태 조사
- 유통경로의 조사

11 ③

식품의약품안전처장은 식품위생 수준 및 자질의 향상을 위하여 필요한 경우 조리사와 영양사에게 교육을 받을 것을 명할 수 있다.

12 ③

기구에 대한 식품위생법의 정의는 식품이나 첨가물에 직접 닿는 기계, 기구 및 그 밖의 물건을 말한다(단, 농업과 수산업에서 식품을 채취하는 데에 쓰는 기계, 기구는 제외).

13 ②

1차는 업무정지 1개월, 2차는 업무정지 2개월, 3차는 면허취소에 해당한다.

14 ④

카제인은 화학적 분류로는 인과 결합된 복합단백질이며 영양학적 분류로는 완전단백질에 속한다.

15 ②

전분 노화 억제 방법
- 유화제 첨가
- 설탕 첨가
- 급속냉동
- 수분함량 15% 이하 유지

16 ④

CA(가스저장법)는 과실의 후숙을 억제하기 위한 방법으로 효소의 활성화를 줄이고 미생물 생육 및 번식을 억제하여 저장하는 방법이다.

17 ③

신맛 성분과 주요 소재 식품 연결
- 구연산 : 감귤류, 딸기
- 식초산 : 식초
- 사과산 : 사과, 배
- 주석산 : 포도
- 아스코르빈산 : 과일 및 채소류
- 젖산 : 요구르트, 유산음료

오답 피하기

호박산 : 조개류의 맛을 내는 성분

18 ①

미생물 생육에 필요한 수분활성도
- 세균(0.94)
- 효모(0.88)
- 곰팡이(0.80)

19 ④

지용성 비타민을 함유한 당근은 기름과 조리하는 것이 흡수율이 빠르다.

20 ②

달걀의 단백질가는 94% 정도로 식품군에서 상당히 높은 편에 속한다.

21 ②

중력분의 글루텐 함량은 10~13% 정도로 만두피, 칼국수, 수제비 등 다목적으로 활용된다.

22 ①

산성 식품과 알칼리성 식품
- 산성 식품 : 어육류, 곡류 등
- 알칼리성 식품 : 과일, 야채, 해조류, 우유 등

23 ②

비효소적 갈변인 마이야르 반응은 단백질과 당의 결합에 의해 일어나는 반응으로 열에 의해 촉진된다.

24 ②

딸기잼 제조는 펙틴의 응고성을 이용하는 것으로 젤리화의 3요소는 펙틴, 유기산, 당분이다.

25 ③

난황의 주된 색소는 카로티노이드 색소이다.

26 ③

밀가루 글루텐 함량이 낮을수록 튀김이 바삭하므로 글루텐 10% 이하인 밀가루를 사용한다.

27 ③

① 응고성 - 달걀찜, 수란 등
② 팽창제 - 시폰케이크, 머랭 등
④ 유화성 - 마요네즈, 크림 수프 등

28 ③

냉장보관이라도 장기간 보관 시 미생물이 증식되며 2차 오염의 위험성도 있다.

29 ③

양배추, 양파, 배추 등은 들었을 때 묵직한 것이 좋으며 껍질이 너무 얇은 것은 오래 방치하여 수분이 빠진 것이다.

30 ①

조리장의 내벽은 바닥으로부터 1m까지 내수성 자재(타일, 콘크리트)를 사용한다.

31 ①

② 디메틸설파이드 : 양배추를 가열할 때 나타나는 향기 성분
④ 캡사이신 : 고추의 매운맛 성분

32 ③

① 와플 : 반죽이 달지 않으며 과일이나 휘핑크림을 곁들인다.
② 팬케이크 : 밀가루, 달걀, 물을 반죽하여 프라이팬에 굽는다.
④ 소프트 롤 : 모닝 롤이라고 부르며 둥글게 반죽하여 오븐에 구운 빵이다.

33 ②

루 조리 시 불 세기는 약불을 유지하여야 타지 않는다.

34 ①

• 스튜는 습열 방식으로 고깃덩어리를 육수 등에 충분히 조리는 방식이다.
• 시머링은 100도 정도의 온도를 유지하며 끓이는 방법이다.
• 고기의 결 반대 방향으로 잘라야 육질이 연하다.

35 ③

재고량은 적당량을 확보하는 것이 경제적이며, 선도 유지에도 좋다.

36 ③

우유를 60~65℃의 온도로 가열하면 표면에 얇은 피막이 생기는데, 이것은 우유 중 단백질과 지질, 무기질이 흡착되어 생긴 열 변성 작용이다.

37 ①

콩을 삶을 때 약간의 중조는 콩을 잘 무르게 하지만 동시에 비타민B₁의 파괴를 촉진시킨다.

38 ④

• 무화과 – 피신
• 파인애플 – 브로멜린
• 파파야 – 파파인

39 ④

찹쌀은 100% 정도의 아밀로펙틴으로 구성되어 노화가 늦다.

40 ②

자외선의 특성
• 파장이 가장 짧으며, 강한 살균력을 지니고 있다(강한 살균력 : 2600~2800 Å).
• 비타민D를 생성하며 골다공증, 골연화증, 구루병을 예방한다.
• 색소 침착, 피부암 등에 노출될 수 있다.
• 각막 손상, 결막염을 발생시킬 수 있다.

41 ①

폴리오의 병원체는 바이러스이며 오염된 음식물을 통해 경구 감염된다.

42 ③

학교급식은 성장기에 있는 학생의 건강 증진, 체력 향상, 건전한 식생활 습관, 원만한 인간관계를 형성함으로써 교육의 효과 증진을 목적으로 한다.

43 ①

채소로부터 감염되는 기생충으로는 회충, 구충, 요충, 편충, 동양모양선충 등이 있다.

44 ④

• 감각온도 3요소 : 기온, 기습, 기류
• 온열인자 4요소 : 기온, 기습, 기류, 복사열

45 ④

인수공통감염병이란 동물과 사람 사이에 상호 전파되는 병원체에 의하여 발생되는 전염병을 말한다.

46 ④

아메바성이질은 환자나 보균자의 분변을 통해 배출된 원충이나 낭포를 통해 경구 감염된다.

47 ②

소각 처리의 문제점은 대기오염 및 환경 호르몬인 다이옥신 방출이다.

48 ③

공중보건사업은 지역사회의 노력을 통하여 질병 예방, 생명 연장, 육체적 효율 증진, 정신적 효율 증진을 요하는 기술이며 과학으로 정의되며 치료는 이에 속하지 않는다.

49 ①

재료비	제품 제조를 위하여 소비되는 물품단가 예 급식재료비, 재료구입비 등
노무비	제품 제조를 위하여 소비되는 노동가치 예 임금, 파트타임 비용, 직접노무비, 간접노무비 등
경비	제품 제조를 위하여 소비되는 재료비, 노무비 이외의 가치 예 수도세, 전력비, 보험료, 감가상각비 등

50 ④

가루 식품	체로 친 후 수북하게 담아 평평하게 깎아 계량 측정
액체 식품	용기에 가득 담아 평평한 곳에 올린 후 계량 측정
버터, 마가린	실온에 두어 부드러워진 후 용기에 눌러 담아 계량 측정
흑설탕	용기에 눌러 담아 계량 측정
농도가 높은 페이스트류	토마토페이스트, 된장, 고추장 등은 계량스푼, 계량컵에 평평하게 눌러 담아 측정

51 ②

설탕의 첨가는 젤리를 부드럽게 한다.

52 ④

전분에 설탕을 첨가하여 탈수 및 삼투현상을 유도하면 노화가 늦춰진다.

53 ①

간장, 된장의 아미노카보닐 반응(마이야르 반응)은 산, 가열에 의한 갈변현상이다.

54 ①

케이크, 쿠키, 튀김옷 등에는 박력분이 적절하다.

55 ②

젖은 파스타의 무게는 건조 시의 약 2~2.3배가 된다.

56 ①

② 블랜칭 : 끓는 물에 재료를 넣고 단시간 데쳐 찬물에 헹구는 방법
③ 딥펫 프라잉 : 기름에 단시간 튀기는 방법
④ 포우칭 : 재료를 물이나 스톡에 담가 뚜껑을 오픈한 상태로 70℃ 정도의 온도에서 삶는 방법

57 ③

부위	조리법
목살	구이, 스테이크, 불고기, 국거리 등
등심	구이, 스테이크 등
채끝	구이, 찌개 등
안심	스테이크, 구이 등
설도	육포, 불고기, 육회, 산적 등
우둔	산적, 장조림, 육포, 조림 등
앞다리	불고기, 육회, 구이 등
갈비	구이, 찜, 탕 등
양지	조림, 편육, 국거리 등
사태	찌개, 찜, 국거리 등

58 ③

식초, 레몬 주스 등은 질긴 고기를 연하게 만드는 작용을 하므로 주로 질긴 고기에 사용된다.

59 ②

① 바게트 : 프랑스의 대표 빵으로 가늘고 길며 껍질 부분이 바삭하고 고소하다.
③ 브리오슈 : 달걀과 버터를 듬뿍 사용하는 빵으로 식감이 부드럽다.
④ 잉글리시 머핀 : 영국의 전통 빵으로 이스트와 베이킹파우더로 부풀린 것이다.

60 ②

끓기 시작한 후 3~4분 정도 삶으면 반숙이 된다.

기출문제 07회 192p

01 ③	02 ①	03 ①	04 ④	05 ②
06 ④	07 ④	08 ②	09 ②	10 ④
11 ②	12 ③	13 ④	14 ④	15 ②
16 ①	17 ①	18 ④	19 ②	20 ②
21 ④	22 ②	23 ①	24 ④	25 ①
26 ①	27 ③	28 ③	29 ③	30 ④
31 ④	32 ④	33 ④	34 ②	35 ③
36 ②	37 ①	38 ①	39 ③	40 ③
41 ④	42 ①	43 ③	44 ①	45 ④
46 ③	47 ①	48 ①	49 ①	50 ④
51 ①	52 ④	53 ①	54 ②	55 ①
56 ②	57 ①	58 ①	59 ①	60 ③

01 ③

국가 간 평가지표 중 대표적인 것은 영아사망률이며 영아사망의 원인에는 폐렴, 기관지염, 장염, 설사, 신생아 고유질환 및 사고 등이 있다.

02 ①

• 솔라닌 : 감자의 싹이 난 부분
• 무스카린, 아마니타톡신 : 독버섯

03 ①

황색포도상구균 식중독은 식품에 균이 증식되면서 중독되므로 잠복기가 1~6시간 정도로 짧은 편에 속한다.

04 ④

미생물 생육 조건
• 온도
• 수분
• 영양분

05 ②

세균성 식중독은 2차 감염성이 거의 없으며 병원성 소화기계 감염병은 2차 감염성이 빈번하다.

06 ④

소르빈산은 치즈, 식육가공품, 된장, 고추장, 과실주 등에 사용되는 보존료이다.

07 ④

아크롤레인은 유지의 고온 가열에 의해 발생하며 튀김 시 기름에서 나오는 자극적인 악취 성분이다.

08 ②

이타이이타이병은 일본의 강 하류에서 발생한 대량의 카드뮴이 뼈에 축적되어 발생한 공해병으로서 일본어로 '아프다 아프다'라는 뜻으로 많은 통증이 동반되는 병이다.

09 ②

통조림에 도금된 주석이 산성이 강한 내용물에 의해 용출되어 인체에 중독되는 것이다.

10 ④

조리사나 영양사 면허의 취소처분을 받고 그 취소된 날부터 1년이 지나지 아니한 자는 조리사 또는 영양사의 면허를 받을 수 없다.

11 ②

관계 공무원은 영업상 사용하는 식품 등 검사를 위하여 최소량의 식품 수거, 관련 장부, 서류 등을 수거할 수 있다.

12 ③

모범업소는 1회용 물컵, 1회용 숟가락, 1회용 젓가락 등을 사용하지 않아야 한다.

13 ④

식품위생 행정업무는 총리실 산하 식품의약품안전처가 담당하고 있다.

14 ④

어육제품, 식용유지, 특수용도식품, 통조림, 병조림, 레토르트식품, 전분, 장류, 식초는 소분판매가 금지되는 식품에 해당한다.

15 ②

전분의 호화란 소화가 힘든 날전분이 물과 열처리되었을 때 전분이 팽윤된 상태가 되어 소화가 잘 되는 상태로 변하는 것이다.

16 ①

녹색 야채의 색소는 산에 불안정하므로 식초를 넣으면 변색된다.

17 ①

- 간장 : 비효소적 갈변반응 중 마이야르 반응이다.
- 캐러멜 : 비효소적 갈변반응 중 캐러멜화 반응이다.
- 홍차 : 비효소적 갈변반응 중 멜라이드(아미노카르보닐) 반응이다.

18 ④

- 상쇄현상 : 본래 맛 + 다른 맛 = 본래 맛 감소
  예 커피(쓴맛) + 설탕 = 쓴맛 감소
- 상승현상 : 본래 맛 + 다른 맛 = 본래 맛 증가
  예 꿀(단맛) + 설탕 = 단맛 증가
- 변조현상 : 본래 맛 + 다른 맛 = 맛의 변화
  예 쓴액(쓴맛) + 물 = 단맛 생성
- 대비현상 : 본래 맛 + 다른 맛 = 맛이 상승
  예 단팥죽(설탕) + 소금 = 단맛 증가

19 ②

육류의 연화효소로는 배즙과 생강의 프로테이제, 파인애플의 브로멜린, 무화과의 피신, 파파야의 파파인 등이 이용된다.

20 ②

불포화지방에 수소를 첨가하는 것을 경화라 하며 경화유지는 쇼트닝, 마가린이 있다.

21 ④

콩단백질의 주요 성분은 글리시닌인데 이는 필수아미노산으로 곡류에 부족한 라이신, 트립토판이 비교적 많이 포함되어 있으며 메티오닌의 함량은 적다.

22 ②

식품별 아미노산
- 이노신산 : 가다랑어 말린 것
- 글루타민산 : 다시마, 된장, 간장 등
- 시스테인, 리신 : 육류, 어류
- 호박산 : 조개류

23 ①

비타민C는 수용성으로 물에 잘 녹고 열에 잘 파괴된다.

24 ④

빵, 커피, 땅콩, 볶은 차 등의 식물성 식품과 생선구이, 불고기 등의 동물성 식품은 가열 시 고유의 냄새 성분을 생성한다.

25 ①

어육단백질인 미오신은 소금에 의해 탄력성과 응고성이 생긴다.

26 ①

맥아당은 포도당과 포도당이 결합된 것이다.

27 ③

영양소 1g당 열량
- 당질(탄수화물) – 4kcal
- 단백질 – 4kcal
- 지방 – 9kcal
- 알코올 – 7kcal

28 ③

냉동생선, 냉동육류를 해동 시에는 냉장고에서 자연해동하는 것이 영양소와 풍미 유지, 위생적으로도 유익하다.

29 ③

소고기의 육색은 깨끗한 선홍색이 신선한 것이다.

30 ④

① 달걀을 흔들어서 소리가 나지 않아야 한다.
② 삶았을 때 난황의 색이 녹변되지 않아야 한다.
③ 달걀의 껍질이 거칠거칠해야 한다.

31 ④

우유를 데울 때 바닥이 두꺼운 냄비에서 나무주걱으로 저어가며 데워야 바닥이 눌러 붙지 않는다.

32 ④

아일랜드형은 조리기기를 한곳으로 모아 놓기 때문에 환풍기나 후드의 수를 최소한으로 줄일 수 있다.

33 ③

급식 시 가장 중요한 사항은 위생이며 능률적으로 조리가 가능해야 한다.

34 ②

스파게티나 국수에 이용되는 문어나 오징어의 먹물은 멜라닌 색소이다.

35 ③

조리장은 되도록 지상에 위치하는 것이 좋으며 지하의 경우 환기시설, 배수시설, 채광시설 등이 원활하도록 구조되어야 한다.

36 ②

마가린은 버터의 대용품으로 식물성 유지이며 경화유이다.

37 ①

조리 중 조미료 넣는 순서로는 설탕을 먼저 넣어 침투성을 높이고 식초는 나중에 넣어 잡내를 없앤다.

38 ①

차바신은 후추의 매운맛 성분이다.

39 ③

단체급식은 영리를 목적으로 하지 않는다.

40 ③

조리의 목적 중 하나는 재료를 연하고 부드럽게 만들어 소화를 촉진시키는 것이다.

41 ④

젤라틴에 과즙을 첨가하면 과즙의 유기산에 의해 가수분해를 일으켜 겔이 약화된다.

42 ①

② 소금은 밀가루 반죽의 점탄성을 높인다.
③ 설탕은 밀가루 반죽의 연화를 돕는다.
④ 달걀을 넣고 가열 처리하면 밀가루 반죽이 질겨진다.

43 ③

원가계산의 목적
• 가격결정의 목적
• 원가관리의 목적
• 예산편성의 목적
• 재무제표 작성의 목적

44 ①

상수처리과정
취수 → 도수 → 정수 → 송수 → 배수 → 급수

45 ④

규폐증이란 유리규산의 미립자가 섞여 있는 공기를 장기간 흡입하여 증세가 발생하는 만성질환으로 발병까지 15년 이상 걸리지만 분진의 농도가 상승함에 따라 발병까지의 기간이 빨라진다.

46 ③

공중보건사업이란 지역사회의 노력을 통하여 질병 예방, 생명 연장, 육체적 효율 증진, 정신적 효율 증진을 요하는 기술이며 과학으로 정의되며 질병치료와는 거리가 멀다.

47 ③

제2급 법정감염병인 폴리오는 생균백신의 접종을 통해 면역력이 강하게 형성된다.

48 ①

② 무구조충 – 소
③ 광절열두조충 – 어패류
④ 간디스토마 – 민물고기

49 ①

유행성이하선염은 주로 비말감염에 의해 전파되는 호흡기계 감염병에 해당된다.

50 ④

랩토스피라증의 매개는 들쥐이다.

51 ③

브라운 그래비는 스톡이 모체가 되는 소스의 일종이다.

52 ④

시장은 생산자에서 소비자로 전달되는 공간이므로 홍보활동과는 거리가 멀다.

53 ④

블랜칭은 식품을 끓는 물에 넣고 익혀 찬물에 행궈 내는 조리법이다.

54 ②

접시에 적당한 여백을 두고 음식을 담는다.

55 ①

포티드 에그란 90℃ 정도의 뜨거운 물에 껍질을 제거한 달걀을 넣어 익히는 방법이다.

56 ②

비스크 수프란 바닷가재나 새우 등의 갑각류 껍질을 으깨어 채소와 같이 충분히 끓이는 수프를 말한다.

57 ①

브로일링은 열원이 위에 있어 불 밑에서 고기를 익히는 건열식 조리방법이다.

58 ①

스테이크 소스는 상황에 따라 반만 덮거나 곁들이거나 바닥에 뿌린 후 스테이크를 올리기도 한다.

59 ①

산성 식품과 알칼리성 식품
• 산성 식품 : 황 · 인 · 염소 등이 많이 들어 있는 식품으로 곡류, 어류, 육류 등이 포함
• 알칼리성 식품 : 나트륨, 칼륨, 마그네슘, 칼슘 등이 많이 들어 있는 식품으로 채소류 등이 포함

60 ③

지용성 비타민
• 비타민A(레티놀)
• 비타민E(토코페롤)
• 비타민D(칼시페롤)

기출문제 08회

01 ①	02 ②	03 ①	04 ①	05 ④
06 ①	07 ④	08 ①	09 ③	10 ④
11 ③	12 ④	13 ②	14 ④	15 ④
16 ②	17 ①	18 ①	19 ②	20 ③
21 ①	22 ①	23 ①	24 ①	25 ①
26 ④	27 ④	28 ③	29 ④	30 ①
31 ①	32 ④	33 ③	34 ①	35 ③
36 ③	37 ③	38 ④	39 ②	40 ②
41 ④	42 ③	43 ②	44 ④	45 ②
46 ④	47 ③	48 ①	49 ②	50 ②
51 ③	52 ③	53 ②	54 ③	55 ③
56 ①	57 ①	58 ④	59 ①	60 ②

01 ①

균은 열에 약하나 독소는 열에 강하므로 포도상구균 식중독은 가열로 예방이 어렵다.

02 ②

미생물 생육 조건
- 온도
- 수분
- 영양분

03 ①

황변미는 푸른곰팡이의 번식이 원인이다.

04 ①

식품첨가물의 보존제는 식품변질, 부패, 신선도 저하 방지 및 영양가 보존의 역할을 한다.

05 ④

카드뮴이 체내 흡수될 시 신장장애, 골연화증, 골다공증의 뼈 질환이 발생한다.

06 ①

석탄산은 소독의 지표가 되는 소독제이다.

07 ④

방사선 조사란 식품에 방사선을 방출하는 Co^{60} 등의 물질을 조사하여 시행하는 살균법이다.

08 ①

메틸알코올은 화학적 식중독으로, 섭취 시 시신경의 염증으로 실명까지 유발할 수 있다.

09 ③

식품첨가물의 사용으로 질병예방 및 치료는 할 수 없다.

10 ④

벤조피렌
- 석탄 타르와 담배 연기에 들어 있는 발암물질
- 신체 내에서 활성화되어 DNA와 결합하고 암 유발
- 육류 가열 및 훈제처리 과정에서 다량 생성

11 ③

식품의약품안전처장은 식품위생수준 및 자질향상을 위해 조리사와 영양사에게 교육을 명할 수 있다.

12 ④

일반음식점, 식품 제조가공업, 식품첨가물제조업, 휴게음식점이 개업을 하기 위해선 영업신고를 해야 하며 특별자치도 · 시 · 군 · 구청에서 관할한다.

13 ②

도움을 준다는 표현은 허위표시, 과대광고에 해당하지 않으며 질병을 치료한다는 표현은 허위표시, 과대광고에 해당한다.

14 ④

표시란 용기, 기구, 포장 등에 기재하는 문자, 숫자, 도형을 말하며 음향 등은 포함되지 않는다.

15 ④

복어는 독성분 테트로도톡신이 함유되어 있어 잘못 다루면 생명을 위협할 수 있기 때문에 식품위생법상 복어조리점은 복어전문조리사를 두어야 한다.

16 ②

식물성 기름 + 수소 = 마가린, 쇼트닝

17 ①

경도별 치즈
- 경성치즈(경도가 높음) – 체다 치즈
- 연성치즈(경도가 낮음) – 블루 치즈, 카망베르 치즈, 크림 치즈

18 ①

식품 속의 수증기압을 순수 물의 수증기압으로 나눈 것이다.

19 ②

식품의 특수성분에는 효소, 색소, 맛, 냄새 등이 있다.

20 ③

구연산은 감귤류, 딸기 등의 신맛을 가진 식품들의 성분이다.

21 ①

카로티노이드에 속하는 카로틴 색소들과 함께 클로로필이 세포 내의 엽록체에 존재하며, 식물의 잎이나 줄기의 초록색은 클로로필류에 의한다. 산화효소에 약하여 쉽게 산화되며, 자외선에 불안정하고, 기름에 의해 쉽게 용해된다.

22 ①

훈연제품의 산화방지제로는 소르빈산, 소르빈산 칼륨 등이 있다.

23 ①

캔디의 종류
- 결정형 캔디 : 퐁당, 퍼지, 사탕 등
- 비결정형 캔디 : 캐러멜, 브리틀, 태피 등

24 ①

비효소적 갈변으로 아미노 카르보닐 반응과 관련이 있다.

25 ①

콩밥 섭취 시엔 쌀에 부족한 리신을 콩으로부터 보강할 수 있다.

26 ④

사과의 갈변은 효소적 갈변이며 풀리페놀 옥시다아제와 관련이 있다. 사과뿐만 아니라 배, 고구마 등이 같은 현상을 가진다.

27 ④

- 수중유적형 : 마요네즈, 잣수프, 아이스크림, 우유 등
- 유중수적형 : 마가린, 버터 등

28 ③

반조리 식품은 전자레인지 등을 이용하여 급속해동법으로 해동한다.

29 ④

산 첨가는 호화를 저해한다.

30 ①

달걀의 기포성
- 오해된 달걀이 기포성은 좋지만 안정성은 낮다.
- 설탕, 기름, 이물질은 기포성을 떨어뜨린다(단, 설탕은 형성된 기포를 안정화시킨다).
- 기포성은 30℃에서 좋다.
- 카스텔라, 머랭 등은 기포성을 이용한 예이다.

31 ①

필수지방산에는 리놀레산, 리놀렌산, 아라키돈산 등이 있다.

32 ④

우유의 응고 요인
- 산에 의한 응고
- 효소에 의한 응고
- 알코올이나 염류에 의한 응고
- 열에 의한 응고

33 ②

근원섬유 단백질에는 미오신, 액틴 등이 있다.

34 ①

알긴산은 해조류 중 미역 및 다시마에 다량 함유되어 있으며 아이스크림, 케첩, 푸딩 등에 사용된다.

35 ③

서로인 스테이크는 건열 육류 조리법에 속한다.

36 ③

비타민D(칼시페롤)
- 뼈 건강, 칼슘 흡수 촉진 도움
- 골다공증, 골연화증, 구루병을 예방
- 말린 버섯, 생선류, 달걀 등에 함유

37 ③

알코올이 휘발되면서 생선의 나쁜 어취를 갖고 사라진다.

38 ④

글루텐 형성을 방해하는 인자로는 설탕, 지방이 있으며 중조는 밀가루를 팽창시키는 역할을 한다.

39 ②

콩나물의 설익은 냄새는 뚜껑의 반복되는 여닫음으로 인해 산소와 맞닿아 생성된다.

40 ②

흑설탕은 스푼이나 컵에 담아 누른 후 계량한다.

41 ④

그리스 트랩이란 급식 시설에서 음식물 찌꺼기, 유지분으로 인해 생기는 비위생적인 문제를 해결하기 위한 하수관 형태를 말한다.

42 ③

고등어, 소고기 등의 신선육이나 버섯, 채소류 등의 신선을 요하는 식재료는 미리 한꺼번에가 아닌 필요시에 구입한다.

43 ②

공휴일에도 운영이 되는 장소의 급식은 물이 많이 사용된다.

44 ④

콜라겐의 젤라틴화로 인해 연해진다.

45 ②

지방, 지방산, 아미노산 등은 무기질에 포함되지 않는다.

46 ④

세균성이질의 원인 및 감염경로는 환자, 보균자의 분변이나 오염된 음식물 등이다.

47 ③

회복기 보균자란 병이 치료되었지만 회복 중에도 여전히 병원체를 지니고 있는 사람을 말한다.

48 ①

- 간디스토마 – 왜우렁이
- 폐디스토마 – 다슬기
- 횡천흡충 – 다슬기
- 광열두조충 – 물벼룩
- 아나사키스충 – 플랑크톤

49 ②

바이러스가 병원체인 질병으로는 천연두, 폴리오, 인플루엔자, 에이즈 등이 있다.

50 ②

급성감염병은 발생률은 높고, 유병률은 낮다.

51 ③

요충은 항문 주위 및 성기 부위에 기생하는 기생충이다.

52 ③

납에서 주로 검출될 수 있으며, 증상으로는 피부증상 및 신장장애 등이다.

53 ②

자외선은 피부에서 비타민D를 합성하여 뼈를 튼튼하게 한다.

54 ③

물의 자정작용에는 희석, 확산, 혼합, 침전, 여과 과정 등이 해당된다.

55 ③

라비올리는 이탈리아식 만두로서 주로 따뜻하게 서빙된다.

56 ①

종류	이미지
둥근 접시	기본 접시, 안정감과 익숙한 이미지
정사각 접시	모던하고 안정된 이미지
타원형 접시	우아함과 부드러운 이미지
삼각형 접시	개성있고 세련된 이미지

57 ①

식품 취급을 금해야 할 사람
• 손의 상처, 종기, 상처가 있는 자의 조리 및 식재료 취급을 금한다.
• 감염질환자 및 관련된 보균자의 식재료 취급을 금한다.
• 피부질환자, 심한 외상, 염증 등을 갖고 있는 자의 조리 및 식재료 취급을 금한다.

58 ④

미르포아를 조리할 때는 양파, 당근, 샐러리를 1.2cm로 잘라 준비한다.

59 ①

서니 사이드 업이란 달걀의 한쪽 면만을 익혀 반대 면의 달걀노른자는 봉긋이 올라와 있다.

60 ②

수프의 종류
• 맑은 수프 : 콘소메, 미네스트로니 수프
• 진한 수프 : 크림 수프, 포타주, 퓌레, 차우더, 비스크

---

01 ①	02 ④	03 ③	04 ④	05 ④
06 ①	07 ④	08 ③	09 ③	10 ③
11 ③	12 ③	13 ②	14 ②	15 ④
16 ③	17 ①	18 ④	19 ③	20 ④
21 ③	22 ①	23 ②	24 ①	25 ②
26 ②	27 ④	28 ①	29 ③	30 ③
31 ①	32 ③	33 ①	34 ③	35 ③
36 ④	37 ③	38 ①	39 ①	40 ①
41 ③	42 ①	43 ②	44 ②	45 ③
46 ③	47 ③	48 ①	49 ③	50 ④
51 ②	52 ③	53 ③	54 ①	55 ②
56 ③	57 ③	58 ④	59 ③	60 ②

01 ①

공중보건은 환자의 치료가 아닌 질병의 사전예방과 건강증진이 목적이다.

02 ④

재해예방의 4원칙
• 손실우연의 원칙
• 원인계기의 원칙
• 예방가능의 원칙
• 대책선정의 원칙

03 ③

조리장비 및 도구 선택의 기준은 필요성, 성능, 요구에 따른 만족도, 안전성과 위생이다.

04 ④

• 손상점검 : 재해나 사고에 의해 비롯된 구조적 손상 등에 대하여 긴급히 시행하는 점검
• 특별점검 : 결함이 의심되는 경우나 사용제한 중인 시설물의 사용 여부 등을 판단하기 위해 실시하는 점검

05 ④

방진마스크는 연마작업, 분진발생 작업자가 착용하는 보호구이다.

06 ①

A급 화재는 연화류, 고무, 석탄, 목재, 종이, 천 등 보통 가연물의 화재로 화재발생 건수가 가장 많으며 연소 후 재를 남긴다.

07 ④

발색제란 본연의 색은 없지만 다른 식품에 첨가 시 발현되거나 다른 식품 색을 안정화시키는 물질로서 아질산나트륨, 질산칼륨, 황산제1철 등이 이에 속한다.

08 ③

벤조피렌
• 석탄 타르와 담배 연기에 들어 있는 발암물질
• 신체 내에서 활성화되어 DNA와 결합하고 암 유발
• 육류 가열 및 훈제처리 과정에서 다량 생성

09 ③

메탄올 중독 증상으로는 신경염증, 두통, 설사, 실명 등이 있다.

10 ③

초기부패는 여러 유해세균의 작용으로 발생한다.

11 ③

식품 1g 중 생균수가 약 10^7개 이상일 때 초기부패로 판정한다.

12 ③

식중독의 종류
- 독소형 식중독 : 황색포도상구균, 보툴리누스균
- 감염형 식중독 : 살모넬라, 장염비브리오, 웰치균, 병원성 대장균

13 ②

복어독은 열에 의해 파괴가 되지 않으며 중독 시 위세척, 최토제를 투여하며 호흡곤란 시 호흡촉진 투여제를 이용한다.

14 ②

포도상구균 식중독은 손에 상처를 가진 사람이 조리한 음식을 먹을 시 일으킬 수 있는 식중독이다.

15 ④

① 초산비닐수지 : 피막제
② 이산화염소 : 소맥분 계량제
③ 규소수지 : 소포제

16 ③

감자의 싹은 식품 원재료 중에 함유되어 있는 위해 성분으로 외부에서 기인한 것이라 볼 수 없기 때문에 내인성 위해 식품에 해당한다.

17 ①

허위표시, 과대광고
- 질병 예방 및 치료에 효능이 있거나 의약품 및 건강기능식품으로 오인할 염려가 있는 광고, 표시한 것
- 사실과 전혀 다르거나 심하게 과장된 용어로 광고, 표시한 것
- 소비자의 기만 및 혼동의 우려가 있는 광고, 표시한 것
- 타 업체 및 타 제품을 비방하는 광고, 표시한 것

18 ④

식품위생법의 목적
- 식품으로 인한 위생상의 위해를 방지한다.
- 식품영양의 질적인 향상에 기여한다.
- 식품에 대한 올바른 정보 제공에 힘쓴다.
- 국민보건의 증진과 향상을 도모한다.

19 ③

집단급식소란 1회 50인 이상 특정 다수인에게 비영리 목적으로 급식을 제공하는 시설을 말한다.

20 ④

마이야르 반응은 비효소적 갈변반응이므로 효소와는 무관하다.

21 ①

쌀 가공식품
② 강화미 : 백미에 비타민B1을 첨가한 쌀
③ 팽화미 : 고압으로 가열하여 압출한 쌀이다.
④ 알파미 : 밥을 고온에서 급속탈수 건조시킨 쌀로 주로 비상식량으로 사용한다.

22 ①

발효식품이란 숙성을 시키는 과정에서 미생물을 번식시켜 인체에 도움이 되는 효소를 만들어 낸 식품을 말한다.

23 ①

CA(가스저장법)는 과실의 후숙을 억제하기 위한 방법으로 효소의 활성화를 줄이고 미생물 생육 및 번식을 억제하여 저장하는 방법이므로 pH 조절과는 관련이 없다.

24 ①

복합단백질이란 아미노산과 다른 물질이 결합된 단백질이다. **예** 인단백질, 당단백질, 지단백질 등

25 ①

한천은 훈연제품의 산화방지에 아무런 영향도 주지 않는다.

26 ②

물의 수분활성도는 1이며 일반적으로 식품은 1보다 작다.

27 ④

① 배건법 : 식품을 불에 쬐어서 말리는 방법이다.
② 염장법 : 10% 소금에 절여 미생물 증식을 억제하는 방법이다.
③ 산저장법 : 3~4% 식초 및 젖산, 초산을 이용하여 저장하는 방법이다.

28 ①

두부는 콩 단백질인 글리시닌에 무기염류를 첨가해 응고시켜 제조한다.

29 ①

수분함량 15% 이하에서는 노화가 잘 일어나지 않는다.

30 ③

신맛과 아미노기가 만나면 쓴맛을 낸다. **예** 양치질 후 감귤을 먹으면 쓴맛이 난다.

31 ①

유지의 발연점에 영향을 주는 인자
- 유리지방산이 많을 경우
- 기름에 이물질이 들어갔을 경우
- 조리기구의 표면적이 넓을 경우

32 ③

당질의 당도
과당 > 전화당 > 자당 > 포도당 > 맥아당 > 갈락토오스 > 유당

33 ①

동물의 간에는 비타민A가 다량 함유되어 있으며 철분함유량이 높아 빈혈을 예방한다.

34 ③

오징어의 먹물 색소는 유멜라닌이라는 성분이 주가 되어 이루어져 있고 이는 식품의 착색제로도 사용된다.

35 ③

단체급식은 대량구매가 이뤄지므로 재고파악과 발주가 용이하다.

36 ④

선명한 녹색을 유지할 수 있으나 비타민C를 파괴한다는 단점이 있다.

37 ③

신선한 달걀은 소금물에 가라앉는다.

38 ①

② 밀가루 : 체로 친 후 계량용기에 가볍게 담아 깎아 측정한다.
③ 흑설탕 : 계량용기에 눌러 담아 측정한다.
④ 쇼트닝 : 실온에서 눌러 담아 측정한다.

39 ①

육류, 생선류, 알류 및 콩류는 양질의 단백질을 함유하고 있다.

40 ①

난백으로 거품을 만들 때
• 오래된 달걀이 기포성은 좋지만 안정성이 떨어진다.
• 설탕, 기름, 이물질은 기포성을 떨어트린다.
• 30℃에서 기포성이 좋다.

41 ③

간장의 지미 성분은 글루탐산에 해당되며 특유의 풍미를 낸다.

42 ①

김에는 단백질이 30~40% 가량 함유되어 있으며 김에 포함된 단백질은 소화흡수가 잘 된다.

43 ②

경쟁입찰은 다수의 입찰자 중 선별하여 발주를 결정하는 방법으로 수의계약과는 반대 개념이다.

44 ②

소금, 식초가 응고온도를 낮춰 껍질이 쉽게 깨지지 않는다.

45 ③

우유의 단백질 카제인은 레닌 및 산에 의해 응고된다.

46 ③

육류조리 시 색소 변화
미오글로빈 + 산소 → 옥시미오글로빈 + 가열 및 산화 → 메트미오글로빈 + 지나친 가열 → 헤마틴

47 ③

설탕 첨가는 거품 형성을 방해하지만 거품 형성 후에는 설탕이 거품 안정화 역할을 한다.

48 ①

마요네즈란 식물성 기름과 난황(레시틴)을 섞어 만든 것이다.

49 ②

동유처리란 식물성 기름을 낮은 온도에서 고체화된 결정을 제거하여 온도가 낮아지더라도 쉽게 굳지 않고 맑은 상태를 유지하도록 하는 처리이다.

50 ④

① 산이나 알칼리에 강해야 한다.
②, ③ 바닥 전체의 물매는 1/100이 적당하다.

51 ②

돼지고기에만 있는 갈매기살은 돼지고기의 횡경막과 간 사이의 부위이다.

52 ③

① 수도열 : 대장균을 포함한 잡균을 다량 포함한 물이 원인이 된다.
② 반상치 : 불소가 과다한 물이 원인이다.

53 ③

골연화증이란 비타민D 부족 등의 원인으로 뼈가 약해지는 증상이다.

54 ③

환자의 격리조치를 요하는 감염병에는 콜레라, 발진티푸스, 페스트, 장티푸스, 두창, 디프테리아, 세균성이질 등이 있다.

55 ②

이산화탄소는 실내공기오염의 지표가 된다.

56 ③

수인성 감염병의 특징
• 물이나 음식물에 의해 전파되는 감염병이다.
• 장티푸스, 세균성이질, 콜레라, 아메바성이질, 노로바이러스 등
• 잠복기가 짧다.
• 발생이 폭발적이다.
• 치명률이 낮다.
• 2차 감염이 없다.
• 연령, 직업, 생활수준성별에 따른 발생빈도의 차이가 없다.
• 여름철 발생이 많으나 겨울에도 발생한다.

57 ③

동양모양선충은 절인 채소류가 감염원이 된다.

58 ④

① 병인, 감염원 : 질병의 발생원인이다.
② 환경 : 질병의 전파 경로이다.
③ 숙주 : 병원체 침입에 손상을 당하는 생물체를 말한다.

59 ③

구충은 경피감염에 해당되므로 맨발, 맨손으로 작업 시 감염 가능성이 높아진다.

60 ②

4대 온열요소 : 기온, 기습, 기류, 복사열

01 ①	02 ③	03 ④	04 ②	05 ②
06 ①	07 ④	08 ③	09 ②	10 ①
11 ①	12 ④	13 ③	14 ①	15 ①
16 ④	17 ②	18 ②	19 ①	20 ④
21 ②	22 ②	23 ④	24 ②	25 ①
26 ④	27 ③	28 ④	29 ②	30 ③
31 ①	32 ①	33 ②	34 ②	35 ①
36 ④	37 ③	38 ①	39 ③	40 ①
41 ④	42 ③	43 ④	44 ③	45 ③
46 ④	47 ④	48 ③	49 ④	50 ①
51 ①	52 ②	53 ②	54 ①	55 ④
56 ③	57 ④	58 ③	59 ④	60 ②

01 ①

조리 작업자는 정기적으로 위생교육을 이행한다.

02 ③

식품위생법상 영업에 종사하지 못하는 질병

제1군 감염병	주로 식수에 의해 전염되는 병으로 전파속도가 빨라 집단 발생의 우려가 있다. 세균성이질, 콜레라, 장티푸스, 파라티푸스, 장출혈성 대장균 감염증, A형 간염
결핵	비감염성인 경우는 제외
후천성 면역결핍증	성병에 관한 건강진단을 받아야 하는 영업에 종사하는 자에 한함
피부병 또는 그 외 화농성 질환	—

03 ④

재해 요소	재해 요소 원인
개인적 요소	• 심리적 요인 : 무의식, 시행착오, 걱정 • 생리적 원인 : 수면 부족, 피로감, 만성 질병 • 작업장 원인 : 팀워크, 인간관계
환경적 요소	작업장 설비 결함, 안전의식 부족, 정기점검 불량, 정기교육 부족, 건강검진 불량, 안전 매뉴얼 미사용

04 ②

황색포도상구균 식중독은 독소형 식중독에 속한다.

05 ②

복어에는 테트로도톡신, 모시조개에는 베네루핀이라는 독성분이 들어 있다.

06 ①

아플라톡신은 산패한 땅콩, 호두, 아몬드, 캐슈넛 등에서 생기는 발암성 물질이다.

07 ④

청매실에는 아미그달린이, 모시조개에는 베네루핀이 들어 있다.

08 ③

글리코겐은 포도당으로 이루어진 에너지원으로서 다당류이다.

09 ②

카드뮴이나 수은은 강이나 하수를 매개로 오염이 된다.

10 ①

장독소에 의해 발생하는 것은 포도상구균 식중독이다.

11 ①

주석으로 처리된 통조림에서 주석이 용출되었을 때 중금속 식중독에 걸릴 위험이 있다.

12 ④

도마는 세척, 소독 후에 반드시 건조시켜 미생물 번식을 막는다.

13 ③

식용타르색소가 착색제의 역할을 하며 표백제는 식품의 색을 없애거나 변색을 방지하기 위해 첨가하는 물질이다.

14 ①

무상으로 수거할 수 있는 자는 시·도지사, 시장·군수·구청장, 식품의약품안전처장이다.

15 ①

수입자가 요구하는 기준과 규격에 의할 수 있다.

16 ④

식품위생법상 식품위생의 대상으로는 식품, 식품첨가물, 기구, 용기 및 포장을 대상으로 하는 음식을 말한다.

17 ②

살모넬라와 대장균 모두 음성이어야 한다.

18 ②

어류, 육류, 채소류를 취급하는 칼, 도마는 분리에서 사용해야 하며 여건이 되지 않을 경우에는 채소류 → 육류 → 어류 → 가금류 순서로 사용한다.

19 ①

마요네즈는 식물성 기름에 난황(레시틴)을 섞어 만든다.

20 ④

전분의 호정화란 덱스트린화라고도 하며 160~170℃에서 수분 없이 가열했을 때 가용성 전분을 거쳐 변화되는 현상이다. **예** 뻥튀기, 건빵, 팝콘 등

21 ②

어묵은 생선의 염용성 단백질(미오신)에 소금 2%를 첨가해 튀기거나 찐 어류가공품이다.

22 ②

달걀을 장기간 저장하면 수분저하증상이 나타난다.

23 ④

사과의 갈변은 산소, 공기, 산화효소, 페놀성 화합물 등과 관련이 있다.

24 ④

① 비타민A : 레티놀
② 비타민C : 아스코르빈산
③ 비타민D : 칼시페롤

25 ①

마늘의 매운맛 성분은 알리신에 해당된다.

26 ④

가스저장법(CA저장법)은 과일, 채소의 호흡작용을 조절하여 선도를 유지하는 저장 방법이다.

27 ③

젤라틴은 동물의 가죽, 뼈에 다량 존재하는 콜라겐을 가수분해하여 얻은 유도단백질이다.

28 ④

된장은 발효에 의한 당화 작용, 단백질 분해, 유기산 생성 등의 작용으로 풍미가 증진된다.

29 ④

① 두부 : 식물성 단백질
② 미역 : 무기질
③ 대두유 : 필수아미노산

30 ③

육색의 변화
• 미오글로빈(적자색) + 산소 → 옥시미오글로빈(선홍색) + 가열 및 산화 → 메트미오글로빈(갈색)
• 미오글로빈(적자색) + 염지 → 니트로소미오글로빈(선명한 적색)

31 ①

프룩토오스는 꿀이나 과일즙 당분에 함유되어 있으며 케톤기를 가지고 있다.

32 ①

레토르트 식품이란 단층 플라스틱 필름이나 금속박 또는 이를 여러 층으로 접착하여 파우치와 기타 모양으로 성형한 용기에 제조, 가공 또는 조리한 식품을 충진하고 밀봉하여 가압, 가열, 살균, 멸균한 것을 말한다.

33 ②

육류의 가열변화
• 단백질이 응고되면서 수축분해된다.
• 결합조직의 콜라겐이 젤라틴화되면서 조직이 부드러워진다.

34 ②

제철 식재료 등으로 작성하여 경제적일 수 있도록 한다.

35 ①

생선은 흐르는 물에 세척한다.

36 ④

자색의 안토시아닌 색소는 수용성으로 물에 쉽게 용출되므로 조리 시에는 뚜껑을 덮고 소량의 조리수를 사용한다.

37 ③

급속냉동은 얼음 결정을 아주 작게 하여 해동 후에도 식품의 조직파괴가 적다.

38 ①

녹색 채소의 클로로필 색소는 산에 의해 갈색, 알칼리에 의해 선명한 녹색으로 변한다.

39 ③

질소를 첨가하는 것은 과채류의 산소호흡 억제 방법이다.

40 ①

필러는 당근, 무, 우엉 등의 채소껍질을 벗기는 조리용 기기이다.

41 ④

원가계산의 목적
• 가격 결정의 목적
• 원가 관리의 목적
• 예산 편성의 목적
• 재무제표 작성의 목적

42 ③

① 플라보노이드계
② 안토시아닌계
④ 클로로필계

43 ④

고기의 연화는 가열온도가 높은 것과는 관련이 없으며 생강, 키위, 무화과 외에도 파인애플, 배 등도 사용된다.

44 ③

탈수축합반응이란 물이 빠져나가는 현상을 의미하므로 가수분해와는 관련이 없다.

45 ③

전분의 호화를 촉진시키는 요인
• 가열온도가 높을수록
• 전분 입자가 클수록
• 알로오스 함량이 많을수록
• 수분이 많을수록(침수시간이 길수록)
• 알칼리성 상태

46 ④

유지를 가열할 때 발연점을 넘어서면 푸른색의 연기가 나기 시작하며 이때는 발암물질이 생성된다.

47 ④

노화의 방지
- 수분함량을 15% 이하로 한다.
- 유화제 또는 설탕을 첨가한다.
- 0℃ 이하로 동결시키거나 60℃ 이상으로 온장시킨다.

48 ③

식초는 달걀의 응고를 돕고 연화작용을 하며 맛을 개운하게 한다.

49 ④

전분에 효소를 가하여 가수분해하면 단맛이 증가하는 현상을 당화라고 한다. 예 식혜, 조청 등

50 ①

잠함병은 고압환경이 원인이다.

51 ①

② 열경련 : 더운 열의 환경에서 다량의 발한에 의한 염류결핍에 기인하는 근육의 경련이 생기는 증상
③ 열쇠약증 : 체온조절장애로 생기는 증상
④ 울열증 : 고온다습한 조건에서 몸의 열이 밖으로 배출되지 않을 때 생기는 증상

52 ④

먹는 물 기준 대장균군은 100㎖에서 검출되지 않아야 한다.

53 ③

일본뇌염은 모기에 의해 바이러스에 감염되는 질병이다.

54 ①

공수병은 인수공통감염병으로 동물과 사람 사이에 상호전파되는 감염병이다.

55 ④

세균성이질은 회복 후에도 면역 형성이 이루어지지 않는다.

56 ③

쥐에 의한 감염병으로는 유행성 출혈열, 쯔쯔가무시병, 발진열, 페스트, 렙토스피라증 등이 있다.

57 ④

군집독에 대한 설명이다.

58 ③

부적당한 조명에 의한 현상으로는 가성근시, 안정피로, 안구진탕증, 백내장, 작업능률 저하 등이 있다.

59 ④

마요네즈는 달걀 노른자, 기름, 소금, 후추의 혼합으로 만들어지며 제조 시 물이나 이물질 등이 혼입되면 유화가 어렵다.

60 ②

샌드위치 속 재료는 수분을 없앤 후 샌드해야 식감이 좋고 쉽게 상하지 않는다.